杰出楷模

和乡亲一起读周恩来

秦九凤 著

江苏凤凰文艺出版社
JIANGSU PHOENIX LITERATURE AND ART PUBLISHING, LTD

图书在版编目（CIP）数据

杰出楷模：和乡亲一起读周恩来 / 秦九凤著. —
南京：江苏凤凰文艺出版社，2018.4
ISBN 978-7-5594-1782-4

Ⅰ. ①杰… Ⅱ. ①秦… Ⅲ. ①周恩来（1898-1976）
—人物研究 Ⅳ. ①K827=7

中国版本图书馆 CIP 数据核字(2018)第 052866 号

书　　名	杰出楷模：和乡亲一起读周恩来
著　　者	秦九凤
责任编辑	王昕宁
出版发行	江苏凤凰文艺出版社
出版社地址	南京市中央路 165 号，邮编：210009
出版社网址	http://www.jswenyi.com
印　　刷	江苏凤凰通达印刷有限公司
开　　本	880×1230 毫米　1/32
印　　张	9.25
字　　数	200 千字
版　　次	2018 年 4 月第 1 版　2018 年 4 月第 1 次印刷
标准书号	ISBN 978–7–5594–1782–4
定　　价	37.00 元

(江苏文艺版图书凡印刷、装订错误可随时向承印厂调换)

目录

第三部分　周恩来与生活小事

第四部分　周恩来轶事

愿周恩来精神世代相传
——《杰出楷模——和乡亲一起读周恩来》序

周国镇

淮安的老秦又出书了。

他邀我作序，我是搞数学的，行文用字并不顺手，但我乐意为他的书写序，因为他写的是我七爷爷周恩来的事，而我们中华民族是需要周恩来精神的。

《杰出楷模——和乡亲一起读周恩来》一书写的虽然都是伟人周恩来的生活小事，平平常常，但是，透过叙述这些小事的字里行间，人们可以认识到我七爷爷的大爱、大德、大义、大孝和大公无私的精神。我想，这对教育青少年和提高成年人的自我修养都是很有意义的。

《杰出楷模——和乡亲一起读周恩来》中所写的有关伟人的生活小事，有许多是当今社会上没听说过的。如今写出来并出版了，这对传承周恩来精神极为珍贵，如果不是作者精心搜集，有的事迹将湮没而失传，那就太可惜了。

《杰出楷模——和乡亲一起读周恩来》的作者秦九凤是地道的淮安人。他原本是一位仅有初中学历的青年农民，极为刻苦地坚持自学而成才，行文著述颇丰。他多年坚持搜集我们周家各房头资料和周恩来各方亲戚的情况。有关我们周家的许多事，我们周家人并不一定很清楚，往往要向他求教，这在整个周恩来研究队伍里确实不多见。

《杰出楷模——和乡亲一起读周恩来》的作者虽出身寒微，但他对学术有执着的追求，对一些他认定的东西始终坚持，既不会因经济利益而动摇，也不因权势而退缩，因而获得周恩来研究界和我们周家亲属的赞誉和肯定。

值此我七爷爷120诞辰到来之际，我深深地怀念我的七爷爷、七奶奶。

《杰出楷模——和乡亲一起读周恩来》一书的出版也寄托了周家人和我对二位老人的思念。

愿周恩来精神世代相传！

（本文作者系周恩来侄孙）

第一部分

周恩来与故乡

1965 年 7 月 5 日，周恩来出访巴基斯坦归来，到新疆石河子看望内地支边青年。他在意外遇上当年由淮安县钦工公社建华大队到新疆支边的女青年李正兰时，满怀深情地握着李正兰的手说：“一个热爱祖国的人是没有不爱自己的家乡的！”

周恩来爱家乡，他的心中时刻装着家乡父老乡亲。他的这种乡情在中华人民共和国建立前后的一段时期表现得十分强烈，读了足以让您动情动容。

在飞机上看淮安

快到淮安上空了吧？能不能拉下一些高度，让我看看老家？

周恩来因为思乡心切，还曾真的在飞机上眺望过淮安。

1991年10月，周恩来的卫士长成元功对笔者回忆说，周总理专机每次起飞前，机组人员（一般是机长）总要事先把《飞行日志》送呈总理，上边标明何时起飞、何时到达，当天的最高气温、最低气温，沿途经过哪些地方等等。凡是看到要途经淮安上空的，总理就感慨地说："这次经过我的老家上空，如果天气好能让我看看故乡就好了。"短短的话语中，流露出对故乡的深切怀念和热爱。

周恩来乘坐过的专机：苏制伊尔 –14

1959年的1月2日和12日，周恩来两次从广州乘专机返回北京。其中一次是从广州开完会返京，那天天气特别好，万里无云。当座机快飞临淮安上空时，周总理突然从座椅上站起来，不顾飞行的颠簸摇晃，踉跄着走向驾驶舱。成元功怕总理跌倒，忙站起来紧跟着他往前走。周总理进入驾驶舱后，就对正在全神贯注驾驶飞机的机长袁桃园说："小袁，快到淮安上空了吧？能不能拉下一些高度，让我看看老家？"袁桃园一听，明白了总理的意思，立即回答说："可以，总理，您坐下吧。"说着，副驾驶站起身来让总理坐到他的位置上，袁桃园机长很快地降低了飞机的速度和高度。周总理就低下头，神情专注地看着机翼下的故乡淮安。也许他怕打扰机组人员的驾驶，也许他已沉浸在对故乡一桥一巷的回忆。周恩来只是看，没有说一句话。飞越淮安上空了，袁桃园转过脸问：“总理，要不要再盘旋一周，让您仔细看看？”周恩来摇了摇头说：“不用了，那又要多费汽油了，我们还是赶回北京吧。”直到这时，周恩来才深情地从副驾驶的座位上站起身来并微笑着对机长、副驾驶说了声“谢谢”，在成元功的搀扶下，回到了自己的座位上。周总理坐下后，好久也没有说一句话，似乎完全陷入对童年时代故乡生活的深深回忆中……

1994 年 9 月 4 日，中共淮安市委、市政府为筹备周恩来百年诞辰的纪念事宜，在北京首都宾馆（今首都大酒店）二楼召开周恩来生前身边工作人员座谈会时，曾任周恩来经济秘书的王伏林也讲了这件事。他说：“总理十二岁离开淮安，虽然没有再回去过，但他对淮安的感情很深。那次他在飞机上看淮安我也在飞机上。事后，周总理对我说，他看到了文峰塔、里运河都没有什么变化，只是鼓楼附近的街道好像变了……”王伏林还问也在场的成元功：“具体情况你也清楚，是哪一年的事？”成元功先伸出五个指头，然后又做了一个“九”的手势。意思是 1959 年的事。

这个故事生动地说明了周恩来一直在怀念着自己的故乡，很想回去看一看故土旧居，领略一下可以引起童年记忆的淮安风情，但六亿神州、五洲风云在他宽广的胸怀中占有着更重要的位置，使得他不得不把难以割舍的乡思深藏在自己的心底，而未曾一偿夙愿。

周恩来把自己的一生都无私地奉献给了祖国和人民。他关心家乡的件件往事体现出来的是他的缕缕乡情。周恩来关心家乡、热爱故土，诚如 1965 年 7 月 5 日他在新疆石河子对一位淮安籍支边女青年李正兰姑娘说的：“一个热爱祖国的人是没有不爱自己的家乡的！”

淮安革命烈士纪念塔背后的故事

我还欠淮安一笔“债”呢！

在淮安市淮安区东门大街的北侧，高高耸立着一座花岗岩建筑——淮安革命烈士纪念塔。然而，在淮安革命烈士纪念塔的背后，还有着几则动人的故事，至今鲜为人知。

为迎接祖国十年大庆，淮安决定建革命烈士纪念塔

1957年，由于淮安提前完成国民经济第一个五年计划的各项指标，全县人民人心振奋，形势一片大好。人们在高兴之余想到了自鸦片战争、辛亥革命、抗日战争和解放战争等历次的反抗外侮、争取独立自由以及人民解放事业中牺牲的英雄烈士，县委决定在淮安东门内北侧建一座革命烈士纪念塔，作为对人民英雄烈士的永恒纪念。这样，在准备了有关报批手续和资金筹划后于1958年“大跃进”时期动工修建。

淮安革命烈士纪念塔

那时不仅施工进度较慢，而且建筑材料奇缺，结果修了两年多还没建成。而此时正遇上了1959年至1961年连续三年的灾祸，全国人民忍饥挨饿，淮安也不例外。终于，为了渡过难关，中央下达了在全国范围内停建一切楼堂馆所的决定。淮安革命烈士纪念塔的工程也在这一背景下被迫停工“下马”。天空高竖的钢筋一直耸立

到1965年，该塔才被完全建好。

他欠淮安一笔什么“债”

周恩来晚年曾对身边的工作人员说：“我还欠淮安一笔‘债’呢！”

一生严于律己、清廉无私的伟人欠的什么“债”呢？

1960年3月，中共淮安县委书记处书记兼淮城人民公社党委第一书记刘秉衡同志受县委委托，专程赴京，向周总理汇报家乡建设和争取总理支持在家乡淮安办厂的事。因为刘秉衡是兼任淮城镇职务的领导人，所以，周恩来把他看成家里人，在刘秉衡那次赴京前后，周恩来委托他从驸马巷家中把他的祖宗影像带去北京；到京两人交谈时，又再度委托县委处理掉他的旧居和祖坟，甚至还委托刘秉衡在淮安为他的侄儿周尔辉物色一位合适的对象。可见他俩当时谈话的亲和、亲密的气氛。正是在这样的谈话气氛之下，刘秉衡同志就请周恩来为淮安革命烈士纪念塔题词。

刘秉衡同志1997年5月对笔者讲述说，那次他向总理汇报说：“总理，我们想在淮安东门内的那块空地上建一座革命烈士纪念塔（实际上当时已经在建了），请您老给题个词。”总理回答说，“我不题词了，你们要我写什么字，我就给你们写好了。”

“想请您写‘革命烈士纪念塔’几个字。”

“好，那我就写这几个字。”说着，周恩来就翻开自己的笔记本，用手中的蓝铅笔竖写了一行“革命烈士纪念塔”以备忘。他写好后念了一遍，好像正在深情地怀念着那些曾经和他并肩战斗而已牺牲的战友。当时在他们谈话现场的周恩来机要秘书孙岳同志提醒周恩来说：“要不要加上‘淮安’两字？”

周恩来双目凝视着自已的笔记本子说：“不要了，外地在淮安牺牲的同志也很多嘛。”

略停一下，周恩来抬起头，望着面前的刘秉衡语气较重地说：

“我们来订一个君子协定，我给你们把字写好，你们也给我办一件事，替我处理好老家的房子和祖坟。这件事前次王汝祥同志来我已说过，至今你们还未落实。”

为了尽快获得周恩来题写的“革命烈士纪念塔”几个字，在刘秉衡从北京回淮安之后，淮安县委就进行了讨论，随后就买了二十多本马克思、恩格斯、列宁、斯大林和毛泽东的著作放置于周恩来诞生地的床西头，还在当间放置了一个石制象棋盘和两个蓝花陶瓷鼓。经过这样一番布置后，马上向北京西花厅报告，总理旧居房屋已经用作我们淮安县委的常委学习室，算是对周恩来有了交代——他家的房子被用起来了。在这里，要多说一句的是，当时淮安方面这样做，完全是出于向周恩来有个交待，县委常委们并没有真的到那里学习过。这是笔者访问了三四位当时的常委之后得知的。然而，由于周恩来太忙，和后来淮安革命烈士纪念塔停工缓建，为淮安革命烈士纪念塔写字的事一直未做，以至到他晚年，还对身边的工作人员说：“我还欠淮安一笔‘债’呢！”这笔“债”就是关于为淮安革命烈士纪念塔写字的事。现在淮安革命烈士纪念塔正面的“革命烈士永垂不朽”八个大字是用的毛泽东的集字。

抗英民族英雄关天培是淮安最早的“人民英雄”和烈士

笔者由于工作关系，曾经二十余次在北京天安门前的广场上踯躅、流连。第一次是 1982 年 5 月，在人民英雄纪念碑南侧，笔者看到了毛泽东亲撰、周恩来手书的人民英雄纪念碑碑文：

人民英雄纪念碑

三年以来在人民解放战争和人民革命中牺牲的人民英雄们永垂不朽

三十年以来在人民解放战争和人民革命中牺牲的人民英雄们永垂不朽

由此上溯到一千八百四十年从那时起为了反对内外敌人争取民族独立和人民自由幸福在历次斗争中牺牲的人民英雄们永垂不朽

一九四九年九月三十日

中国人民政治协商会议第一届全体会议建立

1997 年笔者在京访谈周恩来卫士乔金旺同志，他告诉我，上述文字是周总理 1951 年去大连休假时在住地写的。当时帮周恩来研墨展纸的乔金旺还记得，总理写得非常认真，他一共写了四十多遍，才挑选出一张写得满意的，也就是后来刻在人民英雄纪念碑南侧的文字。

笔者一遍又一遍地读着碑文，心情久久难以平静。因为笔者和另外四位同志当时正在写作《关天培的传说》（此书后由河北少儿出版社 1986 年出版，1995 年由国家五部委公布为全国青少年百本爱国主义教育必读图书）一书。关天培身为清道光年间的一品大员（时任广东水师提督，相当于今天的舰队司令员），在英国侵略者坚船利炮面前，他明知自己势单力薄仍抱定与我大好河山共存亡的决心，为反抗外敌入侵，血战虎门炮台，最后与属下四百多名官兵全体阵亡。这种大无畏的献身精神谱写出了惊天地、泣鬼神的中华民族的英雄赞歌。

关天培牺牲于公元 1841 年 2 月 26 日，而毛泽东关于人民英雄上限时间的界定是 1840 年，那么关天培理所必然的是中华民族的“人民英雄”和烈士。

2011 年 2 月 24 日，在淮安区政协于楚州宾馆议事园召开的纪念民族英雄关天培殉国一百七十周年座谈会上，笔者首次阐明了上述观点。第二天，也就是 2011 年的 2 月 25 日，笔者在淮安市政协于政府贵宾会议室召开的纪念民族英雄关天培殉国一百七十周年的会上再次强调了自己的观点，赢得了当场的热烈掌声。

可贵的是，淮安区民政局已经接受了笔者的这一观点，他们在

2012年的陈列布展中，将关天培列为了人民英雄和烈士。

人民英雄们永垂不朽！

总渠流水叙乡情

家乡还要挖一条大河哪！

在今天的淮安市淮安区境内，由西南向东北贯穿着一条巨大的人工河——苏北灌溉总渠。滚滚的洪泽湖水经这条河东下黄海。那哗啦啦的流水十分欢快。可有谁知道，这潺潺流水诉说的却是周恩来那缕缕乡情呢！

淮安地处淮河下游，东濒大海，地势十分低洼。千百年来，受黄河夺淮的影响，这一带一直水患不断，水灾连连。还在周恩来蹒跚学步时，陈氏妈妈就曾跟他讲过“水漫泗州”的故事。当年的泗州城离淮安仅几十公里远。就在周恩来离开家乡的前几年，淮安年年都是伏汛接秋汛，雨水暴下，一片汪洋，淮安城内的主要街道上都可以行船。市民们只好聚集到漕运旧署（这里的地面比城里其他地方高约一米）甚至爬上城墙避灾逃难。这一幕幕触目惊心的水灾情景给童年的周恩来留下了终身难忘的印象。所以，建国伊始，周恩来就深有感触地说：“我这一生就关心两件事，一个上天（指搞“两弹一星”），一个水利。这都是关系到国计民生的大事。我虽是外行，也要抓。”

1949年和1950年，淮河都发生了大水灾。尤其是1950年的大水，多年一遇，皖北区党委和苏北区党委（当时安徽、江苏都还未建省）都向中央和华东局拍发了灾情报告。报告说，这场大水淹没了几千万亩庄稼地，受灾人口两千多万，两区共有六百多万人逃离家园。毛泽东在看到报告上“不少村子全村沉没”“大水下来之后，人蛇争树，毒蛇咬人又致人落水”等悲惨状况时，难过得落了泪。他当即挥毫将此件批给周恩来，并亲笔题写了“一定要把淮河修好”八个大字，要周恩来抓紧制定治淮计划和落实治淮措施。周恩来看到毛泽东的批件后，也难过地落了泪。当年故乡老百姓们“跑水反”的惨相又一幕幕地在他的脑海里回映起来。

1950年8月25日至9月12日，在周恩来亲自指导和参与下，水利部专题召开治淮会议。周恩来根据淮河流域的古往今昔，亲自制定了“蓄泄兼筹，以达根治之目的”的治淮总方针。

在一次讨论治淮方案的会议上，政务院有两位副总理对开挖苏北灌溉总渠有不同意见，认为我们国家刚从废墟上建起来，拿不出那么多钱来挖这样一条大河。平心而论，这两位副总理的话也不无道理，确实反映了真实情形。可是周恩来当即板起面孔说：“苏北人民在两次战争（指抗日战争和解放战争）中，出了那么多烈士。为了支援革命，他们还出了那么多民工。民工们用小车推着粮草，跟在我们部队后边，让我们打赢了淮海战役。他们又用小车把我们推过长江，一直‘推’到上海南京路。现在革命胜利了，难道我们就不应该支援他们吗？”就这样，他用事实和真情说服了那些不愿花钱治淮的同志，坚持开挖了苏北灌溉总渠。

苏北灌溉总渠管理处

人工挖河当然是要考虑河段长度的，因为哪怕短一米，也会给国家省下大笔经费。我们苏北无山，而且早在明朝就有人提议从洪泽湖东大堤凿渠经宝应东下黄海，那是一条最短的河道。可是后来为什么从高良涧挖到射阳的扁担港呢？这件事我们没有找到正面答案，两个侧面现象可以说明问题。一是他的侄孙、现《数理天地》杂志社社长兼总编辑周国镇告诉笔者，当年周恩来正在决策开挖苏北灌溉总渠时，七爷爷（指周恩来）办公桌上放有一本《山阳县志》；二是 1993 年笔者在北京木樨地拜访当年周恩来的农业秘书、曾多年任淮海区党委书记的杨纯老人，她告诉笔者说，"那本《山阳县志》是总理让我从北京图书馆借的。其目的是让他决定这条新开河的走向。"我们淮安人都知道，那时的淮安县县域非常大。现在的洪泽、金湖一带一直到蒋坝以及今天阜宁的羊寨，南边宝应的泾河、曹甸等地都属山阳县。

1951 年，周恩来的八婶母杨氏携孙子周尔辉赴京见到了她多年想念的侄儿周恩来。其实，周恩来也在想念着这位对他有过养育之恩的婶娘。周恩来关切地问："八婶，家乡人现在生活好吗？"

"比原来好多了。"八婶回答他。

"北乡人也能吃到大米饭吗？"

"现在还不能。"

听到婶娘的回答后，周恩来兴奋地说："八婶，家乡还要挖一条大河哪，从洪泽湖一直通到海，那时就更好了。我们淮安北乡人也就能长水稻吃大米了。"

从周恩来在淮安生活期间直至今天，民间一直把淮安分为三大块，分别以大运河、涧河为界，涧河以北为淮安北乡；涧河以南、运河以东为淮安南乡；而运河以西直至洪泽湖为淮安西南乡。

周恩来说要开挖的这条大河就是现在的苏北灌溉总渠。它西起洪泽湖边的高良涧，东到黄海边的扁担港，全长 168 公里。在周恩来的亲自指挥调动下，苏皖豫三省共出动了一百三十多万民工，用铁锹挖土，用石硪打夯，仅用八十三个晴天就全部挖成告竣，创造了人间奇迹。被当时前来参观的一些国际友人赞誉为：“中国人的手真是铁打的！”

淮河，这条为害千百年的“害河”，终于被中国共产党领导下的人民治服了。如今，水到淮安后，已经是“东西南北任调遣”的一番景象。周恩来的“蓄泄兼筹”的治淮方略得到了彻底的实现。周恩来的家乡，也就是今天的淮安区，已由当年南乡只能长一季小麦，秋天的水稻要看老天的“脸色”才能确定有无收成，变成现在的旱涝保收了；北乡则由原来只能长些低产的旱谷作物，变成如今的水旱轮作、年年高产无忧的景象。这就是苏北灌溉总渠带给淮安的巨大作用。所以，治淮的巨大成果不仅是惠及豫皖苏三省的大型水利工程，也是周恩来关心家乡、为故乡人民办的一件最最具体的实事。笔者清楚地记得，就在苏北灌溉总渠开挖的同时，淮安来了四位高个子、大鼻子的苏联专家。专家们帮助设计制造了淮安运东分水闸、运南节制闸和运南水产养殖场等一系列现代化的水利工程和科学化的经济企业，使昔日名气不大的淮安成为苏北排洪、抗旱、航运和灌溉的枢纽、一个管水的中心。试想，一个穷乡僻壤的苏北小县，何以一下能来四位苏联援华专家、让淮安取得经济上的长足发展？如果不是周恩来，当时又有谁能派得动苏联专家呢？这当是周恩来关心家乡的又一个举措。所以，每当笔者站在苏北灌溉总渠岸边，看到和听到那哗哗东流的河水时，总会情不自禁地体会到周恩来那关心家乡、热爱故乡的赤子深情。

思念家乡不回淮

我没回去是从以下三个方面考虑的……

周恩来十二岁离开家乡淮安去东北求学，但他一直没有忘记淮安那块生养他、哺育他的热土。无论在他的日记中还是作品里都曾多次出现过“耳所闻，目所见，亦无非淮事”和“南望乡关归不得”“同胞兄弟各西东”等思乡怀旧的语句，其殷殷乡思、悠悠乡情跃然纸上。

1945 年全国抗战胜利后，周恩来在重庆感慨万千地说：“三十五年了，我没有回过家，想来母亲坟上已白杨萧萧，可我却痛悔亲恩未报。”

周恩来如此思念家乡却为啥没有回家一趟呢？下边这几件事让人们看到了他那如水晶一般的心。

1991 年 10 月 25 日，笔者为周恩来纪念馆的开馆赴京征集文物，在北京西皇城周恩来原贴身卫士韩福裕家里，听韩老这样说：

1950 年秋天，周总理在中南海怀仁堂向我们党的部分高级领导干部和一部分党外人士作要过好土地改革关的动员报告时曾深有感情地说：1946 年，蒋介石由重庆还都南京，我们中共代表团也随之到了南京，住在梅园新村。南京离我的老家淮安很近，只有三百多华里。而且那里已经是解放区，所以我很想回去看看。因为淮安还有我两个母亲的坟——说到这里，总理的眼里已是泪花盈盈——但是经过我再三思考，我还是没有回去，没有到我母亲坟前掬一捧土，扫一下墓。我没回去是从以下三个方面考虑的：第一，当时时局不稳，苏北许多跑到南京来的地主们到我们代表团的住地梅园闹事。如果我回去就必然要给当时驻淮安的华中分局和苏皖边区政府带来麻烦，使他们在安全保卫和接待上花费较多的人力和财力，造成不必要的浪费；第二，当时虽是国共合作，但从我与蒋介石多年谈判的情况判断，蒋介石迟早是要打内战的。如果内战一开，处于南京北大门的“两淮”（指当时的淮安、淮阴）很快就会被蒋介石的部队占领。我回去见过我的那些亲友们可能会遭到蒋介石部队或他的地方爪牙们的报复而使他们人生不得安全；第三，当时的苏皖边区政府正在按照中央的政策进行土地改革。我在淮安的周家和我在淮阴的外公万家都是当地的名门望族，我回去后，他们必然要去看看我。这些看过我的亲戚就会因为与我有这层关系而给地方上的土改造成麻烦——对他们家多出的土地、多余的浮财还按不按照政策进行没收处理？基于上述三点原因的考虑，我最终没有回到家乡淮安去，没能去到我母亲的坟前。

雄居淮安城中心的镇淮楼

这件事多年来总是被人们说成是周恩来讲原则、遵守革命纪律；这样的说法当然没错，可笔者还要多说一句的是：这又何尝不是周恩来对故乡的亲切关怀？周恩来不仅对自己是这样要求，对他的六伯父以及亲弟弟也都是如此。

周恩来六伯父周嵩尧是清光绪丁酉科（公元 1897 年）举人，曾先后在晚清和民国年间任过许多要职。中华人民共和国刚成立时被周恩来邀约到北京，担任中央文史馆首批馆员。老人生于淮安、长于淮安，对淮安、绍兴和后来居住生活多年的扬州都有着难以割舍的情结。在京期间，因为“馆职优闲”，就想回老家走走看看，周恩来也都委婉地加以劝阻。以至周嵩尧在写给表弟鲁觉侯的信中说“本欲就浙省一席，舍侄以相距太远，年衰独行，不能独行”而劝止了他。

1965 年周恩来决意平掉老家祖坟，退耕还田。但当时他的嫡堂弟媳陶华尚健在，他怕她想不通，就考虑在京的亲属中能有一人回去先行劝说、做好陶华的思想工作。这事被他的弟弟周恩寿知道了。周恩寿十四岁离开淮安，一生颠沛流离，尝辛受苦，也一直未能回老家淮安一趟。他多年思家心切，这真是个千载难逢的好机会，就径直向周恩来提了出来：“哥，听说你要平掉淮安老家的祖坟，让我回去一趟吧？十一嫂（陶华丈夫周恩硕在周家恩字辈大排行十一）的思想工作我保证能做好。”

“好呀！”周恩来正在愁没人回去做这件事，听到弟弟自告奋勇，就十分爽快地答应了。周恩寿听了也一下高兴起来了。

“不行！”转瞬，周恩来斩钉截铁地又改了口。

“为什么？”思乡心切的周恩寿竟不顾一切地反问哥哥。

“因为你是周恩来弟弟，你回去以后，省里、地区和县里都会安排人接待你、陪同你，给地方上的工作添麻烦不算，还要花掉不必要的接待费用。这事我想还是等尔萃（周恩来的侄儿、陶华的儿子，时在西安航校学习）放寒假回家。他是过春节回家，不会惊动地方政府。你回去就麻烦了。”

这就是周恩来，他严于律己，为了不让故乡多花一分钱，连自己十分敬爱的伯伯和疼爱的小弟回家探亲也不让，他自己怎么可能回家乡看看呢？

希望淮安多养猪

猪养多了，群众生活改善得也更快些。

1958年，淮安县副县长王汝祥受县委、县政府委托赴京向周恩来汇报他家乡的工作。那年7月23日和25日两天，周恩来都在西花厅会见了王汝祥。当王汝祥按县委委托，把淮安打算办造纸厂和缫丝厂以及铁木农具厂这三个厂，共需钢管300吨、钢板500吨的设想汇报总理并希望总理帮助解决时，周恩来的机要秘书孙岳记下了周恩来的指示：按目前淮安的情况，和全国钢材都缺的条件下，应首先把农业搞上来，集中力量把农具厂办好，造纸和缫丝厂因钢材困难，待明年再办；还答应以他的名义写一封信给刘顺元同志，请江苏省委帮助解决办农具厂所需钢材。

周恩来不仅说到了，而且也做到了。他很认真地给当时的江苏省委第一书记江渭清、省长惠浴宇和省委副书记刘顺元三人合写了一封信。周恩来在信中明确提出淮安的经济建设应由江苏省委统筹考虑解决。

江苏省委当时也是认真落实这封信的，笔者前几年见到原中共淮安县政法委书记孙步坦时，曾问及此事。九十多岁高龄的孙老至今记忆犹新。他说，当时，县委开会决定我将王汝祥从北京带回来的周总理写给江苏一二三把手的信送到南京，交到惠老（惠浴宇）手里。后来省里是把支援我们淮安经济建设的事交给无锡市（当年的无锡市不是今天的无锡市，是和无锡地区并存的），要求两家对口协商。所以我又成了淮安专驻无锡的办事处主任。后来无锡为我们淮安办了不少实事，像对淮安技术人员的培训、技术和知识人才的支持、车床设备等的无偿援助等等。

在这里，我们可以清楚地看出，周恩来关心家乡、在为家乡办具体实事时是有原则的。他没有直接动用他手中的权力将钢管、钢材等批给淮安，是为了让他的“父母官”们不要因为他这层关系而滋生出特殊化的思想，但同时也得到了无锡市支持淮安的实惠。

1958 年 12 月 31 日，周恩来在中南海西花厅接见赴京接受表彰的中共淮安县委副书记颜太发。一同被接见的还有来自全国各地的出席全国农业先进单位和先进个人的其他十名代表。那次表彰会是“大跃进”期间召开的，规模很大。周恩来接见十一位与会代表把颜太发选在其中，显然是他那股对家乡的不解情结。

颜太发（已故）曾在病床上对笔者回忆说，到 1958 年年底，“大跃进”已经全面展开了半年多，全国工农业生产比例严重失调、失控已经从各个方面显现出来，特别是吃公共食堂饿得人心惶惶甚至被饿成浮肿、饿死人的消息都时有耳闻或书传。周恩来在听取了颜太发关于淮安的粮食生产等情况汇报后，谆谆善诱地告诫颜太发说：“丰收了是好事，但不能盲目乐观，千万不能自满，还要讲究实事求是。回去以后，一定要动员群众多养猪。猪多，肥就多；肥多，粮就多。猪养多了，群众生活改善得也更快些。”从这里人们也可以看出，即使在“大跃进”时代，周恩来仍保持着清醒冷静的头脑，时时刻刻关心着家乡父老的生产和生活。

平坟还耕易旧俗

人死了，不做事了，还要占一块地盘，这是私有观念的表现。

厚葬祖先，光宗耀祖，这是我国几千年封建社会推崇至今的做法，周家也不例外。早在周家祖上定居淮安之初，就在淮安东门外买了一处墓地，历经一个多世纪后，这块墓地上安葬了周恩来的祖父母、生母等周家十多位先人。周恩来离家后的几十年内，这块墓地时时

1958 年 12 月 31 日，周恩来（前排右起第二人）在中南海西花厅接见了中共淮安县委副书记颜太发（后排左起第四人），这是他与家乡“父母官”留下的唯一一张照片

萦绕在他的心头。他在日本留学期间，对八叔周贻奎的去世、对母亲的棺材露在外边都进行了刻骨铭心的自责。自从他加入中国共产党投身无产阶级解放事业那天起，经过他不断对自己世界观的改造，最终他已成长为一位彻底的唯物主义者。

1956 年，周恩来就与毛泽东等一起在党中央关于死后火化的倡议书上签了字。此后，他又从中国地少人多的实际情况出发，和邓颖超首倡殡葬的彻底改革。他说：“人死了，不做事了，还要占一块地盘，这是私有观念的表现。”他们认为，我国的殡葬改革要一步一步地来。从人死了棺葬留坟到火化不留坟是向前迈了一大步；从棺葬留坟到火化留灰又向前迈了一步；只有火化后不保存骨灰才是殡葬意义上的彻底改革。周恩来说：“人生来是为人民服务的，生前的工作、劳动是为人民服务。死后撒掉骨灰，落在地上的可以做植物的肥料，落在水里的可以养鱼虾——还在为人民服务。只有这样，人类才是生生不灭的。”周恩来是第一个倡导并撒掉自己骨灰的人。

早在中华人民共和国刚成立之时，周恩来就在与亲属和周家人谈家事或者在写给县委的信中都曾提及处理他老家祖坟地的事。土改复查时，周恩来就向淮安县委提出，“我家的一点坟地，如果当地有人认出的话，可将坟地分给当地农民耕种。”后来，他又写信给淮安县委，“还有我家的一点坟地，落在何方？我已经记不得了。如淮安提倡平坟，有人认出，请即采用深葬法了之，不必再征求我的意见，我先此函告为证。”

可以说，对老家祖坟地的平坟还耕，他是早就下定决心了。当时因为他的嫡亲婶娘还在，使他无法做到。1956年他的八婶杨氏因患乳腺癌去世后，周恩来才真正把平自家祖坟还耕地于当地生产队的事提上他的议事日程。1958年他先派总理办公室主任童小鹏去重庆平掉了父亲周劭纲先生和岳母杨振德女士的坟，又于1965年春节前将平掉淮安祖茔的事作为“特殊任务”交给侄儿周尔萃回老家来完成。

张申府（右一）、刘清扬（右二）和周恩来（右三）谈加入中国共产党问题。从此周恩来成长为彻底的唯物主义者。左一为赵光宸。摄于1921年春的德国柏林万赛湖

笔者1982年曾在当时的淮安县城郊公社闸口大队第五生产队召开过由当地干部群众参加的座谈会。他们纷纷回忆说，那天已经是农历除夕。县委春节值班常委、副县长郭山和与周恩来的几位亲属来做我们的思想工作。快人快语的总理侄媳孙桂云说，伯伯说了，我们周家祖茔地在这里一百二十多年了，多亏了大家的看护，他要我们代表他谢谢大家。现在他从我们国家地少人多的实际情况出发，请大家来把我们周家的祖茔地平掉。棺木就地下沉到一米以下，以不妨碍生产队机耕，希望你们生产队明年把增产的喜讯写信告诉他。

孙桂云的话音一落，现场就立刻炸开了锅：年岁比较大的社员李正东老汉瞪大眼睛说：“自古以来，官（棺）只能升，哪有降的？”

年近花甲的魏金成老大爷也喊了起来："增产，增收，我们就在乎这半亩地？！"生产队会计王彦南也说："平总理家祖坟，这是谁的主意？你们把全国六亿人都找来，看有哪一个能同意？"

经郭副县长和周恩来亲属们反复做工作，人们终于被说服了。他们怀着敬意走进周家祖茔地，先将1958年由县直机关干部们栽下的松树一一刨走，再一一挖开七座土坟，把墓中的十三口棺木就地下沉，然后平整地面，整整忙活了一天，一直到天黑才结束。

周恩来在这里不仅为家乡群众还耕了自家的那点祖茔地，更重要的是他带头破了千年旧葬俗，为家乡人开了一代新风。值得一提的是，王彦南会计还告诉我说："事后我还收到了由国务院总理办公室汇给我们的七十元钱。汇款附言上写着：'此款系平坟工资和青苗赔偿费。'"

这是淮安东门外夏庄的周家祖茔地，安葬有周恩来的十三位先人

"世界上哪有这么好的总理啊！"这是那次座谈结束时人们一致的赞誉。

一"阅"情深　乡情似海

这是总理亲笔写的。

笔者曾亲身经历了淮安周恩来故居的修复和开放，参加了周恩来纪念馆的奠基、筹建和开放，也参加了周恩来童年读书处的揭幕，还主持了周恩来百岁诞辰时淮安仿西花厅的陈列和布展，参与了周恩来一百一十岁诞辰的纪念筹备和整个活动。在参加这些活动的过程中，曾为周恩来纪念馆、故居和童年读书处征集过大量有关周恩来的文物、图片和计算不清的资料。现在都已成为淮安周恩来纪念地所属单位的宝贵藏品，有的还成了国家一级文物。但笔者征集到的有关周恩来关心家乡的手迹却只有一个字：“阅”。这个“阅”字是怎么来的？它是否真是周恩来手迹呢？

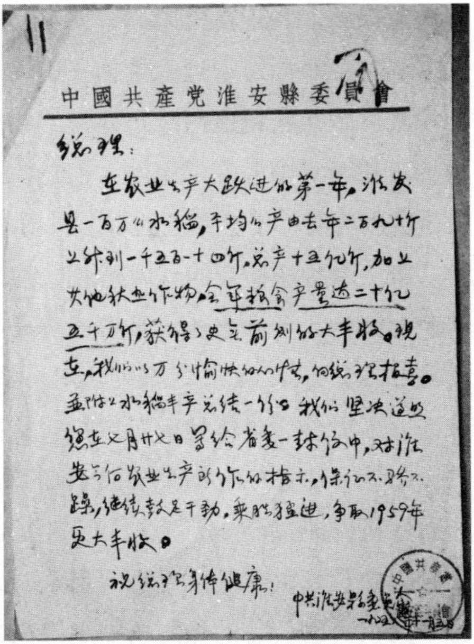
中國共產党淮安縣委員會

總理：

在农业生产大跃进的第一年，淮安县一百万亩水稻，平均亩产由去年二百九十斤上升到一千五百一十四斤，总产十五亿斤，加上其他秋熟作物，全年粮食产量达二十亿五千万斤，获得了史无前例的大丰收。现在，我们以万分愉快的心情，向总理报喜。並附上水稻丰产总结一份。我们坚决遵照您在七月廿七日写给省委一封信中，对淮安今后农业生产所作的指示，保证不骄不躁，继续鼓足干劲，乘胜猛进，争取1959年更大丰收。

祝总理身体健康！

中共淮安县委员会

这是周恩来亲自阅览过的淮安县委写给他的信

话还得从二十多年前说起。

1994年8月底，原县级淮安市委、市政府为了纪念周恩来百岁诞辰的事，由时任淮安市委副书记、市长陆广浦率领淮安一干人马赴京征求周恩来亲属以及他生前身边工作人员的意见。笔者当时担任周恩来纪念馆资料科科长，就被派作先遣人员先去首都。在拜访到曾先后任过周恩来、邓颖超秘书的赵炜同志时，就向她征集文物说：“赵大姐，邓颖超同志逝世后，组织上曾让您花一年时间进出西花厅，专门整理西花厅的文物资料，如果有关于我们淮安的，请您给我们，以便我们日后陈列布展。”

“老秦，你别说，还真有几件呢，待这次开座谈会时，我给你们捎去。”赵炜同志快人快语，当场就答复了。

周恩来生前身边工作人员座谈会是1994年9月4日在北京前门东侧的首都宾馆二楼召开的。碰巧那天赵炜有点不舒服，没有参加那次座谈会。我正在失望，只见赵炜的丈夫、曾担任过周恩来机要秘书的赵茂峰同志一边上楼梯一边笑着对我说："老秦呀，赵炜今天没来，她让我将这两袋东西带给你。"我顿时喜出望外，从他手中接过那两只国务院常用的大信封，感觉两个信封都沉甸甸的。不过笔者因为要忙于会务上的事，当场并未打开来看。

那天参加座谈会的有周恩来总理办公室原副主任以及他的秘书、警卫、医护人员和服务人员等，一共有三十多位：罗青长、刘昂、王伏林、李庚奇、孙岳、马列、刘三源、成元功、张作文、陈舜瑶、陈浩、高振普、张佐良、郑淑芸、韩福裕、霍英华……，以及时任中央文献研究室周恩来研究组组长的刘武生等等。等来宾一一到场落座后，我就抽空看一下两个大信封里的东西：有关于 1958 年 7 月淮安县副县长王汝祥赴京见到周恩来时，秘书在一旁作的记录，有周恩来高祖笑岩公著的《海巢书屋诗稿》，还有周恩来六伯父周嵩尧先生亲笔写下的有关周恩来"五服"以内的亲属名录……其中我还见到了一个留在中共淮安县委信笺纸上的周恩来用毛笔写下的"阅"字。原来王汝祥 1958 年那次进京时，带去了一份中共淮安县委向周恩来总理的汇报。这份汇报共分四个部分：淮安县几个领导人情况；淮安的农业生产情况；淮安的工业发展情况和淮安县的县城情况。

由于淮安是周恩来的家乡，淮城是周恩来出生的地方，周恩来十二岁离家后又从未回过家，淮安县委是第一次向周总理汇报，就想尽可能汇报得细一点、全面一点，好让总理多了解一些家乡。结果这份汇报洋洋洒洒写了一万八千多字。没日没夜忙碌的周恩来哪有那么多时间看呢？于是，他的机要秘书孙岳就按照周恩来的要求，将淮安县委的汇报拣主要部分摘录在一张 16K 的国务院信笺纸上呈报给周恩来看。周恩来不仅仔仔细细看了这份摘录稿，而且还在他认为重要的地方，在字下边加点加杠。

到了那年的 11 月，水稻等主要农作物已经全部收获，淮安获得了空前的丰收，县委就又向周总理写了一份报喜信，直接寄国务院总理办公室。日理万机的周恩来又一次仔仔细细地看了这份报喜信，并用毛笔在卷面上加深加重了十余个标点，还在“全年粮食总产量达二十亿五千万斤”这十几个字下边划了杠杠，以表示他的重视，然后在右上角写下一个“阅”字。因为这份汇报是呈报给他个人看的，是让他了解家乡淮安情况的，不需要交其他人办理或传阅，所以他签批文件时落在文件下方的那个“周”字也没写；再者，当时浮夸风盛行，大话说得铺天盖地。淮安县委的这份报喜信也不例外，也就是说这一产粮数字有一半以上的水份。据淮安县委副书记颜太发当年在病床上告知笔者，1958 年年底核实的全县粮食总产只有七亿多斤。睿智的周恩来不可能没有察觉，但他当时身处逆境，为“反冒进”的事当年年初在南宁中央工作会议上挨过毛泽东的严厉批评，因此他大概也不好随意签上其他的话。这虽是笔者推测，但也不是全无道理。

我在看到周恩来的这一签阅件后异常激动和高兴，不顾座谈会还在发言，就悄悄将这份签阅件让孙岳、赵茂峰、王伏林、马列和李庚奇等人看了，他们都是周恩来当时的主要秘书。他们一见就说：“这是总理亲笔写的。”

“阅”，这虽然只是一个字，却饱含着周恩来热爱家乡的一片深情！

第二部分

周恩来与亲属

在开国元勋中，周恩来是位长期担任党和国家、军队重要职务的领导人。他处于权力中心，可是他一直谨慎用权，严以用权，处处以国家和人民的利益为重。可以说，周恩来是我们党的领导干部中严以用权的光辉典范。这从他几件处理亲属家事上表现得十分明显、突出。

对生父周贻能的挚爱

昨事伤心方未已，今朝又复别严亲。

周恩来从 1942 年至 1976 年一直带在身上的父亲周劭纲照片

周恩来的生身父亲周贻能，字懋臣，后更名劭纲，系云门公次子，在周家同辈兄弟中大排行七。他于清同治十三年五月二十八日（1874 年 7 月 11 日）生于江苏淮安府山阳县驸马巷周家。据他的堂兄周嵩尧的中举资料记载，他是“国学生”“主事衔”。“国学生”是清政府规定的最高学位，“主事”则是官阶，正六品。但周贻能却只有学位而没有任到相应的职务。显然，周贻能的学位和官阶都是清末捐买来的。他考中秀才后即回原籍绍兴，拜表叔鲁小和为师学习师爷。无奈他为人忠厚，虽多年学习而未果。家中自父亲云门公去世后，经济上便每况愈下。迫于生计他只能去给人家当幕僚，当家庭塾师或者做做文书、收发之类。据现有的资料记载，周贻能谋差做事的地点有安徽、河北、江苏和东北的许多地方。

在周贻能为生活奔忙之间，妻子万氏不幸于 1908 年夏天在清江浦娘家旁的陈家花园过早地病故，时年仅三十一岁。因周贻能还在江苏的高邮谋生，那时交通、信息又不便利，竟未能和妻子见上最后一面，偏又遇上周恩来外婆对丧葬提出又高又严的要求，如棺材要楠木的，而且是要十二朵正花的（即棺材的盖、帮和底均各用三根整木头制作，棺材做成后，人们可从棺材的两头清楚地看到十二个像花一样的木头年轮），棺材外还要披五层麻布漆七层漆，要百丈白绫缠尸并在尸身上盘成大蝴蝶等等。致使周贻能无力安葬其妻。只好忍痛把驸马巷房子典出去两间才买了一口楠木棺材，将妻子入殓。终因达不到周恩来外婆张氏提出的全部安葬条件，只能把万氏灵柩暂厝于清江浦一座庙宇里，再含泪外出谋生。但由于他薪金微薄和所谋差事都没能固定，以至穷得无法养家活口，使得十岁的周恩来不得不过早地承担起照顾两个弟弟和操持家务的重担。

周恩来 1910 年离开老家淮安去东北，是“从伯父召，趋辽东”。其实，当时他的父亲周贻能也在东北的铁岭，他先是在铁岭县衙当文书。但他秉性耿直，看不惯官府衙门里的腐朽污浊，遂主动辞去差事，改而受聘于归隐当地的清末道台彭广心的幕僚，只是收入微薄，无力供养儿子念书。当周恩来的四伯父周贻赓收到侄儿“四家伯，我多么想念书啊”的家信后，周贻赓终于被侄儿那颗知上进、爱读书的童心打动了。他主动找了弟弟周贻能，提出由他出钱供养周恩来读书。周贻能当然乐意，甚至是求之不得。于是，趁三伯父周贻谦回南方筹集赈灾款的机会，顺便将周恩来从老家淮安接去了东北。

周恩来刚到东北时，是与其父亲住在一起的。当时他的学校还没找好，周贻能因彭府有事要他出差，只好丢下周恩来，并让他到当地一户牧主于百川家放马，安顿好后，自己再依依不舍地踏上旅途。此后，周贻能忙于生计，周恩来则刻苦读书求学，父子俩一直是聚少离多。

周恩来在天津南开读书期间，经常思念他的父亲。1916 年 2 月，周恩来在《试各述寒假中之事况》的一篇作文里写道：

今日为旧岁除夕，家家爆竹声，不绝于耳，沿俗尚也。南俗晚间聚家人父子团聚一案共食，名曰守岁饭。北地不知有是习否？……北堂久不闻唤子之声。回思依依膝下，此情此景，不必读蓼莪之章，便已悲慨无垠。矧兹（值）今夕，尤令人泪盈枕席，竟夜不能寐矣！

在这篇短短的作文里，字里行间充满着周恩来对父亲、对家庭温暖的追忆，对自己没能与父亲团聚过传统春节的无奈与悲慨。是他青年时期思父恋家之情的真情流露。

直到 1918 年，周贻能到京兆尹公署任外收发，却又因他不善逢迎和无较硬的后台，得不到上司的满意，工作时间不长就遭辞退。但那年暑期，留学日本的周恩来回国度假，到北京后与父亲再次团聚。

这一年的 8 月 27 日，周恩来在其父亲被辞退南去时，含泪记下了他“最是伤心”的一篇日记：

今早，生父以四点钟行，往南京去。“昨事伤心方未已，今朝又复别严亲”。此情此景，不知若何难受，又复远吾爱友，伤心之极，不复再有言矣！

打那以后，周恩来一直都在想着父亲，竟然想得两个月未记一篇日记。两个月后，他才提笔写道：

此心之伤，实历两月，每当月夕风晨，雨窗花前，吾心之念吾家！

透过周恩来的字里行间，我们仿佛见到了周贻能遭到辞退、生活无着的窘迫和不得不为谋生而东奔西忙的身影。

1922 年，周贻能由胞兄周贻赓介绍，到东北的齐齐哈尔市做烟酒事务局的办事员，有了一点固定的收入，生活也稍有着落，这才算安定下来。1931 年，日本军国主义发动了侵略我国东北的“九一八”事变，周贻能又被迫失去了工作，只好回到吉林胞兄周贻赓的家。为避开日本军国主义的铁蹄，他在其子、后出嗣给周贻赓为子的周恩寿陪侍下，与四嫂杨氏等南返天津。然后，他一个人再去上海，与正领导地下斗争的儿子周恩来又过了一段短暂的共同生活。

自1927年蒋介石背叛革命后，周贻能就经常在报上读到蒋介石重金悬赏缉拿周恩来的通告，他的心便再也无法平静。他虽不懂革命内容，很少关心政治，但也不愿阻止儿子的选择，并一度回到儿子身边，帮助周恩来做些秘密通讯联络工作。后因环境太险恶，便又北返天津。经周贻赓托人介绍，周贻能又去了河北深县县政府当收发员。不久，哥哥周贻赓在天津去世，周贻能便去天津料理丧事。就在为哥哥办丧事时，他认识了周贻赓的一位朋友，后来，就在这位朋友推荐下去了安徽谋得一份较好的差事，积攒了一点钱。这样，他到1935年才回清江浦将其妻子万氏的灵柩领回淮安，归葬于淮安东门外的周家祖茔地，此时周恩来外婆也已离开人世，距周恩来生母去世已经整整二十八年，总算了却了周贻能心头的一大心愿。

安葬完妻子之后，周贻能再度奔走上海，与侄儿周恩霆、内侄陈式周等均有一定交往，但他本人生活却一直无着落。

1937年下半年全面抗战爆发后，周恩来作为中国共产党的首席代表参与国共和谈，不久，汉口八路军办事处成立，生活无着落的周贻能和邓颖超妈妈杨振德被先后接来武汉八路军办事处。

日占武汉前，周贻能是由天津辗转到淮安的。此时淮城已经快为日本强盗占领，他的弟媳杨氏和侄儿恩硕等已转移到林集乡间，这里属当时的淮北解放区。在那强敌入侵、国土沦丧，到处兵荒马乱的岁月里，周恩来也在时时关心着自己的父亲。1938年他到武汉后，生活较为稳定，周恩来通过组织找到生活无着、颠沛流离的父亲，并请他赶赴武汉。老舍先生在1938年第6期的《抗战文艺》上有一段关于周恩来父亲到武汉的生动记述：

那天，周恩来正在汉口出席中华全国文艺界抗敌协会第二次理事会。在周恩来讲话的最后，他含着眼泪说："要失陪了，因为老父亲今晚10时到汉口（大家鼓掌）。暴敌使我们受了损失，遭了不幸，暴敌也使我的老父亲被迫南来。生死离合，全出于暴敌之手。生死离合更增强了我们的团结！告辞了！"（掌声送他下楼）与会的人为他真挚的父子之情而鼓掌，也为他们父子团聚而鼓掌。

1938年10月从武汉撤离时，周贻能和杨振德由朱端绶姐妹领带护送，从武汉撤往长沙、湘乡，再辗转衡阳、独山、桂林和贵阳。1940年9月，周恩来派袁超俊赴贵阳市郊青岩镇乡间将二位老人接到重庆红岩奉养。在逃难路上，沿途难民啼饥号寒，贫病交加，加之日寇狂轰滥炸，遗弃路边道旁的伤病员很多。杨振德、周贻能都有一定的医疗卫生知识，且随身带有常备药品，就义务为伤病员诊治。不过，粥少僧多，两位老人又能医治多少？救得几人活命？同时，周贻能还在旅途劳顿或候船等车的时间，给难民们讲故事、说笑话，以缓解人们的疲劳和苦闷，受到许多难民同胞们的称赞和拥戴。

到重庆红岩后，周贻能因年事已高，只能做些看管仓库，扫扫院子的小事，但他与所有工作人员相处和睦，亲如家人。据童小鹏同志1991年10月下旬在北京府右街中央统战部招待所对笔者回忆，老爷子（指周贻能）待人宽厚，平常很关心体贴人，就是他喜欢喝点酒，忙碌之余的周恩来有时也能和老爷子对饮几盅，但这样的次数不多。更多的是老爷子一个人喝。但总理总叮咛他不要喝多。有一次老爷子喝过了点量，走路要人搀扶，总理见了，还很客气地说了几句。大意是，我们这里人少，大家都很忙，你喝多了，既伤了自己身体，还要别人照应，多不好。老爷子当然知道自己不该多饮酒，没有说一句话，总理说了几句也就忙他的事去了。

1942年6月底，周恩来因过度劳累导致小肠疝气发炎住进重庆歌乐山龙洞湾中央医院动手术。周贻能老先生因多年奔波，身体不支。7月9日，六十八岁的周贻能病情恶化，高烧不退，不到一天，即于1942年7月10日夜间在红岩村离开了人世。因为周恩来手术后时间不久，身体较弱，大家又都知道他极重感情，向来孝敬父亲，如果让他知道了刺激太大，不利于他病后身体的恢复。这时，临时主持南方局工作的董必武同志就和邓颖超、吴克坚、钱之光和童小鹏等同志开会商量，大家一致的意见是，暂不告诉他父亲去世的消息，待他出院后再让他知道。于是就将老先生灵柩暂停在红岩村内，同时决定派童小鹏和吴克坚到医院去看他，主动安慰他，好让他尽快恢复健康，如果他问父亲时，就回说“病有好转，请放心，不要多说话”。因为周恩来一贯精细过人，童小鹏和吴克坚都从未在他面前说过假话，生怕见了周恩来后露出马脚，在去的路上两人还互相叮嘱，相互鼓励，一定要沉住气，完成组织上交待的这项特殊任务。当他俩在周恩来面前违心地作了上述应付之后，心情都特别紧张，内心也很难过。因为他们都是在周恩来面前第一次说谎，所以，走出医院后，两人都早已紧张得汗流浃背。

在周恩来住院和他父亲患病直到去世的前后，周恩来无时无刻不在关心着自己的老父亲。7月6日，周恩来在医院致信邓颖超说：

> ……再过两三天出院，必须是下星期三了。所以我请你和爹爹商量一下，如果他愿意二十八号本天请人吃面，那就不必等我回来，免得他老人家不高兴。如果他希望我在家补做，那就等我回来。不过据我所知，他的思想是很迷信的，过生日总愿当天过，儿子不在跟前倒是次要问题呢。因此，希望你还是将就他一点罢！

周恩来这里说的28号是指农历壬午年的五月二十八日，亦即1942年的7月11日。这天是周贻能的六十八周岁生日，按淮安习俗，周贻能就算是六十九岁（虚岁），而且那时的淮安老人一直是生日做九不做十的。也就是说，这天可以看作是周贻能的七十整岁的生日。无比凑巧的是，这一天和周贻能出生的那一天在公历、农历的日期上都是完全相同的。这是一般人生中很少见到的事。对父亲至孝至爱的周恩来在病中也没有忘记父亲的这个重要生日。

7 月 10 日，周恩来才知道父亲生病，便致信邓颖超说：

> 爹爹的症状，除疟疾外，还宜注意他的年事已高，体力虽好，但他过分喜欢饮酒，难免没有内亏。所以主治的办法，必须先清内火，消积食，安睡眠。东西愈少吃愈好，吃的东西必须注意消化与营养，如牛乳、豆浆、米汤、饼干之类，挂面万不可吃。假使热再不退，大便又不通，则宜进行清胃灌肠，勿专当疟疾医。

可以说，周恩来对自己的父亲是了解备至也关怀备至，考虑得更是细致、周到而又无微不至。

由于董必武等南方局领导一致决定不把周老先生去世的消息告诉周恩来，延至 7 月 12 日，周恩来还全然不知。这天上午，他还给邓颖超写信说："闻爹爹病渐愈，甚放心，并谢谢你的偏劳！"这时，护士用医用胶布粘贴在他病房窗棂上的花瓶因为胶布干燥后失去黏性而忽然坠地摔碎，信奉唯物主义的周恩来没有往坏处想，而是高兴地写了两句诗"我病已痊人去也，花枯瓶碎好回家"。但是，就在他写信的那天下午，《新华日报》的雇佣报童在向他送报时，因为年纪小不懂事，漏嘴说出了"仓库老太爷因打摆子死了，现在正忙后事"的话。这使周恩来惊觉起来，他估计是父亲出事而同志们故意瞒着他，所以决定第二天提早出院上山。

7 月 13 日，周恩来不顾病体尚未痊愈提前出院回到红岩村，问及老父，邓颖超见已无法隐瞒，只好据实相告。这时，周恩来才得知父亲已去世三日。他当即悲痛欲绝，恸哭不止，并严厉责怪邓颖超："别人不了解我，你还不了解我？这么大的事，你为什么也瞒我？"邓颖超只好流着眼泪向他认错。童小鹏同志那次回忆这件事时也对笔者说：“因为我在总理面前撒过谎，所以他一发火，吓得我大气也不敢出，躲在楼上不敢下来。”后来还是董必武同志出面向他解释：“这是为了你的身体健康，也是组织上决定的。”周恩来才不好再多说什么。但却不顾自己病体初愈，为父亲守灵竟夜，直至拂晓。然后，他又向延安的毛泽东发了份电报：“归后始知我父已病故，悲痛之极，抱恨终天，当于次日安葬。”毛泽东随即发来唁电：“尊翁逝世，政治局同仁均深切哀悼，尚望节哀。重病新愈，望多休息……”

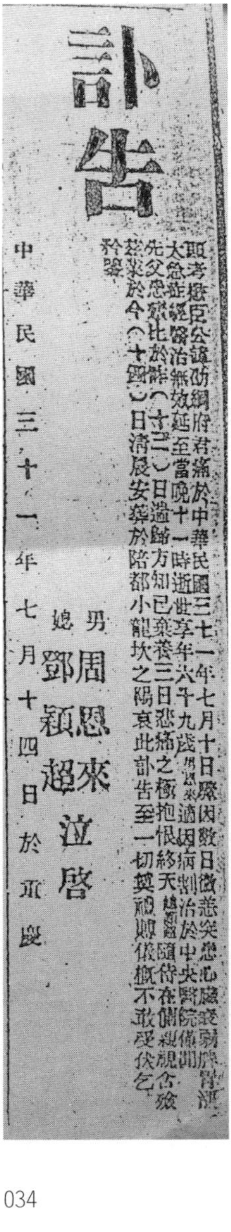
訃告

顯考懋臣公諱劭綱府君痛於中華民國三十一年七月十日驟因數日微恙突患心臟衰弱脾胃漲大急症經醫治無效延至當晚十一時逝世享年六十九歲男恩來適因病割治於中央醫院僅聞先父患症比於昨（十三）日遄歸方知已棄養三日悲痛之極抱恨終天媳穎超隨侍在側親視含殮茲業於今（十四）日清晨安葬於陪都小龍坎之陽哀此訃告至一切奠祀則依概不敢受伏乞矜鑒

男 周恩來
媳 鄧穎超 泣啓

中華民國三十一年七月十四日於[illegible]寓

7月14日，周恩来、邓颖超等在红岩村为老人举行了简朴的悼念仪式后，将周贻能老先生的灵柩安葬于重庆小龙坎复元寺后面八路军办事处的公墓上，墓前立有一块不太大的石碑。这块墓地是红岩村女主人饶国模太太赠送给重庆“八办”的专用坟地。7月15日，重庆《新华日报》刊登了周恩来、邓颖超联名为父亲周贻能去世发布的讣告。这大概是我们党的领导人中唯一一位为父母亲去世而登报发讣告。据当事人童小鹏同志向笔者提供的《讣告》内容。全文如下：

讣　告

显考懋臣公讳劭纲府君，痛于中华民国三十一年七月十日骤因数日微恙突患心脏衰弱，脾胃涨大急症，经医治无效，延至当晚十一时逝世，享年六十九岁。男恩来适因病割治于中央医院，仅闻先父患症，比于昨（十三）日遄归，方知已弃养三日，悲痛之极，抱恨终天。媳颖

超随侍在侧，亲视含殓，兹业于今（十四）日清晨安葬于陪都小龙坎之阳，哀此讣告。至一切奠礼赙仪概不敢受。伏乞

矜鉴

男　周恩来

媳　邓颖超　泣启

中华民国三十一年七月十四日于重庆

讣告发出后，重庆的周恩来同仁好友等都向周恩来表达或转达了悼慰之情。蒋介石也委托张治中将军代表他到红岩向周恩来表示了他的哀悼。

中华人民共和国成立后，周恩来从我们国家人多地少的实际情况出发，带头平掉祖坟，退耕还田。1965 年的旧历除夕，他派侄儿周尔萃回淮安平掉了淮安东门外、包括他两个母亲在内的周家七座祖坟：棺木就地下沉，坟地交生产队耕种。在此前的 1958 年 11 月 24 日，周恩来就已派总理办公室主任童小鹏去重庆，28 日将当年的红岩墓地平掉还耕；将周贻能、杨振德等人的十四口棺木起出火化，骨灰装入罐中埋进原墓边冬水田旁现挖的一个深坑中，不留痕迹，只在田头栽了五棵桉树，立了一块刻有十四位去世者名字的小碑，并将那块坟地全部交给沙坪坝公园使用。

1984 年，童小鹏同志和部分原在南方局工作的老同志去重庆，经和市委及有关部门讨论，并征得邓颖超本人同意，在红岩纪念馆的山坡荒地上正式建一座"红岩公墓"，将原已深埋的十四个骨灰罐取出，再一起集中深葬在公墓里边，在墓地后面半圆形的石壁上刻上各人姓名简历。笔者 1999 年 5 月拜谒红岩公墓时，红岩革命纪念馆的刘立群、孙志慧同志告知我，"红岩公墓"四个字由陆定一题写，公墓石壁上刻着安葬于墓中人的姓名和简历：

黄文杰：广东梅县人，1924 年参加革命，中共党员。曾任上海中央局书记，在长江局、南方局做组织工作。生于 1900 年，

1939 年 8 月 6 日病故。

周懋臣：浙江绍兴人，周恩来之父。生于 1873 年，1942 年 7 月 10 日病故。

杨振德：女、湖南长沙人，邓颖超同志之母，以医为业，积极支持革命，生于 1875 年，1940 年 11 月 18 日病故。

李少石：广东新会人，1926 年参加革命，中共党员，曾任江苏省委宣传部长，南方局秘书。生于 1906 年 6 月 7 日，1945 年 10 月 8 日不幸遇难。

吴志坚：江西永新人，1929 年参加革命，中共党员，第十八集团军驻渝办事处警卫副官。生于 1919 年，1939 年不幸逝世。

饶友瑚：女、四川大足人，1935 年参加革命，中共党员，从事党的秘密工作。生于 1918 年，1939 年 12 月病故。

郭于鸣：山西崞县人，抗日战争爆发后参加革命，中共党员，《新华日报》外勤记者。生于 1916 年，1940 年 2 月 26 日病故。

边爱莲：女、浙江诸暨人，1939 年参加革命，第十八集团军驻渝办事处会计。生于 1914 年，1941 年 4 月 1 日病故。

赵畹华：女、湖北黄陂人，在第一次国内革命战争和抗日战争时期，曾参加过革命工作。1942 年 2 月 12 日病故。

徐天宝：浙江海临人，曾任第十八集团军教导队班长及第十八集团军驻渝办事处物资保管员。生于 1908 年，1942 年夏病逝。

陈维志：江苏人，1937 年参加革命，中共党员，第十八集团军驻渝办事处副官。生于 1908 年，1943 年秋病故。

向先德：湖南人，中共党员，参加过长征，第十八集团军驻渝办事处警卫战士。生于 1918 年，1942 年病故。

廖苓硕：女、湖南衡阳人，1929 年参加革命，中共党员，从事党的秘密工作。生于 1899 年，1943 年夏病故。

邓友理：四川奉节人，1937 年参加革命，中共党员，从事党的文艺工作。生于 1916 年，1946 年 1 月 8 日去世。

另外还有三个早夭的小孩，分别是李业群、荣高棠和熊瑾玎的孩子。

1996 年和 1997 年，孙新世教授在北京她的家中多次对笔者说，当她的姐姐、周恩来的干女儿孙维世向周恩来提出把烈士父亲孙炳文的骨骸从上海迁到北京西郊万安公墓与其母任锐同志合葬时，尽管当时孙维世在万安公墓将父亲的墓地都买好了，周恩来仍劝她说："青山处处埋忠骨，何必马革裹尸还。"并以自己的亲生父母分别葬于重庆和淮安为例说："中国有句古话'入土为安'。我和你小超妈妈从来都没有考虑过要为他们迁葬。现在你何必又去搬动他而使他不得安宁呢？"这样，也就说服了孙维世没有为父亲迁墓。笔者 1995 年曾去过北京西郊的万安公墓，在任锐同志墓的东侧，孙维世为生父买的那块墓地至今仍空在那里呢。

周恩来母亲万氏去世时，周贻能年仅三十四岁，但由于他一生颠沛流离，生活一直不能安定，经济上也一直比较贫苦，加之周贻能重情重义，十分怀念故去的妻子。所以就一直没有续弦再娶。他和万氏只生了周恩来、周恩溥、周恩寿兄弟仨，没生女孩，所以周恩来没有亲姐妹。

据 1960 年曾赴北京见过周恩来的原淮安县委领导人刘秉衡同志回忆：我们那次从淮安出发赴京前，就应周总理要求，将他家收藏在驸马巷旧居里的祖辈影像带去北京。到京后，我将带去的他家十一张祖宗影像在钓鱼台国宾馆他的临时住地交给他，他当场一张一张地反复观看，并告诉我每一张影像是他家的什么人。看完之后，他自言自语地说："怎么没有我母亲的影像？"说着便陷入了沉思。好一会，他才又说："可能是那次在上海遇上顾顺章叛变的紧急情况，我父亲在紧急转移时弄丢了。”说完，他还补充说：“我母亲去世后，父亲就一直把我母亲的影像带在身边。”

周恩来深爱着自己的父亲。1997 年，周恩来的嫡长侄女周秉德同志曾在《百年恩来》电视片的拍摄现场——淮安周恩来故居，当众展示了一张发黄的照片，照片上正是周恩来父亲周贻能的慈祥形象。照片背面留有周恩来的生前亲笔“爹爹遗像”。周秉德还介绍说：“伯伯（周恩来）生前一直把这张照片放在身边。”这件事也格外说明了周恩来对父亲的至孝亲情。

记忆里没留下印象的嗣父周贻淦

把我过继给叔父，由守寡的叔母抚养。

周恩来的小叔父周贻淦，后改名宗幹，字簪臣。生于清光绪四年三月初四日（1878 年 4 月 6 日）。他是周劭纲的胞弟，大排行十一。到 1897 年在周恩来六伯父周嵩尧的中举资料上，他已成为“国学生”，说明他已考取秀才，捐了国学生。但是他体弱多病，结婚不到一年就因患肺结核病而去世。周贻淦没有孩子，为了给他承嗣，七哥周劭纲遵父母命将长子周恩来过继给他。孩子交给周贻淦的夫人陈氏抚养①。1946 年 9 月周恩来对美国记者李勃曼谈话时说：“我出生后，因叔父周贻淦已去世，照传统习惯，把我过继给叔父，由守寡的叔母抚养。”

周贻淦去世时只有二十岁，因此，有关他的资料很少。目前只

① 1982 年 9 月周同宇回忆，周恩来是在小叔弥留之际过继的，淮安由此认为过继给他是为了“冲喜消灾”。

有1950年周嵩尧写的一首词《点绛唇·和约之[①]表侄月当头[②]词》中提到过周贻淦。原词为：

花甲重轮，衰年又见童年月。凤城佳节，玉宇琼楼彻。

雪窖冰天，万里行人发。邦交协，好辞黄绢，二陆皆英杰。

周嵩尧在词后说明："庚寅（1889）年以案首[③]入泮。是年月当头曾携十一弟同游淮安泮官。至1949年庚寅年整六十周年。"这首词是周嵩尧在1950年周恩来出访苏联时写的，"二陆"指他把毛泽东和周恩来比喻为西晋的陆机、陆绩兄弟，并说他们都是"英杰"。"邦交协"指毛泽东、周恩来2月14日在莫斯科和苏联领导人斯大林等签订中苏友好同盟条约。凤城即京城，在这里指北京。1950年2月14日正是春节前夕[④]。也就是说，周嵩尧在北京庆贺新春佳节并庆祝中苏结盟时，不由地想起六十年前即1889年的农历十一月十五日，他曾带着十一岁的十一弟周贻淦一起到淮安孔庙即泮官浏览、参观[⑤]。看来周嵩尧十分偏爱这个聪明用功的小弟弟。

俗话说"过继不为子"。周恩来从小称周贻淦为爹，称陈氏为娘，称自己的亲生父母为干爹干娘。称家中的其他长辈均是以贻淦之子为准。如对贻奎，贻奎是贻能之弟，贻淦之兄。如果周恩来以亲生父母为准，应称贻奎为八叔，而他在旅日的日记中，称贻奎为八伯[⑥]。这就表明他是以嗣父为准。1949年以后，周恩来与胞弟周恩寿来往较多，而他的嗣父母已过世多年，他向晚辈讲起家里的老事，对长辈的称呼又是以亲生父母为准，改称嗣父为十一叔，嗣母为十一婶。

---

① 约之即郑约之，为周嵩尧内侄。郑约之的《点绛唇·月当头》原词为："多谢天公，云开放出当头月。团圆时节，倍觉清光彻。一种悠扬，何处箫声发。清商协，如鸣金铁，定是来时杰。"

② 月当头，指农历十一月十五日。庚寅年十一月十五日是1950年元月3日。

③ "案首"是指当年考中绍兴府（辖六个县）头名秀才。

④ 此词应作于1950年2月。2月17日是正月初一，按词作在庚寅年，当在17日之前。

⑤ 郑约之1997年11月13日致周恩来侄女周秉宜信。

⑥ 南开大学出版社《周恩来早期文集》第267页，周恩来"旅日日记"。

与八婶母杨氏

要本着节约和简朴的精神办理。

周恩来的八婶母杨氏是周贻奎的妻子，娘家在宝应县天平镇。周贻奎是周恩来的亲叔叔，大排行八，所以后辈人都习惯地尊称他的妻子叫“周八太”或“八太”。她大约生于1877年，去世于1956年，具体年月已无法考证。

杨氏受中华传统文化影响，恪守旧的伦理道德，尤其笃信佛教“行善积德”“不修今生修来世”等虚无思想，终日吃斋念佛，以求来生。她把周家的败落看成是“命不好”，但坚信“只要善事做多了，来世还会有报应，有福享的”①。所以在周家十分败落艰难的困境下，她仍不忘烧香拜佛，以求来生。她与侄儿周恩来的感情也很深。那是因为1908年，周恩来生母和嗣母两位母亲在不到一年中相继去世，父亲又在外谋生，无依无靠的周恩来只好带着两个更小的弟弟从清江浦回到淮安老家。这时的老家只有身患腿疾的八叔和照料一应家事的八婶母杨氏，杨氏就成了周恩来兄弟仨的实际监护人和抚育者。为了一家人的生存，杨氏和周恩来一起跑当铺典当衣物，甚至将房子典押给人家，以维持那半饥半饱的生活。

那时，十岁的周恩来还比较懂事，但仅比周恩来小一岁的周恩溥却天性调皮、倔犟。玩刀子、打弹子、爬树、捕蝉、掏鸟窝等许多冒险的事他都敢做。一次，他们家的一位亲戚带着他们兄弟仨和恩灿等坐小船出北水关到勺湖和河下去玩，玩得十分开心。以后他们就恋恋不舍，希望能再乘船出去。八婶母为怕他们有闪失，一再不允，后来干脆让人将小木船锁在文渠岸边，以防万一。谁知顽皮的恩溥很有办法，他用一根铁丝拨弄开铜锁，和恩来兄弟们偷偷划

① 周尔辉生前1997年3月对笔者的讲述。

出小船。时值午前，文渠开闸放水，小船顺流直下，很快出了北水关，穿夹城，直到河下状元楼[①]的桥下。他们挺开心地上岸听人说书，又逛了竹巷街，玩得很高兴，结果时间耽搁较久，上游关闸，水位陡减，回程时又水浅逆流，小船行进十分艰难。杨氏婶母眼看着快到中午还不见她侄儿们回家，就迈着小脚到处寻找。几家亲戚和几个可能去的地方都找遍了，仍不见人影。杨氏又急又慌，便请了亲戚、邻居，借了大锣，满街满巷敲锣到处寻找，直到太阳快落山，周恩来他们兄弟几个才姗姗地将小船划到驸马巷自家门前。

1958 年 7 月，周恩来和当时淮安县副县长王汝祥交谈时还回忆起这段往事：

> 小时候，我和小伙伴们常常在文渠划船打水仗，大人们怕出事，把小船锁起来，我们就悄悄把锁开掉，划船远游，吓得家长们敲起大锣，满街吆喝寻找。
>
> 一天中午，我和几个小伙伴偷偷把船从文渠划到河下去，婶娘（八婶母）守在码头，左盼右望，直到太阳落山，才见我们船影。她急忙跑步相迎，身子晃动一下，差点跌倒。我很怕，心想，这回免不了要挨惩罚！可婶娘半句也没责怪，相反，一把紧紧搂住我，眼泪刷刷地往下淌，这比挨了一顿打还使我难受，我忍不住也哭了……[②]

这是周恩来回忆他童年与八婶母杨氏共同生活中最生动的一段往事，体现着他们之间那一段母子亲情。1938 年初，日本军国主义的铁蹄踏进淮安城，为避兵乱，杨氏与儿子周恩硕、儿媳陶华等全家避居淮安城西南方我淮北区淮宝县林家码头（今淮安市淮安区林集镇）的乡间。住在当地一家几乎是无遮无挡的弃用牛棚内，夏不

---

① 为纪念明嘉靖朝辛丑科考中的淮安河下人状元沈坤所建，是一座建于文渠上的桥楼两兼的建筑。

② 王汝祥 1984 年 5 月对笔者的口述。

遮荫冬不挡凉。特别是夏天，不仅天热难当，而且蚊虫轰闹，多如雾云，又一点吃的东西也没有。有时杨氏不得不讨点东西给孙子们充充饥。据周尔萃同志回忆，他一个弟弟当时因为出生不久，就那样连病带饿，很快就去世了[①]。后来实在没法活下去，杨氏就带着两个幼小的孙子及儿媳妇陶华一行悄悄回城居住，听说日伪政权要查户口了，她们又悄悄下乡，形成城里、乡下“两头跑”。儿子周恩硕 1943 年在淮宝县[②]参加革命出事后，杨氏寻子不着，寻尸不见，几乎哭干眼泪，只好横下一条心：返城居住。庆幸的是日本人并不了解他们的真实身份，加之他们与周围邻舍的关系也较好，日本侵略军驻淮八年，一直不知道他们的底细。虽未遇到日本人麻烦，但他们孤儿寡母，生活越来越艰难，有时到了饿得难以活下去的状况。她估过衣，讨过饭，还拎着黑乌罐到富人开办的赈灾粥厂排队领过粥。为了一家活命，她尽到了那个时代一个家庭妇女的责任和义务，从她身上也折射出周家的传统美德。直到 1945 年 9 月新四军三师七、八两个旅联合打下淮安，周恩来通过组织关系让华中分局五分区委的万金培，给杨氏拨了一点救济粮，才使他们得以生存下去。

1946 年 9 月，蒋介石背信弃义地撕毁国共两党通过谈判签定和平建国的“双十协定”，国民党反动派的军队重新占领淮安，杨氏一家再次陷入水深火热之中，全家合盖的唯一一床被子也被反动的保长强行抢走。杨氏为了一家老小的生存，不顾安危前往国民党政权的勺湖镇镇长处讨要，到国民党县政府哭闹，才又将那床被子要回。她还因全家挨饿而直上国民党县政府大堂，向国民党县长牛作善要饭吃。牛作善因在抗日战争结束后曾被我军俘获，由其弟、时任国民党江苏省保安司令部主任和国民党江苏省省党部书记长、国民政

① 2008 年 2 月 22 日周尔萃同志在淮安宾馆对笔者的讲述。

② 抗日战争时期由抗日民主政权在淮安和宝应两县之间设立的县，县治在今洪泽县岔河镇。该县于新中国成立后 1952 年江苏建省时撤销。

府立法院立法委员的牛践初求请周恩来而被释放。但这位文盲县长好像并未记住旧情，竟讥笑杨氏说：“你没饭吃找我干什么？你侄儿周恩来不是有一辆别尔卡轿车在南京吗？你去卖了他那辆汽车够你吃一辈子呢！”

1948 年秋，淮海战役结束后，国民党在苏北的残余部队已成惊弓之鸟，解放军未费一枪一弹，他们就逃出淮安，仓皇南窜。度过了将近一生的灾难生活，过了古稀之年的杨氏终于盼来了新中国的诞生。当毛泽东、周恩来等新中国领导人的大相片悬挂于淮安县文化馆展览的墙上时，杨氏一边念着“阿弥陀佛”，一边搀着孙子尔辉、尔萃，指着周恩来的像对他们说：“这就是你们的七伯。”并以自己的信仰对孙子们说：“我早就知道你们七伯要做大官，因为他心善人好，我一年到头为他烧香祷告，求菩萨保佑他平安，保佑他升官发财。”①

1950 年秋天，新中国诞生快一年了，周恩来与老家通上了信，周八太终于携孙子尔辉到北京去看望侄儿周恩来，住在北京惠中饭店。在京期间，周恩来和邓颖超忙完国家大事后曾一起在中南海西花厅接待和看望伯母，陪她游览了风景秀丽的颐和园。周恩来关切地

1950 年夏天，周恩来八婶杨氏（后排中）进京，周恩来、邓颖超一左一右地与八婶等人合影

① 周尔辉生前 1997 年 3 月对笔者的讲述。

问他的八婶母，“家乡人现在生活好吗？”“北乡人能吃到米饭吗？”在听了回答后，周恩来又高兴地告诉她：“家乡还要挖一条大河哪！从洪泽湖一直挖到海，到那时淮安就更好了，北乡也就能长水稻了。”

周八太在北京住了一段时间后留下孙子尔辉在北京念书，自己返回淮安，当时我们国家还实行供给制，所以她临走时，周恩来只给了她五万元（旧币，只相当于现在五元钱）人民币，并告诉她：“这是公家发给我们的零花钱，别的我们也没有钱。”因周八太是无业人员，生活一直无着落，只好靠国家救济，“月领公粮”生活。

1951 年，周恩来再次请八婶母赴京居住，但她只在北京惠中饭店住了一个多月时间，就感到在北京生活不习惯。如她生病时，不肯去医院请医问药，而要自己烧香烧纸祭拜鬼神保佑，此举连周恩来邓颖超都很难强求她，拗不过她。在万般无奈之下，周恩来只好按照她自己的意愿，派警卫员王雨波将她护送回淮安老家生活。

周八太回淮安后，因年事已高，又长期吃苦受累，加之她天天吃斋念佛，故常有病痛。淮安县里领导就送点食品什么的到她家里探望，后来在家里实在撑不下去了，就把老人送进淮安县人民医院住院治疗。县委还把她的病情及时向周恩来作了报告。周恩来于日理万机中都看了家乡寄来的有关信件，并做了具体的指示。他的这些指示主要是通过三封信来表达的，这也是他留给家乡淮安的一段乡情和佳话。

周恩来的三封信都是用“中华人民共和国国务院总理办公室”的信笺。其第一封信的内容是：

淮安县人民委员会：

前几日接到县第一人民医院一信，知我婶母病最近又重复发。陶华来信说你们常派人去看望和给治疗。谢谢你们亲切地关心和照顾。

我婶母的病我们知道是无法治疗，今后一切治疗还要麻烦你们。(请县人民医院治疗好了)不要向外地转治。如果治疗无效，一切后事也请你们代为办理。但要本着节约和简朴的精神办理。现寄去人民币贰佰元作为治疗和办理后事的费用，如不够时，请你们先垫付，事后来信说明支付情况，我再补钱去。

此致

敬礼

周恩来

一九五六年十月廿九日

在这封信的信笺底线外又补写了一行小字："此信请转县人民医院负责同志一阅，不另附信。"

这封短短的一百多字的信，体现着周恩来对婶母虽然情深义重，但却不因为自己身居高位而使其转院上海、北京，仅是采取了就地治疗和治疗无效则后事从简的指示，还承担了全部医疗和丧葬费用。

1956年底，周八太终因乳腺癌日重，身体不支离开人世。当淮安县人民委员会将这一不幸消息报告周恩来后，周恩来又让秘书给回了第二封信：

淮安县人民委员会负责同志：

总理伯母去年逝世后的善后费用，请你们将费用单据邮寄给我室呈总理，总理说由他工薪扣除汇寄你们。

致

敬礼！

一九五七年三月十三日

当总理办公室收到有关收据后，周恩来又回了第三封信：

淮安县人民委员会负责同志：

来信收到，几年来你们对我伯母的照顾与关怀，尤其在她患病、住院治疗期间，为了她的健康，住院治疗，的确给你们增添了不少麻烦，今特向你们表示谢意。

我伯母家现还有陶华等人，今后她的生活费用均由我这儿接济，请当地政府对她勿再予照顾。

现寄去安葬我伯母善后费用所尾欠垫款二十五元，请查收。

致

敬礼！

周恩来

一九五七年四月十七日

周恩来第一封信是用钢笔书写的，由他的保健护士郑淑芸代笔[①]，文末加盖有周恩来的一方阴刻白文印；第二封毛笔书写的信由秘书代笔，文末未署名，也未用章。笔者根据笔锋判断，像是周恩来的机要秘书孙岳写的，因孙岳已经作古，现已无从核实。第三封信是旧式手动打字机打出来的蓝字打印件，文末盖有周恩来的一方阳刻朱文印。

值得一提的是，周八太虽历尽沧桑辛苦，但她对淮安驸马巷周家老宅和淮安东门外的周家祖茔地都尽力加以保护、修葺，不使其毁坏。若没有她的保护，在几十年的风雨中，这些现在属于国家级文物或遗迹都将荡然无存而不在人世。

周八太不仅对伟人周恩来有着抚育之恩，她的家常之举还保护下了淮安的重要文物古迹。

① 笔者因与周恩来生前身边工作人员多有交往，发现这封信的笔迹是郑淑芸同志的，就将这封信复印寄请郑淑芸同志自己审看。2007 年 9 月 25 日晚笔者接到郑淑芸从北京家中打来的电话，证实这封信确实出自她手。郑淑芸还说，总理当时特别忙，他的这些家事就由他向我们说一下他的意思，信由我们给他代写，写好后再让他过下目。我的这封信只是我根据总理授意写下的草稿，我还想再仔细抄写一遍再交给收发室去邮寄。谁知总理看了就说“行了，行了，不用再浪费时间了。”郑淑芸在电话里还特别强调说：“信里所表达的意思绝对都是他的意见。”

与六伯父周嵩尧

民国年间你有两件德政，人民不应该忘记。

周恩来六伯父、中央文史馆首批馆员周嵩尧

周嵩尧谱名贻良，考中秀才后更名嵩尧，字峋之，号薰士，晚年又自号芝叟。清同治十二年闰六月十八日（公元1873年7月17日）生于淮安城里的驸马巷，是周恩来二伯祖父周骏昂的第三子，在周家同辈中大排行六，所以周恩来一直亲切地喊他六伯父。据已故淮安名士丁志安先生（清光绪年间举人丁晏嫡孙）1982年夏天在镇江绍宗藏书楼对笔者说，在周家迁淮安的诸多兄弟子侄中，“以峋老最为著名”。

周嵩尧幼年时，因父亲周骏昂在淮安、江都、仪征、通州、如皋、宿迁等苏中、苏北一带做知县，他也一直跟随在父母身边。光绪四年，其母郑氏去世，时周嵩尧年方五岁。三年过后，其父周骏昂又不幸于仪征知县任上去世，只好把他托付给二舅父郑仁寿抚养。郑仁寿字见山，号镜华，是福建闽侯人，有一定的文化修养，当时正在设于淮安的漕运总督府任总文案，又有一定的经济实力，就为周嵩尧聘请了当时淮安城里最著名的刘立三先生为家塾馆教师，对其严加管教，以期周嵩尧学业有成。周嵩尧也不负所望，1890年十八岁时回原籍浙江绍兴府（辖六县）

考取了第一名秀才[①]。第二年周嵩尧再回浙江原籍参加乡试未中，二舅父郑仁寿及时教育他不要灰心，要继续努力准备下科再考。直到1897年（清光绪二十三年），周嵩尧二十五岁时终于考中了光绪丁酉科的第三十五名举人。1964年8月2日下午，周恩来在中南海西花厅与亲属谈话时特意提到了这件事："我们上一代，还都去拜绍兴师爷，给人家做徒弟，但没学好，只有二伯父、六伯父学的较好，六伯父中了举人，做了师爷，后来曾给袁世凯做过秘书，在中南海办过公。"

清末官场黑暗，挂牌卖官。中举后的周嵩尧并没有一步登天，是靠其二舅父举荐，才到漕运总督衙门做个文案，成为总文案的得力助手。1908年，周嵩尧在其舅父郑仁寿告老还乡后即升为"江北提督"总文案。是年因海运开拓，津浦路兴办，而京杭大运河迭经淤塞，已不能承担南北运输的主要任务，设在淮安几个朝代的漕运总督部院已被清政府于1905年裁撤，改设江淮巡抚暨江北提督府。江北提督是袁世凯的亲信王士珍。由于周嵩尧有政治头脑，才干又高人一筹，所以，王士珍十分器重他，极力保荐他。终于使他得以进京通过了慈禧太后和光绪皇帝在颐和园仁寿殿的集体召见面试，认为他确有能力，即被委为邮传部郎中掌路政司（相当于今正司局级）。周嵩尧政绩斐然，在当时一本叫做《新语林》的书上，有一段关于他的记载："周峋芝以部郎入浙，查办淞沪杭甬路桥工，秉公无私。汤蛰仙[②]以文报部曰，'周郎中识穷两戒、清绝一尘'。并注释说，'周名嵩尧，浙江绍兴人，举人，以内阁中书久居幕府。历任漕运总督、江淮巡抚咸倚之'。刘永庆、王士珍先后为江北提督，尤器其才。王专疏保其才堪大用，擢侍读，授邮传部郎中掌路政司。

① 周嵩尧当年考中绍兴六县第一名秀才的"红榜"现藏周嵩尧嫡孙周华凯处。笔者2007年9月曾目睹。

② 汤蛰仙名寿潜，浙江萧山人，曾任浙江铁路公司经理，民国时曾任南京临时政府交通总长等。

入民国为江西督军公署秘书长，以道尹存记，内调统率办事处秘书。李纯由江西移督江苏，周嵩尧仍任秘书长。李屡荐其才堪胜省长任，未获简放，授浦口商埠帮办。”这段记载对周嵩尧给予了很高的评价。

民国初年，周嵩尧还曾获得国民政府表彰的二等文虎勋章和二等嘉禾勋章。

1915 年，周嵩尧因不同意袁世凯称帝遭袁冷落而卸职返回淮安。这时淮安驸马巷老宅的几间破廊蚀户的房子与他的身份似乎不太相称。他便带上儿孙借住到驸马巷北侧不远的一处房子里。这所房子是《老残游记》作者刘鹗的故居，当地人称“刘道台府”。房主的前身是明代淮安知府朱大典。房舍、院落、花园等一应俱全，是当时淮安档次最高的一处居所。他于寄居中也没有忘记自己的周氏典祖，在居所当中的屏门上书写了一副隶书楹联：“世守莲溪爱莲说，家传角里采芝歌。”表达了周嵩尧效法祖先，出淤泥而不染的心志。周嵩尧居淮期间，曾应李纯的邀请，出任他的秘书长。当然久住之后，便难免与房东刘家发生龃龉，到 1929 年，周嵩尧即携全家移居扬州。居扬不久，周嵩尧就因其声望参加了当时由凌鸿寿（1852—1932）主持的“冶春后社”。凌曾代理过北洋政府的国会议长，有一定的声望地位，所以，散文家朱自清及其弟弟等当时都是冶春后社社员。周嵩尧与他们经常聚首，或赋诗、或酒宴，互相酬唱，确确实实红火了好一阵子。

周嵩尧不仅勤政为官，而且清正廉洁，又博学多才。他在诗词、书法、文物收藏、古玩鉴赏等方面都具有一定能力和水平。青年时期他就著作过诗集《磨绮集》，句章读起来琅琅上口，结构严谨，文笔流畅，可见周嵩尧有着很强的文字功底。此外，在石印本《国学丛编》《硅围谜刊三种》和《宾楚丛谈》卷三等也收有他的部分诗作；20 世纪 40 年代，他在扬州闲居时还曾为其舅父郑仁寿编辑了《镜华老人文集》十卷，并在卷首作序和写了《镜华老人传》。

他自己也写作过《客耻》等三十余篇诗歌、散文。而周嵩尧和他两位胞兄周贻豫、周贻康共同将父亲周骏昂手录曾祖父周笑岩的诗集《海巢书屋诗稿》和郑仁寿的诗集《方壶遗客诗存》合并刊印成册。该书后来由清末民初淮安藏书家汪澄伯收藏。新中国成立后，汪将该书手抄一份，并将原书寄赠北京中南海西花厅周恩来。周恩来、邓颖超相继去世后，邓颖超秘书赵炜在清理西花厅遗物时发现，遂于 1994 年 9 月交还给淮安周恩来故居，汪澄伯的那册手抄本现也存于淮安市淮安区图书馆。周嵩尧在扬州期间，还考证了周家的家史，亲笔撰写了《周氏渊源考》《周氏家训》等多本小册子。《周氏渊源考》略述了周氏起源，详述了周氏迁浙江后的一世祖周茂直至周嵩尧的曾孙周国镇这一支系的二十三代人的情况，他还据此编绘了一份周家的世系表，这些都是如今研究周恩来家世十分宝贵而难得的第一手资料。

《周氏渊源考》和《周氏家训》约写成于 1943 年，原件现分别由淮安周恩来童年读书处和周恩来故居收藏。

周嵩尧闲居扬州时间比较长，从 1929 年直到新中国成立初。1937 年的“七七事变”后不久，扬州陷落，周嵩尧的一些旧友至交中有一部分人出于种种原因当了汉奸。由于他的才干和声望，日伪方面多次请其出山，要他为“大东亚共荣”和中日“亲善”效力。周嵩尧受一腔爱国良心的驱使，加之受侄儿周恩来进步思想的影响，始终不为所动，愤而不就，表面还得巧与周旋，坚持隐居。最紧张时不得不举家避居乡间，以躲开日伪的纠缠。1946 年当他得悉七侄周恩来率中共和谈代表团抵南京时，顿时喜出望外，立即变卖一些家常物件，凑足路费赶往南京梅园新村中共代表团办事处与周恩来晤谈。因当时时局维艰，国共和谈必将破裂，他才又依周恩来所嘱，辗转北返扬州。

周嵩尧在半生赋闲生活中还收藏了大量古玩器、古玉器、古字画、古钱币等等。他收藏的古玉器中有三四千年前的周代玉圭、玉佩，古钱币中有秦代的刀币、汉代五铢钱；古字画中也有不少宋、明、清代的名家作品。但因历史的局限和专业技能方面的不足，他一生精心收藏的、自认为是“传世珍宝”的东西，竟有半数为赝品。如他花了很大代价才弄到手的一块青铜质的秦诏版，一幅宋代燕文贵的山水画等，经故宫博物院两位副研究员鉴定，都是后代人仿制的。抗美援朝战争爆发后，周嵩尧义愤填膺，把自己收藏几十年、已传世二百余载的清初王云画的一本山水画册通过中央文史研究馆捐献给国家，以期变卖后买飞机、大炮等武器去打击侵略者，后来因为当时还没有文物商店，无法卖出。辗转数月后，文史馆只好又将这本王云的山水画册退还给他。此举虽未获成功，但却表现了周嵩尧的一腔爱国情怀。1953 年 9 月他病危后将自己收藏观赏一生的二十多件精品遗赠给侄儿周恩来。1976 年 1 月周恩来临终前，又遗言将这批文物交给国家，由故宫博物院全权处理。1976 年 9 月，这批文物由周恩来生前机要秘书赵茂峰、警卫员高振普送至故宫博物院。1995 年，经笔者与有关方面交涉，这批十九类二十三件文物已从故宫博物院提出，移交淮安周恩来纪念馆收藏。

“山河百战归民主”。1949 年 10 月，新中国诞生了。周恩来即致信六伯父，邀他进京议事。周嵩尧遂由扬州登船经镇江乘火车赶赴京城，在中南海西花厅与七侄周恩来相见。周恩来一见面就高兴地说：“这次一来，就‘既来之，则安之’了。”[①]

周恩来与六伯父晤谈后即交待他的行政秘书何谦送周嵩尧到北京的远东饭店下榻。这是当时政务院交际处所属四家招待所当中最好的一家，包括庄希泉、高士其、梅兰芳等一批知名人士当时都住在那里。后来又迁住到惠中饭店，仍是档次较高的一家。那时新中

① 现旅居美国夏威夷的周嵩尧嫡孙周华章给笔者的信。

国刚刚诞生，作为首任政务院（后改名国务院）总理的周恩来常把周嵩尧请到西花厅，向他请教清朝和民国年间政府各级机构的建制、职能、人员配备、工资安排等问题，以便让人民政府参照采纳或废止，或修订。周嵩尧都一一耐心解释。他欣慰自己老有所为，而一向谦虚谨慎的周恩来则多了一位很好的、能够就近随时请教的“老师”。

1951年，中央文史研究馆筹备期间，由政务院常务副秘书长齐燕铭推荐，周恩来批准，于那年6月正式以政务院总理周恩来的名义聘请周嵩尧为中央文史研究馆的首批馆员。

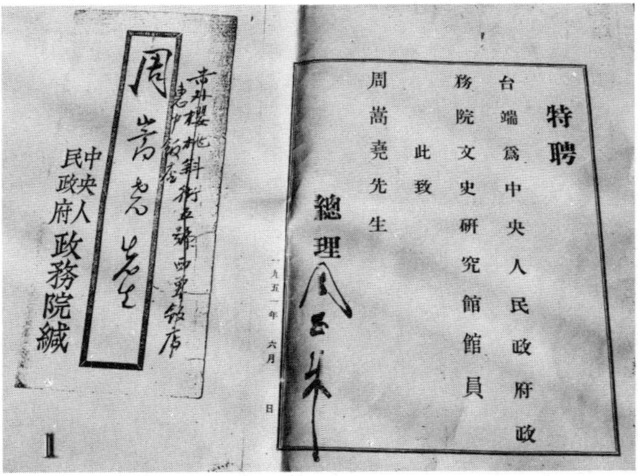
中央人民政府政務院緘

周嵩尧先生

特聘

台端為中央人民政府政務院文史研究館館員

此致

周嵩尧先生

總理 周恩来

一九五一年六月 日

周恩来聘周嵩尧为中央文史研究馆馆员书

首批聘到中央文史研究馆的人都是清末和民国年间德高望重的硕学名流，如符定一、章士钊、齐白石、陈半丁等等。安排他们都有照顾性质，所以周恩来在聘用周嵩尧这一职务前曾对他的六伯父说：“民国年间你有两件德政，人民不应该忘记：第一，你在江苏督军李纯秘书长任上平息了江浙两省的一场军阀战争，使人民的生命财产免遭了战火的涂炭；第二，袁世凯称帝时，你作为他大帅府的一名秘书，却没有跟他走，这是政治上很有远见的做法。现在人民当家作主了，应该考虑你为人民做点事。”

那么周恩来说他六伯父周嵩尧的“两件德政”是怎么回事呢？

那还是20世纪的民国初年，中华大地军阀割据，各霸一方。天津的李纯仰慕周嵩尧的才干，在江西督军任上就聘请了周嵩尧当他的秘书长，作为他的高级首席幕僚。李纯移督江苏后又继续聘用周嵩尧做他的秘书长这一要职。这时曾担任李纯参谋长、后任陆军第六师师长的齐燮元[①]被浙江督军卢永祥逐出浙江，再次投到李纯麾下。李纯靠周嵩尧、齐燮元这一文一武的“左膀右臂”辅佐，加之又处于长江三角洲经济比较发达的江苏，真是兵精粮足，春风得意。但是齐燮元一直有着当督军的野心，对自己被卢永祥所逐很不甘心，做梦都想夺回浙江那块他失去的“天堂”，于是挖空心思，想方设法从中挑拨：他先使人向卢永祥送去假情报，说李纯依仗自己兵精粮足、人多势众，想以强凌弱，即将起兵入浙。这使兵力、财力都不如李纯的卢永祥一时很紧张，急忙调兵遣将，在江浙两省交界处严密布防，交通要道增岗添哨，如临大敌。齐燮元暗暗高兴，又在李纯面前借口挑拨说，卢永祥不自量力，正向江浙两省交界处调集重兵，图谋犯疆夺地。随即极力怂恿李纯要先下手为强，赶快起兵伐卢，以免被动挨打。李纯未敢贸然自决，就找他的高级幕僚周嵩尧商量。周嵩尧先劝李纯要冷静，主张先查明实情，然后再作出出兵与否的决定。他还从双方力量的对比、经济实力的悬殊等几个方面分析比较，作出了卢永祥决不会主动出兵打江苏的准确判断，从而稳住了李纯。接着，周嵩尧又利用自己的浙江原籍关系，很快与卢永祥的秘书长联系上，请他说服卢永祥赶快从江浙沿线撤回军队，以免擦枪走火，铸成大错，终于使这场一触即发的江浙两省的军阀混战烟消云散，从而使两省民众的生命财产免遭了一场战火劫难。1920 年李纯不明不白地暴死于江苏督军公署，齐燮元走马上任江苏督军这一肥缺，并邀周嵩尧继续当他的秘书长，周嵩尧怀疑李纯的死可能与齐燮元的“手脚”有关，便坚决“不与小人为伍”，愤而不允，拂袖而返淮安。打那以后，他再未出任任何公职。

① 齐燮元（1879—1946），天津人，秀才出身。1916 年任陆军第六师师长。1920 年继李纯之后任江苏督军。1923 年任苏、皖、赣三省巡阅使。1924 年因直系军阀在第二次直奉战争中失利，齐燮元被段琪瑞免职。抗日战争中，齐降日并出任伪职。抗战后被捕，1946 年被枪决。

第二件是袁世凯要做“中华帝国”的“洪宪”皇帝时，身为袁世凯大帅府办事处秘书的周嵩尧不是趋炎附势，而是不顾个人安危，直言上书袁世凯，要袁不要逆流而动，结果遭到袁世凯及其爪牙们的冷落和歧视，周嵩尧也只好愤而悄然离去。

周恩来正是出于对六伯父上述两件德政的考虑，才安排聘用周嵩尧为我们国家第一批中央文史研究馆馆员的。根据我们目前掌握的资料，这也是周恩来担任一国总理二十六年间，唯一一次直接聘用他自己的亲属，是属于内举不避亲的典范。此说也得到周恩来嫡亲侄女、曾任全国政协委员周秉德的证实。她在《我的七伯周恩来》一书中对此有更为详细的记述。

现居美国夏威夷的周嵩尧孙子周华章曾与笔者交谈说，他爷爷被聘为中央文史研究馆馆员时已是七十七岁。但他老当益壮，刻苦学习，努力适应新社会的新形势。周嵩尧的书法功底很深厚，在文史馆上班后曾用毛笔逐字逐句抄录了毛泽东的《新民主主义论》和毛泽东的一些诗词。并撰文在《光明日报》上发表，热情赞颂中国共产党的领导，赞颂新中国，赞颂新社会的建设成就。周华章还对笔者说，他爷爷曾写信给在绍兴的表弟鲁觉侯说：“吾乡城河污浊，饮料艰难。人家多吃天水，居水多而净水少，相沿数百千年，官吏无人问及，今竟大加改良，真是可喜之佳音。”表现了老人晚年欣喜、愉悦的心情。因此，1950 年 10 月 1 日国庆一周年时，周嵩尧应邀登上天安门观礼台参加观礼。这在当时是一种相当高的荣誉。1951 年 7 月 1 日，在中国共产党成立三十周年庆祝会上，他还和中央文史馆馆长符定一老先生一起被推举为中央文史馆的代表一齐向毛泽东主席敬酒，表示对中国共产党的衷心祝贺和拥护。同时，他还和章士钊、符定一等四十四名中央文史研究馆馆员共同署名在《光明日报》上著文《庆祝中华人民共和国成立二周年》。他个人又以周峋芝署名单独著写了《庆祝一九五一年十月一日国庆节》也在《光明日报》同一天同版发表。文中周嵩尧深情地写道：“我三十年前，看见国事日非，政界污浊，辞职归隐，闭门课孙，已成一个废物。不料年垂八十，遭际中国复兴，备员馆职，重登舞台，虽是配角，还能跳一回加官，跑几回龙套。有还童之喜，无老大之伤，但愿多活些时……”其喜悦与激动的心情都跃然纸上。

当时，新中国刚刚诞生，常常有一些钻营附会之徒假冒周恩来本家或亲属找到西花厅，提出各种各样的要求，有的要工作，有的要钱钞等等。周恩来工作繁忙，一般无暇与见；周家是个大家族，邓颖超对周家情况也不能都知道，每次接待这类人员，都很棘手：随意“得罪”不太合适；而对于来者就一概给予礼遇又怕是“假冒伪劣”而闹出笑话。于是，周恩来就让自己的行政秘书何谦向他的六伯父请教，请“六老爷子”（这是当时西花厅的工作人员对周嵩尧的敬称）介绍一下周家各方亲属。周嵩尧也很快回信，并详细附了周家亲属的情况。周嵩尧的信写道：

何秘书同志：

电话有分机的，我常会听不清。昨日所说周振中，堂房决没有这人。总理堂兄弟，现止有：恩夔，我之子，年五十八；恩霆，二房的，在上海，年四十二；恩洪，五房的，在上海，年四十九，新近他的原配未见，（前单所写的恩煦已死）才知道他在上海有工作；恩燕，三房的，在广东，年四十余，亦新近知他在广东铁路局工作，四个。又，从堂弟恩灿，九房的，在扬州，年四十余。如此而已。此人定是假冒，未必敢来见我，若来见，或是远房本家，当由电话奉告。

此布并致

敬礼

周峋芝　启

十一月廿五日

以后有信，用此图章为凭[1]

---

① 周嵩尧此信按古代格式大字夹小字且一“，”到底的断句方法写成的。现文内标点为笔者重新断句后添加的。

周嵩尧写完上边这封信后还不放心，又特意详详细细写了一份附件。附件全文共三千余字，是用毛笔工整书写而成的。这是一份有关周恩来八等亲以内亲属最为全面、最为具体的“图谱”，共记述了周恩来亲属近八十人。在周嵩尧的这份《图谱》上，连一直被误传为周恩来嫡亲表妹、已故原秋瑾研究会会长王去病的名下也写得清清楚楚，“均是王贶后母之女，无血亲关系”[①]。他的这份附件成了当时前往“西花厅”认周恩来为亲的人的一面镜子，是真是假，用“镜子”一对照，都能清清楚楚。这面“镜子”一直收藏于西花厅。1994 年赵炜清理西花厅资料时亦将其交淮安周恩来故居收藏，现在则成了研究周恩来家世的又一份珍贵的原始资料。

周嵩尧在京期间，还热情帮助侄儿周恩来做有关亲属工作，1951 年 2 月 14 日他在西花厅收到表弟鲁觉侯的信后回信解释说：“这次来函并尊府世系表及令侄彦本《自传》均交中南海。唯舍侄夫妇（指周恩来、邓颖超）一日万机，直无刻暇，各处函件，多未阅览。而于尊府失业人多，则深为注意；不独尊府，舍间本家亲戚年谊知交，大率情形相同。舍侄地位固不便一一发交下属，致涉私心，实亦（因）人数太多，难于在京安插。是以去年政务院两次明令，颁布救济知识分子及失业失学群众各项办法，实皆有为。然而今令郎得有工作，令侄未知若何。人事局积存太多，无可安置，最好亦嘱其在外就近向某某机关伺机登记，青年则投考学习或参军等等，工商军政各视所宜可耳。”说得入情入理，如果让周恩来自己处理，就没有时间花费这么多笔墨或口舌了。

周嵩尧居京虽只有短短三年多时间，使他晚年生活很幸福，但是，文史馆的悠闲工作也难免使他产生思乡怀旧之情。绍兴是祖居，扬州安葬有他的父母，淮安更是他最早供职、多年寓居和上学读书

① 周嵩尧写给何谦的周恩来主要亲属附件第 3 页。

的地方。他很想一一回去看看。可是严于律已的周恩来考虑到老人如果回去，“当地政府一定会对他给予特殊的接待和照顾。这样无形中就会给当地政府增加负担，也影响地方上的正常工作”。“况且周恩来历来反对‘衣锦还乡’的旧习俗，他要自我带头，树立新社会的新风尚，给全党做出表率。就婉言劝说六伯父不要归乡省亲。”[①]1951 年 3 月 1 日，周嵩尧在给绍兴表弟鲁觉侯的信中还提到这件事：“本欲就浙省一席，舍侄以相距太远，年衰独行，不能独行。”[②]他是个经历过晚清、民国、日伪和新社会几个朝代、几个时期的人，能顾全大局识大体，也就能理解侄儿周恩来的意思，打那以后再也未向周恩来提出任何个人要求。

周嵩尧的通情达理使周恩来感到十分欣慰。平素工作之余便利用他少有的休息时间派人把六伯父接到西花厅，谈国事、谈家事；遇有越剧、扬剧或淮剧进京表演，周恩来总是叮嘱西花厅工作人员，别忘了买两张票给六老爷子送去。有时周恩来还邀他去颐和园同舟漫游昆明湖。说起慈禧、光绪当年在颐和园对他的召见、面试，老人捋着银白的胡须，竟像回到孩提时代，爽朗地大笑起来。周恩来还多次对去西花厅的同辈们说：“六伯父年岁大了，你们有空常去看看他，陪他说说话。”[③]

1951 年 3 月，周嵩尧唯一儿子周恩夔在扬州因病去世，年不及六旬。周恩来十分体贴周嵩尧老年丧子的哀痛心情，在征得老人同意之后，托人将他最疼爱的曾孙周国镇从扬州接来北京，一边上学一边陪伴老人家，并负担了周国镇的全部学杂及生活费用，以抚慰六伯父的丧子之痛。1951 年 8 月，周嵩尧八十大寿时，周恩来还按苏北老家习惯，邀集弟弟周恩寿及在京侄儿、侄女们，齐集到西花

① 周华章：《我的七叔周恩来》。1995 年《追求》第 2 期。

② 1951 年 3 月 10 日周嵩尧致鲁觉侯的信。

③ 1994 年 6 月周恩来嫡亲侄女周秉宜访谈周家琛的女儿周毓济笔录。

厅设简单的一桌家宴，为六伯父做八十大寿。据周恩来生前卫士长成元功、卫士韩福裕等对笔者回忆，在六老爷子过寿那天，总理很高兴，不仅在桌上带头敬酒，还亲自系上围裙，下厨做了淮安红烧狮子头等两道六老爷子喜欢吃的家乡菜。①

周恩来为六伯父周嵩尧的八十寿辰举行的家宴。从周恩来起往右依次为：周恩来、周秉德、周国镇、周华章、周恩寿、周嵩尧、王士琴、周秉宜、邓颖超、彭小枫

1952年的3月5日，周恩来五十四岁生日时，周嵩尧将自己收藏多年的一只大花瓶赠送给周恩来。据当年在西花厅工作的周恩来生前身边工作人员对笔者回忆说，那只大花瓶十分精致好看，特别是瓶口一圈共有九只彩色大寿桃。但周恩来一贯严于律己，从不做寿，也不让别人为他做寿。他表面上收下了六伯父的这件珍贵礼品，然而却不允许收藏。所以现在北京的西花厅里已不见了这只花瓶，其他地方也无处寻觅。

1953年9月2日，周嵩尧先生因患老年性气管炎在北京去世，享年八十一岁。百忙之中的周恩来亲临北京嘉兴寺向他的六伯父遗体告别并主持了入殓仪式。9月6日，周嵩尧出殡，由他的孙子周华章引棺领穴。周恩来因公务繁忙，无法分身，便委托邓颖超代表他前往送葬。邓颖超抱病送灵至北京东郊第一人民公墓，并代表周恩来亲自为周嵩尧的墓挥锹铲土，使其入土安葬。

周嵩尧生前先娶樊氏为发妻，后又续娶赵氏、孙氏两妾。三位

① 这两件事皆笔者采访周恩来卫士长成元功、卫士韩福裕笔录。

妻子皆先后离他而去。其中他似乎比较偏爱从淮安续娶的赵似升，因为他留有许多赞美赵氏的诗词。三位妻子中唯樊氏夫人生一子恩夔，字铁仙，在周家“恩”字辈中大排行四，所以周恩来后来写信称他“铁仙四哥”。新中国成立初他就离开人世，留下众多子女，现散居各地。

与胞弟周恩寿

同宇的职务要尽量安排低一些。

周恩来一母所生兄弟三人，他是老大。二弟周恩溥抗日战争期间就已去世了。小弟周恩寿字同宇，后以字行。四岁时母亲病故，完全靠哥哥拉扯。1910 年大哥周恩来离家到东北读书时，无分文收入的老家人实在无法养活他，周恩来不得不把自己疼爱的这个小弟弟送去清河县的十四姨娘家，请十四姨娘帮他们养了这个弟弟两年。这件事对后来的周恩来来说是刻骨铭心的：他在求学和在日本留学时都曾提到他的这位亲弟弟，疼爱之情跃然笔下。

黄埔军校时期的周恩寿

周恩来不仅疼爱他这个最小的弟弟，也十分关心他的前途和命运。因为淮安老家的经济每况愈下，日常生活都无法保障。周恩来特意请四伯父周贻庚也将他这个弟弟接到天津上学。以当时周贻庚的收入只能负担一个孩子的上学费用，所以，周恩来在上南开学校的第二年就主动向四伯父提出，自己的上学费用来源，由自己为学校校刊撰稿和为学校刻钢板等赚点稿费和挣点勤工俭学的费用，让四伯父去供养弟弟周恩寿上学读书。

周恩寿上了南开中学后，很快就步上哥哥的后尘，成了天津觉悟社的一名小交通员，随后于1925年10月加入中国社会主义青年团，同年冬转为中国共产党正式党员。

1924年周恩来旅欧归来，这时他已经成长为职业革命家和中共的领导人之一。因此回国不久就担任了大革命时期最负盛名的广州黄埔军校的政治部主任。他写信让仍在天津的弟弟周恩寿前往广州，进黄埔四期政治科学习，与林彪成为同届校友。

北伐时，周恩寿参加了由郭沫若、胡公冕领导的北伐军总政治部宣传大队，进行战地采访。北伐军攻打武昌城时，在第一线采访的周恩寿不幸负伤，被郭沫若、胡公冕两人将其抬下火线才得以脱险。

北伐军打下武昌后，蒋介石很快下了两份委任状：任命周恩来为国民政府财政经济委员会主任委员，任命周恩寿为国民政府邮电检查委员会主任委员。自古道："道不同，不相为谋。"周恩来、周恩寿兄弟俩都没有接受任命。然而，周恩寿由于年纪轻，涉世不深，仅因为失恋去追赶女友而离开革命队伍遭到哥哥周恩来的严厉批评和严肃处理，签下了"擅离职守，撤职查办"的处分决定。从而使好学上进的周恩寿很没面子。终于在到上海从事地下革命斗争时，提出了自己读书少，要重返学校读书，这样就离开了革命队伍，从而铸成他人生道路上的一个错误选择。

打那以后，周恩寿虽然脱离了革命队伍，但从未站到革命队伍的对立面，只是为生活所迫，做些小职员、小生意之类以维持全家人的生计。

1949年北平和平解放后，周恩寿找到失散多年的哥哥周恩来。

哥俩在谈了许多家事后，周恩寿提出想回归革命队伍。这时，周恩来不因为周恩寿是自己亲弟弟而网开一面，而是严肃地对周恩寿提出：你要先去上华北人民革命大学，进行思想改造。如果思想改造好了，再安排你为革命做点工作。周恩寿只好服从，上了一年“革大”后被安排到北京市钢铁局工作。

周恩寿子女多，家庭负担重。人民政权刚建立的前后都还实行供给制，后来实行工资制了，工资水平也不高。周恩寿的几个子女都不得不靠哥哥周恩来帮着抚养。

1955 年 4 月，周恩来出席亚非会议前，与弟弟周恩寿、弟媳王士琴等人的合影

周恩寿一共有六位子女，一次在北京街头意外遇上黄埔一期生、时任内务部（今民政部）部长的曾山。曾山早就认识他，也知道他是周恩来的亲弟弟。当听说周恩寿的现状后，就决定调他到内务部当专员。此一消息传到西花厅后，周恩来立即亲自打电话到内务部找到曾山：“同宇的职务要尽量安排低一些，工资也要尽量安排少一些。因为他是我弟弟，不要在社会上造成不良影响。”

就这样，周恩寿虽顶着一个当着国务院总理哥哥的光环，却处处受到制约。最后连想回一趟老家淮安也得不到哥哥的允许。以至于 1985 年 5 月 13 日，时任全国政协委员的周恩寿在北京医院去世时，他唯一交代妻子儿女的是：自己死后的骨灰一定要送回淮安，让他叶落归根。笔者在20世纪90年代初撰写周恩寿的有关稿件时，曾请其夫人王士琴老师审阅，每次她都看得失声痛哭。

令人欣慰的是，2002年王士琴老人过世后，她的子女们遵照父母的生前遗愿，将周恩寿、王士琴的灵柩请回淮安，最终安葬在故乡的大地上。

与表哥万叙生和表妹万怀芝

这事我知道了。

青年时代的万叙生

根据《江西南昌合熈万氏余乐堂世系支图》万氏家谱上记载，万方永是周恩来外祖父万青选第十三子万立铉的长子，童年入学后即改名叙生，乳名小弥哥。万家败落后，万立铉能洁身自好，离开清河到外地谋生，后落户于扬州皮市街57号。1916年在山东临沂县公署内谋得差事，曾帮助周恩来二弟周恩溥从扬州到天津上学读书。此举不仅表示了他对自己外甥的亲情，也是他留给周恩来印象极深的一件事。万叙生生于清光绪十八年（公元1892年），去世于1964年2月，年长周恩来六岁。万叙生自幼为人厚道，待人真诚。少年时与他的表弟周恩来友谊很深。周恩来在万家塾馆寄读时，无端受到委屈后，少年叙生哥能挺身仗义执言，给表弟解围。可以说，万叙生是周恩来和众多万家表兄弟中关系最为密切的一位。

还在万叙生青年时，他家就已败落贫困了，以至四分五裂到有的人无法养家活口的地步。万叙生受父亲影响，也外出谋生。他曾在北京劝业银行做事，后又调到江苏扬州中国银行当管理员，抗战胜利后，1946 年复职安徽蚌埠银行。但其收入只能勉强养家活口。1939 年日本侵略者占领扬州，银行被日本人接管，他本可留下混口饭吃，可是他受表弟周恩来的影响，坚决不愿为日本人做事，遂带着女儿万文俊、万明珠，儿子万竟成①等逃难下乡，全家在饥寒交迫中度过了极为困难的十年，一直熬到中华人民共和国成立。

抗日战争胜利后，万叙生已经是五十七岁的人了，当他得悉自己的大表弟已成长为中国共产党的领导人之后，便于 1946 年夏天去南京，在梅园新村中共代表团驻地见到了他当年的“翔宇表弟”周恩来。这是亲表兄弟俩分别四十多年后的一次会面。当时时局维艰，国内政局的前途吉凶未卜，哥俩匆匆叙谈后万叙生即悄悄返回扬州家中。

“一唱雄鸡天下白”，中国人民在中国共产党的领导下，经过浴血奋战，终于赢得了全国的解放。万叙生先生也和全国人民一样，兴高采烈地喜迎人民政权的诞生，并萌生了要去北平会会他表弟的念头。无奈他囊中羞涩，无力前往。恰在这时，1949 年他的胞妹万怀芝有一位亲属因为生活不检点，触犯了新生的人民政权的法律。万怀芝一下就想到了应该到北平去找她的七表哥，只要七表哥能帮忙打个招呼，问题就可迎刃而解。于是就匆匆从上海邮信扬州，请求哥哥万叙生走一趟京城，帮她找一下“老七”。

2007 年 9 月 11 日，笔者在扬州翠园宾馆见到了万叙生的五位

① 万文俊原名万震奎；万明珠原名万元奎；万竟成谱名万耀奎，字绳业，号竟成。

子女。其中万竟成对笔者说："我父亲当时穷得连饭也吃不周全，就对我娘娘[①]说：'我既拿不出路费钱，也没有一件说得过去的衣裳。你让我去，不是给老七丢脸嘛。'"于是，万怀芝不仅给足路费，还给哥哥借了一身西装。这样，万叙生就经写信联系，得到同意后，于 1949 年 8 月[②]前往北平。8 月 25 日，周恩来在中南海内的松寿斋会客室里会见了他的这位嫡亲表哥，也是他的童年挚友。周恩来一见到表哥穿着一身不太合身的西装和一副拘谨的样子，就打趣说："你今天怎么像个大少爷？"万叙生不太自然地回答说："不瞒你说，这身西装还是跟别人借的呢。"周恩来连忙轻松地给表哥解围："到我这里是兄弟们叙叙家常，千万不要客气。"于是兄弟俩一起谈起了童年的交往，还特别亲切地回忆了当年叙生表哥和他一起放鸽子、教他做鸽哨子的往事。待说到万叙生的晚年时，表哥认为自己年岁已经大了，不打算再费心烦神了，能过安闲的晚年就可以了。周恩来称赞了他不给日本人干事的做法，说："过去，你不给日本人干，是爱国的，很好。现在，是人民的天下了，你怎么能不想工作呢？现在干工作，不是为了吃饭，是为人民服务。如果按你现在的年纪，还可以为人民干十五年。"[③]

万叙生知道坐在他面前的表弟已不是当年的"鸾弟"，如今他已是一位指挥千军万马的中国人民革命军事委员会副主席。他日理万机，工作太忙。自己身负重托，不敢怠慢，就忐忑不安地告诉表弟，表妹万怀芝家有一个人犯了过错，特意请他来趟京城，想请表弟向

---

① 扬州方言，即姑母。

② 《周总理与故乡》《周恩来家世》两书均说万叙生是 1950 年 8 月进京。2007 年 9 月 11 日笔者在扬州翠园宾馆万竟成手中见到了当年万叙生到北平后由中共中央办公厅秘书室写给万叙生的信："叙生先生：您的来意已呈报副主席，请先生近两日勿他往，以便随时通知来中南海会见。特此奉告。顺颂，时慎！秘书室，八月廿三日"

从信上称周恩来为"副主席"判断，当为 1949 年。如果是 1950 年 8 月，已改称"总理"而不称"副主席"了。据万家后代们回忆，也应是 1949 年而非 1950 年。

③ 万元奎 2007 年 9 月 11 日对笔者的讲述。

有关方面打一声招呼，请地方上从轻发落。

周恩来耐心地听完表哥的话之后只回应说：“这事我知道了。”

万叙生不好再说什么了。只好一边吃着表弟递过来为他削好的苹果，一边询问表弟，他还能为人民做些什么事。周恩来告诉他，凡是有益于人民群众的事，能干什么就干什么。不要计较职位，也不要计较报酬，这就叫为人民服务。谈到中午，兄弟俩吃了食堂做的炸酱面[①]，边吃边谈家常。

万叙生这次去北平，想请表弟说情的事没有办成。在周恩来无私的胸怀里，也根本不可能办成，但是他听懂了也听从了表弟的意见，回扬州后即参加了地方街道居委会的组建工作，并遵照表弟的嘱咐，没有向他人透露他与周恩来的嫡亲表兄弟的关系。后来选上琼花居民委员会的主任。由于他工作勤勤恳恳，办事认认真真，还先后兼任过人民法庭的陪审员、银行的协储员、税务部门的代征员，并被提拔为薛家巷居民区的副主任。1964 年春节期间，扬州普降大雪，七十二岁高龄的万叙生不顾自己年高体弱，走上街头和群众一起扫雪，因天冷和劳累，突发心肌梗死，在街头雪地上昏倒了，被人们立即送往医院抢救治疗。待他苏醒后，身体非常虚弱无力，但他仍挣扎着向护士要了纸笔，写了一封当时人们谁也不知就里的信：

翔宇表弟：

……叙生碌碌如常，毫无进展，所幸在为人民服务方面未敢懈怠延误，也未犯过错误，所做工作均得各方面满意。至为遗憾的是，你要我为人民服务十五年，我才工作了十三年……[②]

当人们后来终于弄明白是怎么一回事时，地方的干群这才知道这位老人积极工作的原动力是来源于中南海西花厅，人们不由增添

---

① 据周恩来 1949—1954 年的贴身卫士韩福裕告诉笔者，当时还在实行供给制，规定病人吃特灶，高级领导人吃小灶，团以上干部吃中灶，其余人都吃大灶伙食。他们吃的是哪一种伙食不得而知。

② 万元奎 2007 年 9 月 11 日与笔者的交谈。

了几分敬意。老人去世后，扬州市人民政府专门为这位基层的街道干部召开了一个简朴的追悼会。周恩来得信后，特意又给扬州市公安局写了一封信，说万叙生为人民做了一些有益的事是应该的，不必开较大范围人士参加的追悼会。现在已经开了，追悼会所花的钱应由他负担，并从自己的工资里汇了一百五十元钱，还作了交待："追悼会如果花了钱，就用这一百五十元，如果没有花钱或没有用到一百五十元，就将余款转给他的亲属使用。"①

在与万竞成姐弟兄妹们交谈时还得知，20 世纪 60 年代初国家因灾祸，全国人民挨冻受饿，万家也不例外。有时竟到了揭不开锅的状况。万叙生在万不得已的情况下只好写信向他的"翔宇表弟"诉苦、求援。万忙之中的周恩来虽然要操劳国家大事，但也不忘让身边工作人员代他回信和寄点钱，以缓解他表哥的燃眉之急。

万家后代至今还收藏着四封当年由周恩来身边工作人员成元功、乔金旺等人代周恩来写给万叙生的信。成元功是 1945 年就到周恩来身边工作的老同志，在周恩来邓颖超身边工作了整整二十年，在西花厅工作时，他担任过周恩来的卫士长，也"管"过周恩来的家：即周恩来、邓颖超每月工资的领取、使用和保管都由成元功代为操办。无论他住北京的西黄城北街还是六里桥，笔者都曾多次到其家看望并彼此交谈。老人告诉我，总理太忙了，他就交待我们帮他做一些"家务事"。他代周恩来写给万叙生的第一封信是 1962 年 10 月 24 日：

万老先生：

你给总理的信收到了，我们已报告了总理。

关于你要求解决四女的工作和你前所在机关对你家庭照顾之事，这是关系到尊（遵）守国家制度和服从国家需要的问题。总理他没有权力要求国家对自己的亲友给预（予）特别照顾，

① 万明珠 2007 年 9 月 11 日对笔者的讲述。

他从来也没有这样做过。四女现在有临时工做很好，要教育她不管参加什么劳动都一样，都是社会不同的分工，都是建设社会主义必不可缺少的工作，都是光荣的。

另外你家庭困难问题，现在因他的收入很有限，而且要他负担的人很多，每月的开支都是很紧的，现只能从他的工资中再抽出拾元来帮助你解决一些急需。现寄去人民币陆拾元整，请查收。

现在总理和颖超同志，他们一切都很好，请勿念。

此致

安好！

经办人：成元功

1962.10.24

那时由于国家经济困难，一切凭票供应，吃的食品、穿的衣服更是特别紧张，而且由于当时为了收回市场上的大量货币，也推出了一些所谓“高价”商品。一枚鸡蛋国家收购价是二分钱，但返还你购物券，而在自由市场上（那时叫黑市，是明令禁止的）一枚鸡蛋竟卖到三毛三分。因此，周恩来汇给万叙生的几十元钱对于没有收入的普通群众来说确实是个不小的数字，但是如果没有计划，粮食或棉布根本是买不到的，如果买自由市场上的东西这点钱又算不了什么，根本买不到什么东西。万叙生一家也和全国人民一样，在艰难困苦中煎熬。他子女中女孩子多，在穿衣上更是比别人多烦心。因此，在转过一年的 1963 年初，他不得不再向他的翔宇表弟发出求救信。1963 年的 3 月 5 日[1]成元功再次代周恩来给万叙生先生回了信：

① 成元功在信末是写成 3/5，如果按数学常识分母和分子的格式该是 5 月 3 日，但是，同年的 5 月 18 日，成元功还有一封代周恩来写给万叙生的信，且都是汇的五十元钱。这样，以周恩来当时收入而言，他也不可能在短短的十余天里两次给他的表哥汇去一百元钱。在当时情况下，万叙生也不可能刚收到一笔表弟周恩来的钱后接着又向周恩来写信要钱。笔者曾将此推断直接请教当时健在的成元功同志，得到他的确认是 3 月 5 日，而非 5 月 3 日。

万老先生：

你给总理的信收到了，我们已报告了总理。他得知你多年来一直在做街道工作后很高兴。希望你今后继续做街道工作，尽自己的力量为人民做一些事。

尊（遵）总理嘱，现寄去人民币伍拾元，旧上衣三件，裤子两条，以解决你暂时的急需，请查收。

总理和邓颖超同志现在一切都很好，请勿念。

此致，祝

健康！

经办人：成元功

1963.3.5

随着这兄弟俩通信次数的增加，1963 年的 5 月 18 日，成元功还代周恩来发了一封信：

万老先生：

你给总理的信收到了，我们已陈（呈）报了总理和颖超同志。因他们工作很忙，不能亲自给你回信，请谅解。

现在总理和颖超同志他们一切都很好，请勿念。现寄去人民币伍拾元，请查收。

此致

健康！

经办人：成元功

1963.5.18

是年冬，苏北地区比较寒冷，而周恩来正作为中国人民的友好使者，出访亚非欧十四国。西花厅一般工作人员不够使用，便调来中央警卫局警卫处的乔金旺到西花厅帮忙。乔金旺不仅工作干练，而且忠于职守，有着很强的革命责任心。周恩来一贯严于律己，他身边用人较少，每当身边人员紧张到不能进行正常的工作运转时，便调来乔金旺（乔的编制不在西花厅）。因为20世纪60年代中国有一部喜剧电影叫《乔老爷上轿》，周恩来便也和许多西花厅的工作人员一样亲切地叫乔金旺“乔老爷”。

恰在周恩来那次出访的时候，万叙生给西花厅来了信，“留守”在家的邓颖超就让乔金旺办理了回信和汇款等西花厅的“家务事”。乔金旺的信写道：

万叙生先生：

来信收到了，知道你们的情况。总理现在已经出国访问，邓颖超同志身体很好。总理和邓颖超同志工作都很忙。成秘书[①]已和总理出国访问，所以没有及时给你回信。

你来信的情况我向邓颖超同志报告了，她知道了你们最近生活比较困难，遵邓颖超同志的意思现给你邮去人民币伍拾元略表他们的心意，以助你们（度）过去寒冻（冬）。邓颖超同志问你和你全家好。

此致

敬礼

乔金旺

1963.12.22

接信后，请给复信。

几十年过去了，今天我们读这些信时，仍能体味到周恩来、万叙生这表兄弟俩从童年就建立起来的深深友情，也看到了周恩来作为开国领袖而不徇私情的伟人形象。他没有因为自己地位显赫，而向有关下属部门打一声招呼，而使自己违法的亲戚逃避惩戒，或者打一声招呼让地方政府帮忙解决他亲属的生活困难。他的所作所为处处体现着一位中国共产党高级领导人的崇高操守。据万竟成先生

① 元功时任周恩来的卫士长，和在周恩来身边的秘书为同一个级别，所以也有人称他为“成秘书”。

对笔者说，他的大娘娘万怀芝临终前还很懊恼地说："老七（指周恩来）已经把我们忘了。"是的，在周恩来的这些亲戚心目中，当上一国总理的"老七"没有帮他们的忙，似乎已经忘了他的这些亲戚。但是，周恩来没有忘记我们党的纪律，更为重要的是，在他的心里没有忘记全国老百姓。

与表姐龚志如

你怎么长得比从前矮啦！

周恩来嗣母陈氏有位亲姨娘也住在淮安城内的东岳庙附近。周恩来称之为姨外婆。姨外公名叫龚怀朴，是位常州人，他多年任山阳知县的钱谷师爷，家境比较殷实。龚怀朴有个独生子叫龚荫荪，博学多才，后来追随孙中山投身革命，他对年幼聪明的周恩来很器重，1908 年周恩来先后失去两位母亲后，特意让周恩来到他家的家塾馆寄读。

周恩来在龚家寄读期间，和他关系最好的是仅比他大三个月的小表姐龚志如。他俩当时都是十岁，比他们的弟妹大好几岁。龚志如娴静聪慧，是奶奶、父母宠爱的掌上明珠。她对表弟周恩来的才气、好学、敬业等都十分敬佩。做游戏时，姐弟俩共同策划、互相配合；读书写字时，互相勉励，共同切磋。在龚志如的心目中，表弟周恩来对事物发表的见解，总有高人一筹的感觉。令小表姐望而惊奇而又赶之不及，但龚志如从不忌妒他。在日常生活中，龚志如又十分同情表弟的不幸遭遇，她关心他的生活，为他解决她力所能及的困难。

周恩来过十岁生日时，龚志如特意送他一只"金鱼"风筝，作为生日礼品。1909 年龚荫荪遭清朝政府通缉，被抄家，全家被迫搬

表姐龚志如

去清河（今淮安市清江浦区一带）投靠万家[①]，姐弟俩不能相见，但仍互相传书带信互通信息，互勉进步。

1910年，周恩来离家赴东北读书后，表姐弟俩曾多次书信往来，龚志如在信中告知他家中发生的一些大小事情及家乡的变化，周恩来也曾多次给表姐写信，把他在沿途和东北的所见所闻，函告龚志如表姐，并鼓励她努力挣脱家庭樊笼和封建枷锁，到大城市去，嘱告她要到社会的大市面上去闯荡，为民族、为国家、为人民去干一番事业。龚志如在表弟的鼓励下，就向父母提出要出去念书，父亲倒没什么，但是遭到守旧的母亲蔡氏的激烈反对，认为一个女孩子家单独到外边去东跑西颠的成何体统？但龚志如牢记表弟周恩来的嘱告，整天哭呀闹的，最后连饭也不肯吃，心疼女儿的母亲最终屈服了，同意她到南京的姨妈蔡素娟那儿去。龚志如带着美好的憧憬，从清河县乘船到了南京找到了姨妈蔡素娟。姨妈是个留学美国归来的基督教徒，一生独身独居。她答应收龚志如为自己的养女，供给她生活和学习费用，条件是终身不得嫁人，如果违反，立即断绝一切关系。那时，龚志如年岁还小，又刚刚从家庭的束缚中挣脱出来，就全部答应了。随后，她被蔡素娟送入南京的一所教会学校，毕业后又被送入金陵女子神学院，也就必然成了一名基督教徒。

---

① 周恩来的八舅母和龚荫荪的母亲是亲姐妹，龚家被抄家后衣食无着，只好到万家寄居。

龚志如渐渐长大后，她才发觉自己虽挣脱了家庭的樊笼，但却进入了另一座被囚禁的“牢狱”。因为姨妈蔡素娟性情孤僻执拗，龚志如名为姨侄女和养女，但在她眼里，只是一个必须听她使唤的女仆、丫头，龚志如作为旧社会里的一名年轻的女子，没有外力救援和帮助，只好忍气吞声地熬着那一天又一天当人使女的日子。

人总是要和自己的命运抗争的，何况龚志如有表弟对她的一些影响呢。1928 年，她三十岁，她终于在南京和一位归国华侨魏国忠结婚了。婚礼是豪华的，场面也是气派的。然而命运又一次捉弄了龚志如：原来她的新婚丈夫魏国忠先天就有生理缺陷，根本就不应该结婚，所谓爱情的甜蜜和家庭的幸福也就全成了一句空话。更为凄惨的是不到一年魏国忠就撒手西归了。在当时社会里，“一女不嫁二夫”这一封建思想牢牢束缚着妇女的“手脚”，作为一名弱女子的龚志如是没有胆量去反抗的，她只能作为魏国忠的“未亡人”而孀居。而那位姨妈倒是忠实地履行了前约：和龚志如断绝了一切来往和一切联系。龚志如面对这一系列的人生折磨和打击，却仍坚守着旧的儒学家教，过着凄清孤独的守寡生活。这时龚家的困境是不用说的了，连藉以勉强蛰居的万家也早已破落不堪。抗日战争前夕，蔡素娟又去了美国定居。龚志如只能靠自己帮别人干杂务，当家庭教师等过着自食其力的艰苦生活。后来，她又收养了妹妹龚志蕙的二女儿做养女，从此母女相依为命，勉强度日，一起熬到南京和上海的相继解放。到 1951 年，她已是一个五十三岁的基督教徒，还能干什么呢？可她总得有个职业，有口饭吃呀！

龚志如想到过她的那位童年时代的表弟，如今他是新中国的政务院总理，但她考虑再三，似乎没有那份勇气。最后她在几位好心亲友的鼓励劝说下，也是在她走投无路的情况下才怀着忐忑不安的心情给她当年的童年挚友、也是她的表弟周恩来写了一封诉说自己坎坷经历和目前窘境的信。信发出后，龚志如估计，表弟如今日理万机，又秉性耿直、坦荡无私，不可能处理她这样琐碎的“家事”。但是，出乎她的料想，不久他便收到了中华人民共和国政务院的公用信函，她打开一看就惊喜得大叫：“是亲笔，是亲笔。还是小时候的笔锋……”[①] 同时，她还收到周恩来汇给她的五十万元人民币[②]。信中，周恩来向她感谢了当年龚家对他的关心和照顾，至于她的工作问题应靠自己努力，先向地方政府登记报名，由地方政府量才使用，以期晚年为人民服务。于是，龚志如少报了六岁年龄在基层作为一名普通失业者登了记，再经街道考核推荐，被安排到华东行政区[③] 的机关幼儿园当上了保育员，开始了她为建设新中国的服务工作。

1952 年秋天，艳阳悬空，风和日丽，龚志如正在幼儿园图书室专心致志地修补那些被孩子们弄坏了的书页、封面，一位陌生的客人悄悄来到她的面前，彬彬有礼地把她请上车，带她到上海霞飞路。龚志如有一种神秘感，她似乎想到了找她的人是谁，但她又不敢相信。就在这繁多的思绪中，她最终意外地见到了她经常想念的表弟周恩来和表弟媳邓颖超。开始，龚志如非常紧张，当周恩来、邓颖超一左一右来搀扶她时，她几乎不知所措。周恩来看到了她的不自然，当即还像童年在一起时用轻松幽默的语调说：“志如姐，你怎么长得比从前矮啦！”

龚志如一听，紧张的心理很快消失了。原来，当年他们在一起时还都是天真活泼的孩子。龚志如比周恩来大三个多月，家庭生活条件也好；周恩来不仅小几个月，当时的家境又每况愈下，所以，当十岁的周恩来在龚家塾馆寄读时，姐弟俩曾比过高矮，那时他长

---

① 1978 年 1 月笔者在中共淮安市委宣传部听《周恩来与故乡》写作组成员邢熙坤同志的口述。

② 第一套人民币，相当于今天五十元。

③ 新中国成立初设置的介于国家和省级之间的行政机构。当时，全国共分为六大行政区。华东行政区下辖有：上海、江苏、山东、安徽、江西、浙江和福建等七省市。

得还没有表姐高；如今，都已是年过半百的成年人，龚志如作为一位普通的女性，自然没有男性长得高了。周恩来的这句幽默话一下就把龚志如带回了孩提时代，紧张情绪也就荡然无存了。

他们谈了很长时间，从童年趣事渐渐谈到龚志如的家庭人生。后来，龚志如表姐已是边谈边哭，边泣边诉，好像她要把一生所受的委屈一股脑儿地统统倒在自己的亲人面前，然后自己心里才舒畅。周恩来静静地听着，不忍打断表姐的哭诉，只是必要时才纠正一些她的那些欠妥的看法和说法。当龚志如说起她现在和孩子们在一起的欢乐时，突然停下话语，望着周恩来和邓颖超说："美中不足的是，你们俩没有个孩子。"周恩来一听，笑着摇摇头，又望着邓颖超对表姐说："不。我们一共有十个孩子。"他一边说还一边伸出右手五个手指，上下翻了一下，表示十个。龚志如正在疑惑不解，周恩来又心情沉重地解释说，"我们抚养的都是烈士子女。他们的父母为革命牺牲了，我们就担当起他们父母的责任。现在他们都健康地成长着。"邓颖超当时身体不太好，提前告辞，姐弟俩一直谈到深夜。

邓颖超刚一离开，龚志如又忐忑不安地说："表弟，有一件事我一直放在心里，从不敢对外人讲。"周恩来睁起他浓眉下的大眼问："什么事？可以告诉我嘛！"龚志如这才不无尴尬地说；"刚登记工作时，我怕我五十二岁了人家不要，就谎说自己是四十六岁，我欺骗了领导……""原来是这事。你原来瞒报了，现在改过来就行了。"周恩来不等表姐说完就接过话茬轻松地表了态，自己还朗声地笑了起来，从而消除了表姐紧张的心理。

龚志如与表弟周恩来的那次会见消除了她的内心疑惧，使她的思想得到了解放。打那以后，龚志如完全像换了一个人。她热爱工作，疼爱幼儿园的每一个孩子，与同事们都能友好相处。而那本她一直珍藏在身边的《圣经》却被她渐渐冷落、遗忘，后来干脆不念了。她的晚年是在心情舒畅的情况下连续工作了十多年，并时而与周恩来、邓颖超之间有书信往返，间或互赠一点小礼品，直到“文化大革命”才中断。据笔者所知，周恩来的那封亲笔信至今还在她的一个亲戚那里珍藏着，而邓颖超的两封信已由淮安有关方面在1978年从她的养女处征集到。

龚志如于1968年11月11日在上海市南京路上行走时，被两个学龄前的男孩追逐嬉戏时意外撞倒，受到突然惊吓，诱发脑溢血而去世。当时正是那场史无前例的“文化大革命”的特殊岁月，周恩来实在是无暇顾及了，但幼儿园还是给她开了追悼会，正确评价了龚志如的晚年工作。

与堂弟周恩彦

请到原单位报到。

我国的南大门广州是1949年10月14日被中国人民解放军从国民党手中解放的。广州获新生后的不几天，邮电、交通等迅速恢复正常。这时，随国民党铁路系统人员跑到广州的周恩彦想到了他的堂兄周恩来，就以他的长子周保昌的名义给北京发去一份电报，想请周恩来为他们父子在人民政权内谋一份差事，以期能有碗饭吃。日理万机的周恩来没有忘记他的这位曾为革命做过有益工作的十三堂弟，但他决不因为自己与周恩彦的这层关系给他以任何特殊，所以周恩来的回电很快发回了广州：“请到原单位报到。”

四五十年后，周恩彦的三子周保章还就此事动情地对笔者回忆说：“接到七伯的电报后，当时已成年的我简直傻眼了。也就是说，这七个字标志着中国共产党取得政权了，我们虽然有七伯这棵‘大树’，却不能得到丝毫荫庇。又过几年以后，我才又进一步认识到：七伯这七个字的电报宣告了一个腐朽政权的结束，另一个不徇私枉

周恩彦、葛少文夫妇

法的新政权从此开始。这样一个不徇私法的共产党政权必将是永远不可战胜的。”

周恩彦，字蔚人，后以字行。他是周恩来三伯父周贻谦的独生子，与周恩来为同一曾祖。周恩彦于清光绪三十一年十月二十八日（公元1905年11月24日）出生在淮安驸马巷周家老宅院，小时是和周恩来他们一起玩耍长大的。周恩彦出生时父亲周贻谦已去奉天（今辽宁）铁岭任税捐局主事。税捐局在当时可是个“肥官”，所以，周恩彦的童年生活还是比较幸福、优裕和快乐的。

周贻谦还是1910年把周恩来从淮安带去东北读书的人。1946年9月周恩来在南京鸡鸣寺对美国记者李勃曼回忆起那次三伯父带他出去的事还说：“十二岁那年，我离家去东北，这是我生活和思想转变的关键。没有这一次离家，我的一生也许是无所成就，和留在家里的兄弟辈一样，走向悲剧的下场。”在周恩来东渡日本时，收入颇丰的周贻谦曾慷慨资助；1928年周恩来在天津开展革命活动遇险，周贻谦还曾冒险相救。因此确切地说，周贻谦既是周恩来的伯父，也是引领他外出求学的带路人，又是他的救命恩人。

周贻谦受儒家思想影响比较深，对独生儿子既宠爱有加，又望子成龙，八岁时才把他送入家塾馆读书。后因功课一般，周贻谦便于1918年在天津津浦铁路局局长秘书任上将其带到身边，那年9月送入天津直指庵小学读书。不久，周恩来东渡日本归来，在天津投身并领导“五四”爱国运动，哥俩便多了一些接触。周恩来的赤忱爱国、积极进取、无私无畏等敬业精神曾给周恩彦童年的心灵以一定的影响。周贻谦也曾多次要儿子周恩彦向他的“鸾哥”学习。打那以后，周恩彦的学业便有了较大的进步。

1920 年周恩彦考取天津南开中学读书。他是继周恩来之后，周家又一位进南开学校读书的同辈兄弟。1923 年周恩彦于南开初中毕业后考入天津扶轮中学。这是相当于今天职业高中的学校，学习两年毕业后到天津津浦铁路会计处就业，担任司事。1928 年 10 月，津浦铁路会计处迁往浦口，周恩彦也随之由天津到浦口续职，并由司事升任课员。1932 年他调到粤（广东）汉（汉口）铁路会计处（该处办公地点设在汉口），先任课员，后升任课长。

周恩彦在汉口期间的 1938 年，适逢国共两党第二次合作，共同抗日。周恩来作为中共首席和谈代表暨中共长江局负责人，在武汉三镇开展抗日统一战线工作，与周恩彦的交往自然多了起来。时蒋介石为了抗日大局，多方延揽人才，特邀周恩来出任国民政府军事委员会政治部副部长，并授他以中将军衔，给他以上将待遇。这样，在八路军驻武汉办事处内就架设了一台可以与蒋介石和延安两方面直通联系的大电台。但周恩来考虑到蒋介石一贯反复无常、诡计多端的本性，为防万一，就又利用周恩彦多年在汉口任职做事的有利身份，将中共驻武汉八路军办事处的备用秘密小电台架设在周恩彦住处楼上，以防止大电台万一被蒋介石查封后能用小电台继续与延安的党中央保持不间断的联系。为掩护这架电台，周恩彦做了不少工作，也冒着极大的风险。据后来曾任总理办公室主任的童小鹏 1991 年对笔者回忆，当时总理（指周恩来）是把这处秘密电台交给他管的，其他办事处的一般工作人员都没让知道。后因日军进攻武汉，中共代表团及“八办”随国民政府撤出西迁，这架小电台一次也未使用就撤走了。据周恩彦的儿女们回忆：当时我们几个尚幼小的兄弟姐妹被父亲挨个拍着脑袋严格交待：决不允许上楼去玩耍！多少年后才知道，楼上架有秘密电台。

1945年抗日战争胜利后，蒋介石三次电邀毛泽东赴重庆和谈，共产党方面为了不负全国人民的厚望，毛泽东决定前往与谈。周恩来随毛泽东与蒋介石等在重庆谈判之余，特意抽出时间相约周恩彦到重庆曾家岩，哥俩从深夜一时一直谈到天亮。周恩来交待周恩彦一定要认清形势，千万不要做对不起人民的事，并说服周恩彦将其两个儿子周保常和周保章送往延安鲁迅艺术学院就读，并定下了接送这兄弟俩的地点和时间，后因时局剧变，加之1946年长江、嘉陵江涨春汛，使住在江北溉澜溪的周保常、周保章无法应约前往，造成周恩来的这一安排未能实现，也成了周保常、周保章兄弟俩的终生遗憾。

1948年，国民党反动政权已经土崩瓦解，国民党特务们为“拽”住周恩彦这个与共产党要人周恩来有本家关系的人，以便造谣诬蔑，便千方百计地拉他加入国民党。周恩彦婉拒之后受到特务们的跟踪监视。1948年春末，周恩彦家买了一台干电池收音机，本来只是家用而已，没想到却受到了国民党特务们的怀疑。一个夏天的清晨，几名彪形大汉突然闯进周恩彦家，先是厉声喝问收听哪儿的广播，然后又强行将机件拆开，检查能否发报，弄得他们一家人终日胆战心惊，过着惶惶不安的日子。周恩彦在迫不得已的情况下，为全家人的安全着想，只好屈服于特务们的压力，同意加入国民党，还轻而易举地得到了送给他的国民党区分部委员的头衔，从而使他在政治道路上铸成大错。

1949年，解放大军如滚滚铁流向南推进。南方各地为迎接解放，纷纷成立“应变会”，周恩彦因为是中共要人周恩来的堂兄弟，被公推为粤汉铁路局衡阳苗圃（铁路局所在地）应变委员会的副主任。国民党特务马上向当地主政的桂系头面人物白崇禧报告。白崇禧一看到“周恩彦”这个名字就神经紧张地问：“周恩彦与周恩来是啥关系？”当他一听是堂兄弟关系时马上毫不犹豫地下达命令：“这是个危险人物，要严加监控。”从此，周恩彦家的周围一直是鬼影不断。那年 10 月 14 日，人民解放军解放了广州，随粤汉铁路会计处跑到广州的周恩彦也被解放揽入人民政权。他曾企盼七哥周恩来能对他有个关照，所以广州邮政业务一恢复他就向北京中南海发了一份电报，周恩来的回电既快又很简单，只有七个字：“请到原单位报到。”收到电报后，他非常震惊，同时也十分敬佩中国共产党人不徇私情、不谋己利的正确做法。1949 年 10 月底，周恩彦遵从周恩来所嘱回单位报到后被委为广州铁路分局财务科副科长。1951 年 2 月，调武昌铁路分局财务科继续任副科长，1951 年 4 月，被调至湖南衡阳集训队受训，年底调回武昌集训队受训。1951 年 12 月，因他曾参加国民党分区委的活动和包庇反革命分子被捕并判处七年徒刑，先后送沈阳新生砖瓦厂和内蒙古安北农场劳动改造；1957 年 1 月，因表现较好获提前释放去东北锦州大儿子周保昌处，并先后在女儿周保庄等处照料家务，1962 年 1 月 27 日在芜湖周保庄处去世。

据周恩彦的子女们回忆，结合我们所掌握的各方面资料看，周恩彦是位旧官僚家庭出身的人，他不信马列主义，也不反对共产党。而对国民党诬蔑共产党的谣言，即便在国民党的白色恐怖统治之下，他也敢在私下里讲真话，讲公道话。1946 年国共和谈，他知道周恩来到了重庆，不顾个人安危跑到有特务日夜严密监视的重庆曾家岩 50 号中共办公地去找周恩来，表达人民希望和平，支持共产党的主张。他还曾在同事间痛斥国民党打内战的做法；对国民党镇压学生运动，“国统区”的物价飞涨等也经常表示不满。这除了他自己正直诚实的一面外，也和他多次受到周恩来的教育和影响分不开。经查阅相关档案，周恩彦在充任国民党分区委员一职时，除了例行活动外，并无害人、坑人、破坏革命等罪行。他包庇反革命分子的事只是出于对朋友讲义气，忘记了或者还不了解当时人民政权的法令；被捕后他能老老实实接受改造，所以被减刑近二年提前释放。

据周恩来的嫡亲弟媳王士琴老师1992年在北京朝阳区和平里家中对笔者说：兄长（王士琴对周恩来的称呼）对他的这位堂弟很关心，周恩彦被逮捕后兄长将自己的五十元钱交给我们家老周（指她的丈夫，周恩来胞弟周恩寿），以恩寿的名义汇给服刑中的周恩彦。周恩来还让弟弟周恩寿给周恩彦带信，“叫他好好接受改造，争取重新做人”。

从上列事实看，周恩来对他的这位堂弟是爱怜的。因为1939年周恩来去绍兴祖居续写家谱时，他在绍兴周氏“百岁堂”家谱上特意写下：“周恩彦，妻葛少文。”是继他自己和邓颖超之外唯一在《老八房祭簿》上写上夫妻两人名字的一个兄弟。新中国成立后周恩来不仅在经济上给周恩彦以适当支持，而且还曾让周保章、周保庄兄妹先后去北京中南海西花厅，和他们夫妇一起过春节，享受天伦之乐，体味着家人亲情的温馨。这是在周恩来的二十多位侄儿、侄女、孙儿、孙女中很少享受到的待遇。

周恩彦与妻子葛少文生有五男二女，长大成人的共有四位。葛少文去世较早，只活了三十六岁。他最小的女儿周保庄十五岁就参加工作，曾被评选为全国铁路系统、省、机务段、妇联的先进工作者。但因为父亲的历史问题就是加入不了中国共产党。上个世纪60年代她曾向伯伯周恩来哭诉，提出想登报和父亲断绝父女关系。周恩来谆谆教育这位侄女说：“你爸爸虽然做了对人民政权不该做的事，但是他现在年岁大了，已经不能自食其力了，你现在如果和他断绝关系就是把他推给国家和社会，更不利于对他的改造。更何况血缘关系还是断绝不了的。”后来，周恩来的这位侄女在他的教育下，四十二岁就退休回家，赡养有历史问题的父亲，直到周恩彦最后于安徽芜湖她的身边去世。

与本家弟弟周恩灿

乞诸兄勿稍存客气，公事公办。

2017年4月1日上午，名城扬州游人如织，在古城最负盛名的古街道东关街的一寓，一位年逾花甲的老人正忙着茶具的洗涤和茶道的表演，心情显得特别愉快和舒畅。这位老人名叫周年庆。按照事先约定，这天淮安周恩来纪念地的有关人员将登门拜访，向他征集和借展一件七十年前的文物——开国总理周恩来的一封亲笔信。待淮安周恩来纪念地管理局副局长兼周恩来纪念馆馆长陈明等到了之后，周年庆便迫不及待地一边为客人倒茶，一边将自己已珍藏三代人达七十余年、由伟人周恩来生前亲笔书写的一封书信拿了出来。

这封信用的是旧时印有竖线红条纹的常用信纸，已用塑料纸包得严严实实，共两页。信虽收藏多年，纸面发黄缩短，还有微量破损甚至虫蛀小洞，但由于周恩来是毛笔书写，所以每个字、每个标点都基本上能辨认清楚。信的全文如下：

鼎、恢、珉诸兄：

本家兄弟周耀庭因在扬无法生活，两次来宁要求入我区工作。我因其曾为乡村高小教员，加以训练或有可以效力之处，特为介绍，希予接洽。见后乞诸兄勿稍存客气，公事公办。倘耀庭思想言行无进步可能，千万勿使之滥竽充数，直言告之无隐。倘其才志犹可造就，亦乞予以群众教育，使其改变观念，重视劳动，然后方能为童子师也。春间曾介绍舍弟润民前来工作，不知有无进步。如其志趣与我们距离太远，亦望予以学习机会，切勿客气不说，给人们以不良影响。万一留在我方，竟成累赘，亦不妨告其退出，免误我方工作也。专曰。祝好！

弟　周恩来拜九．八

这是周恩来的一封推荐他的亲属到淮安解放区工作的介绍信。言辞恳切，又决无一点私心徇情之意，即便今人读了，也是一篇遵纪守法的公道信。

信的抬头三人中，“鼎”是指时任中共中央华中军区司令员的张鼎丞同志；“恢”是指时任中共中央华中局书记的邓子恢同志；而“氓”则是指时任苏皖边区政府主席的李一氓同志。信中说的“耀庭”则是周恩来的“本家弟弟”周恩灿，耀庭是恩灿的字。

本家弟弟周恩灿

周恩灿和周恩来为同一高祖笑岩公之后，也就是说，周恩来的曾祖周光勳和周恩灿的曾祖周光焘系亲兄弟俩。正是这两兄弟于清道光十九年（公元 1839 年）从浙江绍兴迁居江苏淮安，并以二百六十两白银买下驸马巷原住户胡干臣的一处居所，从而定居淮安。

周家定居淮安后是伴随着清王朝的衰退而败落的。更准确地说，周氏在淮安的家更像一个驿站，周家稍有出息的人都纷纷外出谋生，到淮安的家只是歇歇脚而已。周恩灿的父亲周贻宽早就到南京谋差做事了，因此，周恩灿是 1901 年在南京出生的。小侉子是他的乳名。在他长到五岁时，也就是 1906 年，他的祖父周骏发在淮安驸马巷过世，按封建的儒家规矩，五岁的周恩灿便随父亲周贻宽回淮安守孝，直到十二岁时才离开。

周恩灿在淮安期间的前两年，周恩来还在清河未归。1908 年夏天和年底，周恩来先后痛失生母和嗣母，被迫带着两个更幼小的弟弟返回淮城驸马巷，于是就和周恩灿有了许多接触。他们经常在一起戏耍，一起上学读书。在周恩来故居所藏一份周恩灿的笔录上，周恩灿回忆说：“七哥（指周恩来）特别爱读书。他在为母亲守孝时，还手捧书本在油灯下看。”周恩来后来在他的作文或日记中提到的“侉哥”“侉弟”也就是指的周恩灿。

周贻宽为父亲守孝期满后带着儿子周恩灿先是返回南京，后来又北迁扬州，在扬州找到了一份管钱粮税务的活，当上了一名会计，从此在扬州安家落户。那时亲戚朋友以至家族兄弟之中都很讲究门当户对的，周贻宽的会计身份和当时周恩来父亲周贻能的小职员身份不相上下，所以周贻能无论是南来还是北往，路过扬州总会弯到周贻宽的住地，住上三五天。这兄弟俩既谈国事，也谈家事。他们喝绍兴黄酒，品淮扬美食。也就是说，尽管在家族谱系中，他们是远支兄弟，但这两家的关系却相处得很亲近、很亲热。

周恩灿这房头的人丁不如周恩来这一支兴旺。从曾祖周光焘之后，一直单传：周骏发、周贻宽、周恩灿、周庆荣、周年庆已经整整五代了，全是单传。到解放前夕，周恩灿因没读多少书，只当上了一名小学教员，仅能混口饭吃而已。谁知日本强盗侵略中国，给中国人民造成无穷灾难。老百姓连肚子都吃不饱了，谁还顾得上子女的上学念书呢？特别是蒋介石统治的民国后期，物价飞涨，兵匪一家，祸乱不断。致使周恩灿一家几乎天天都挣扎在饥饿的边缘。万般无奈之下，周恩灿想到了从重庆到南京的七哥周恩来，遂买了轮船票，从扬州两次赶去南京，找到梅园新村，期望七哥能给他在老家淮安找一份工作，好有口饭吃。

时淮安为我华中地区首府，中共中央华中局、华中军区等重要机构均秘密设于淮安，领导着抗日战争时期发展起来的苏中、苏北、淮南、淮北四大解放区合并起来的苏皖边区政府等。周恩来的信就是在这样的背景下为周恩灿写的。

《周恩来年谱》等权威书籍中表明，周恩来是 1946 年 5 月 3 日乘马歇尔提供的飞机由重庆飞抵南京的。是年 11 月中旬，由于蒋介石召开由他一手包办的伪“国大”，从而关闭了国共和谈的大门，周恩来等于 11 月 19 日从南京飞返延安。也就是说，周恩来率中共和谈代表团到南京后只呆了半年多点时间，这个时间段是 1946 年的 5 月到 11 月，那么这封信所署日期只能是 1946 年的“九月八日”，而不可能是其他年份。

据周年庆告诉笔者，他祖父当时还是想去淮安的。后因兵荒马乱，他的奶奶担心着爷爷和全家人的安全，所以，“我爷爷就没去淮安，从而留下了终生的遗憾。”

然而，作为淮安人的笔者清楚地记得，国民党军队就是那年 9 月进攻解放区的。给笔者留下最深印象的是：国民党部队打到我们那里之前，先是派飞机侦察、轰炸，一队队解放军队伍由西南往东北撤离，听到飞机那隆隆的马达声时，解放军指战员们纷纷卧倒在地，并把我们刚收割的黄豆往头上、身上盖，以进行伪装和掩护。周恩来写信的 9 月 8 日那天是白露，而当年 9 月 23 日那天是秋分。“秋分”一过，我们那里就收豆子了。也就是说，在周恩来写信后仅仅头二十天，国民党部队就打到淮安了。周恩灿即便拿着周恩来的信到淮安，中共中央华中局、华中军区、苏皖边区政府等机关也已撤离了，也找不到人了。而且，当时怀揣周恩来的亲笔信出行也绝无生命安全可言。因此，周恩灿虽拿到七哥周恩来的介绍信而他的妻子马菊英却不让他去淮安解放区是完全可以理解的。可贵的是，周恩灿收藏了这封信，这一保存就是三代人、七十年，真正是一大奇迹。

在信中，周恩来还曾提到他的一个舍弟“周润民”。其实，这个“舍弟”就是周恩霔，字润民。周恩霔和周恩来为同一曾祖下的本家兄弟。周恩霔的父亲就是周恩来的二伯父周龢鼐。周龢鼐是清光绪甲午科（公元 1894 年）举人。周恩霔由周恩来介绍来到苏北解放区后，被苏皖边区政府安排做司法工作（一说文化工作）。据说后来他怕苦返回了上海家中。

综上所述，这封信让人感到伟人周恩来那颗对党的事业无限忠诚、对人民无限热爱、对亲属无比关心的赤诚之心！

第三部分

周恩来与生活小事

任何人都有自己的生活小事，伟人周恩来也不例外。人们在接触和处理这些生活小事时，一言一行所反映出来的都是这个人的道德、品行，也就是一滴水也可以折射太阳光辉的道理。

与烟的故事

和马歇尔谈判一结束，我就又不会抽烟了。

在电影《建国大业》中，有一个周恩来抽烟的镜头：周恩来在焦急地等待东北辽沈战役前线消息时，特意从警卫员手中要了一支烟，熟练地抽了起来。当然，电影是文艺作品，是真是假，不得而知。然而，笔者由于工作关系，曾经访谈、接触过有关周恩来的亲属、生前身边工作人员等二百余人，他们都无一例外地告诉我：周恩来一般是不抽烟的。

周恩来不抽烟的原因得益于他家教好：周家几代人中很少有抽烟的。另外，还得益于在天津南开读书时期，该校有一条校规：学生不许抽烟。据天津周恩来邓颖超纪念馆的同志说，南开学校在执行这条校规时还出现过矛盾。校长张伯苓先生原来是抽烟的，南开学生联名上书给张校长提意见："你不让我们抽烟，但你身为校长，为什么带头抽烟呢？"张伯苓为了教好学生，就在一次全校集会上，一边当场把手中的烟掐灭，一边对全体学生说："以后我如果改不了，就不配当你们的校长，也没资格管教你们！从今天开始，我们互相监督，决不抽烟！"打那以后，张伯苓彻底戒烟，学生中也就基本无人抽烟了。但这不是说，走南闯北几十年的周恩来从未接触过烟，他的几则与烟相关的故事说出来很有趣味：有的彰显他的智慧，有的反映他的处境，有的能激人奋进，有的又足以催人泪下……

谈判要抽烟，抽的是智慧

抗日战争胜利后，蒋介石还都南京。他野心勃勃，要独吞抗战胜利的果实，所以他命令国民党部队赶去全国各地接收，同时还对许多曾经投降日本的伪军头目封官许愿，让他们代管当地治安，以等待他的人马到来，而对浴血抗战八年的中国共产党领导的八路军、新四军却下了一道“原地驻防”的命令。其意图十分明显：不让共产党领导的人民武装力量因受降而得以壮大势力。但由于当时他的大部队还都远在西南一带的“大后方”，需要花一段时间才能调至东南沿海、中原和东北等地区，所以就玩起了与中共“和谈”“和平建国”等这些花招。自恃公正的美国政府也掺和进来凑热闹，派了特使马歇尔将军来华，主持国共两党之间的调停和谈判，于是组成了美国方面的马歇尔、国民党方面的张治中（后为张群）和共产党方面的周恩来为首的三个方面进行中国抗战胜利后的和谈。在整个和谈中，蒋介石国民党方面是没有诚意的，美国马歇尔受本国政策左右，也是不可能公正的，而共产党方面明明知道这次谈判只是个骗局，却又不能不谈。因为神州大地上历经清末动乱、后来的军阀混战和国共两党之间的内战、十四年抗战，早已是满目疮痍，人民渴望和平。代表广大人民群众最根本利益的共产党当然不能拒绝和谈。但是，这样的谈判其艰苦性是可想而知的。

每次谈判时因为有不懂中文的马歇尔参加，所以周恩来是带着章文晋参与谈判的。谈判时马歇尔讲英语，由章文晋翻译。翻译过后，周恩来还要吸一两口烟，吐出烟雾后再回答。周恩来的回答不仅内容精辟，而且常常是一语点破、击中要害，弄得国民党方面十分尴尬，美国方面也不得不佩服。

多场多次谈判后皆是如此，事后有人就此询问周恩来：“你为什么在反驳马歇尔的问话中用语那么准确、犀利而又击中要害呢？”周恩来一听哈哈大笑说：“在马歇尔发言时，我就基本能听懂他英语说的意思，再经章文晋翻译一遍，我再吸上两口烟，就有了足够的思考和组织语言词汇的时间，所以回答起来就比较容易了。”当然，这里他没说的原因还有一个，那就是他的博学和才思敏捷。

这是 1994 年 9 月笔者在北京听曾任周恩来秘书、中国人民对外友好协会原副会长王伏林讲的。章文晋后来曾任我国对外友协的会长。他们说，周恩来当时抽的烟是“老刀”“金钱”牌的比较多，有时也抽美国产的“大克雷斯”牌的。

“和马歇尔谈判一结束，我就又不会抽烟了。”周恩来笑着说。

不反对别人抽烟，有他的解读

新中国成立后，周恩来就没有必要去假抽烟了。为了他的健康，邓颖超还特意让西花厅工作人员在周恩来办公室的会议桌上放上一块写有“请勿吸烟”的牌子。

新中国成立初的一次，周恩来在西花厅自己办公室内召开小型青年工作会议。与会的廖承志会抽烟，烟瘾还比较大。他几次想抽烟，手都伸到了衣兜里，但当他看到那块“请勿吸烟”的牌子后不得不把手又缩了回来。会开了快一个小时的时候，总理办公桌旁的电话铃响了，周恩来忙去接电话。廖承志再也忍不住，伸手从衣兜里掏出一支烟，并摸出了火柴，他把烟（那时还不是过滤嘴香烟）屁股在火柴盒上顿了两下，放到唇边，刚要划火柴，总理接完电话回到了会议桌。廖承志不好意思点燃，又从唇边拿下了香烟。没想到这一微小的动作还是被心细如发的周恩来看见了，他微笑着对廖承志说：“廖公，你想抽烟就抽吧。我不抽烟，但不反对别人抽烟。再说，你们抽烟人也是对国家财政的支援呀。”说着，周恩来还把“请勿吸烟”的牌子拿起来放到自己办公桌上，并把牌子调了个边，不让人看到上边的字。

和周恩来相识了几十年的廖承志也毫不客气，他赶忙擦着火柴，点燃了香烟，笑着过起了他的“烟瘾”。

这是周恩来贴身卫士韩福裕 1991 年 10 月对笔者讲述的。

在当时当过副总理的人员中，邓小平烟瘾比较大，李先念喜欢抽雪茄，纪登奎、余秋里都是“烟菩萨”。不过他们和周恩来在一起时都尽量不抽或少抽，实在熬不住了，也尽量离周恩来远一点或到外边去抽。

由于周恩来不抽烟，在西花厅工作的大多数人都不抽烟。老秘书中只有农业秘书杨纯抽烟。但在周恩来身边工作的人都比较忙，熬夜加班是家常便饭，有的人几乎每隔一两天就要熬一次夜。为了不影响工作，这些常熬夜的人就不得不靠抽烟来提提精神。因此，周恩来的保健大夫张佐良、副卫士长张树迎都成了“烟民”。1997年，张树迎回忆说，总理办公时，我们卫士值班室和总理办公室是门对门。夜深人静了，一抽烟那烟味也直朝总理办公室钻，为了不让总理吸我的“二手烟”，有时我烟瘾发作了就走出值班室到走廊里去抽。一次，半夜过后我正在走廊里抽烟，忽然见到总理从办公室出来。这时，我们卫士是要陪侍在他身边的。所以我一边迎上去，一边把夹烟的手放到身后迅速把烟掐灭了。没想到虽在夜间，我的这一细微动作还是被总理发现了。他笑着对我说：“老张啊，我可没反对过你抽烟。你想抽就抽，天这么凉，你怎么在外边抽呢？”说得张树迎怪不好意思的，只好笑着回答说：“是，我知道。”

据周恩来的秘书纪东回忆，1973年5月31日，是“世界无烟日”，他曾问总理禁止吸烟和生产香烟的矛盾问题。周恩来对他解释说：“全世界、全中国抽烟的人还有不少，这种习惯不是一两天养成的，所以禁止吸烟不会是短期行为。我们现在既要宣传吸烟的危害性，提倡不吸烟、少抽烟，但又不能用行政命令的方式去禁烟。要在提高认识的基础上，靠烟民自己去改掉这种影响身体健康的习惯。另外，国家对烟草生产实行控制、专卖和纳税，所以所有抽烟的人也都在纳税为国家作贡献。”

做对事情写检查，一夜抽了两包烟

新中国建立后，作为一国总理的周恩来当然要主管全国的经济建设工作。我国第一个五年计划提前完成后，开国元勋们便想到要加快我国的经济建设步伐。这一利国益民的想法，一开始包括周恩来在内的中央高层领导都是同意的。但周恩来青年时代曾东渡日本、西旅欧洲，新中国成立后又无数次出访，可谓见多识广。因此他在期望中国经济建设速度加快的同时仍然坚持他一贯务实的作风。所以他制定的第二个五年计划的经济建设指标就遭到毛泽东等人的不满。但周恩来认为经济建设必须按经济规律办事，对中央和其他领导同志提出的高指标、“大跃进”的做法则表现出了不以为然，在当时的党内率先公开提出“反冒进”的做法。他在主持国务院的有关会议上，就旗帜鲜明地提出，“反保守不能一直反下去了”“现在应该是既反对思想保守也反对急躁冒进了”。这就引起了毛泽东的强烈不满。在 1958 年 1 月上旬于广西南宁召开的中央工作会议上，毛泽东当面批评，说周恩来的“反冒进”泄了中国人的气。还声称他是“反‘反冒进’”的，并放出重话说周恩来“离右倾机会主义最近只有五十米了”。

周恩来深知毛泽东在他认定的重大问题上绝不妥协的性格，只好被迫写检讨。晚上回到住地与他的政治秘书范若愚商量后决定由周恩来口述，范若愚记录。正在这时，陈云给周恩来打来电话，认为周恩来不能检讨，因为他没有错。这使周恩来内心十分痛苦，几个小时过去也想不出一句检讨的话来。最后他无奈地看了一眼范若愚说：“范秘书，你先回去休息，这个检讨还是由我自己来写吧。”这样，范若愚只好回到自己住地休息。

第二天一早，当范若愚再次来到周恩来住处，发现平常不抽烟的周恩来办公桌上，烟蒂整整堆了两烟灰缸。周恩来经过一夜痛苦的思考和思想斗争，终于写出了检讨，但他抽了整整两包香烟，可见他内心是多么的痛苦。

这是 1994 年 9 月，笔者在北京听范若愚讲述的。

遭到突然袭击，用抽烟镇怒

1966 年，“文化大革命”的狂潮掀起来之后，江青一伙得意忘形，他们到处煽风点火，支持造反派，把一大批老干部诬为“反革命修正主义分子”“走资本主义道路的当权派”和“蜕化变质的坏分子”，甚至污蔑说他们是“叛徒”“特务”“反革命”等等，然后就随心所欲地把这些老干部打倒。周恩来为了保护这些老干部，采取了各种措施。其中，“联络员”就是他采取的办法之一。因为国务院及各部委领导大部分被打倒后，周恩来不得不独自苦撑危局。然而，他毕竟独木难支，就任命了一批“总理联络员”。在周恩来忙得无法分身的时候就派“联络员”代表他去处理一些事情。当然最主要的就是保护老干部的事。周恩来任命的联络员中有军队干部，也有地方干部，像童小鹏、周荣鑫等人都做过周恩来的联络员，他们也确实为保护老干部等做了不少工作，这就必然引起江青等人对他们的不满。因为在江青的眼里，连周恩来都是要打倒的对象，哪还把周恩来的联络员放在眼里呢？再者，由于当时“红卫兵”“造反派”们到处横行霸道、实行打砸抢，周恩来是看在眼里，疼在心上，却又无法阻止。这时，正好有些青年学生们也对打砸抢和乱批乱斗深恶痛绝。他们就勇敢地站出来，组成“西城区红卫兵纠察队”，简称“西纠”，专门制止武斗、反对打砸抢，这使当时的周恩来眼前一亮，便专门派人与之联络，并给予多方面支持。甚至安排“西纠”的代表上天安门，陪毛泽东检阅“红卫兵”。周荣鑫时任国务院秘书长，“文革”开始后又担任周恩来的“联络员”，自然要多参与做些事。这也就更加惹恼了江青。

江青等人经过密谋策划，于 1966 年 12 月 16 日在首都工人体育馆召开“北京市中学生批判资产阶级反动路线誓师大会”。对这次大会的真实意图、会议程序、主旨讲话和代表的发言等等，统统对周恩来封锁、保密。他们想用突然袭击的方法杀鸡儆猴，迫使周恩来就范。

大会开始后，江青横眉竖眼，脸色铁青，一开口就大骂“西纠”，说“西纠”是“镇压革命造反派的刽子手”，他们“破坏‘文化大革命’，是无恶不作的反革命组织。这样的组织必须取缔！”说到这里，江青越发肆无忌惮，当场点了周荣鑫的名不算，还让那些造反的“小将”们将周荣鑫拉到前台低头认罪。江青还狂妄地喊叫：“现在我们不仅要打倒‘西纠’，砸烂‘西纠’，还要查出‘西纠’的黑后台，把他拉出来枪毙！”事先一点不知情的周恩来面对这样的突然袭击，异常震怒，但面对“文化大革命”中的江青这么一个特殊人物，他只好尽力控制自己的情绪，稳稳地坐在那里。这时人们见到，平常不抽烟的周恩来伸手从卫士手里要了一支烟，点燃，默默地抽着，神色显得十分严峻。人们知道，周恩来是在借烟镇怒、克制自己啊。

会见外宾抽烟，疲劳过度要提神

“文革”期间，周恩来日理万机，内政、外交、党务、军务无一不要他操心劳碌。

那时他到底忙到什么程度呢？1967年，他为了不让外交方面的“造反派”揪斗陈毅，被“造反派”连续纠缠了十八个小时，最后导致周恩来心脏病发作；1971年9月，周恩来为了协助毛泽东妥善解决“九一三”事件，周恩来整整不间断地连续工作了五十多个小时。周恩来生前的秘书钱嘉栋曾对笔者说过这么一件事：1971年的一天，在总理办公室开一个小型会议，与会人员都到了之后，总理已持续工作了近二十个小时。他来到会议桌旁，硬生生地站在那里听人们对情况的汇报。钱嘉栋忙提醒说：“总理您坐下听吧。”周恩来苦笑着摇摇头说：“我已不能坐了，一坐下恐怕就要睡着了。”

1970年11月12日，周恩来在北京人民大会堂同巴基斯坦总统叶海亚·汗进行长时间会谈后，又不得不接着会见到访的罗马尼亚对外贸易部部长布尔蒂卡。在谈话中，他告诉布尔蒂卡，中国政府对外援助有两条原则：第一，借款不要利息；第二，我们不做军火商。这时，周恩来显得十分疲倦，已经到了昏昏欲睡的状况。可是面对国际贵宾，他又不得不强打精神，强撑身体，于是伸手要了一支烟。周恩来一边抽烟一边还对布尔蒂卡说："我困得不得了，只好抽烟。现在，即使我不跟你谈话，我也不能睡觉，还要做别的事情。"

这是周恩来在工作上极度疲惫的情况下为了提神而不得不抽的一支香烟。

无端遭批判，捻碎香烟作回答

1973年底，江青等人抓住毛泽东轻信诬告后对周恩来的一些不满情绪而喜出望外。他们认为，林彪垮台之后，能阻挡他们政治上登峰造极的人就只剩下周恩来，只要把周恩来扳倒，他们的野心就将全部实现。于是，以江青为首的"四人帮"背着毛泽东、背着周恩来和政治局其他成员精心准备着使"周恩来下台"的各项工作。江青不仅布置其爪牙做这方面的事情，张春桥、王洪文、姚文元也无一例外地发出指示、批示。据周恩来的秘书姚力2010年8月在杭州告诉笔者，江青连配合"周恩来下台"的《人民日报》评论员文章都准备好了。一时全国的政治形势大有"黑云压城城欲摧"之势。

由于毛泽东发了话，1973年11月底到12月初，中央政治局在人民大会堂东大厅批判周恩来在中美会谈中"犯"的"右倾错误"。

在这次会议上，"四人帮"对周恩来竭尽恶毒攻击之能事，坐在"被告"席上的周恩来默默地听着他们的数落。江青等人措词的激烈、语言的刻薄等等都是空前绝后的。虽然至今人们还无法了解那两个星期"批周"的详细情况，但侧面还是有所披露的。

据周恩来生前卫士、邓颖超的警卫秘书、原中央警卫局副局长高振普将军回忆，1973 年 11 月 21 日晚 8 时开会，到吃饭的时间，他让服务员两三次将周恩来的饭送进去，周恩来都一口没有吃，问他还说“不饿”。一次，服务员给周恩来送药出来后，止不住哭出声来对高振普说：“他们还在批总理。”高振普连忙安慰她，要服务员不要哭，并把她让进会场隔壁的福建厅。由此可见会上对周恩来批判的残酷。

据周恩来的保健大夫张佐良回忆，一位手拿托盘的人民大会堂服务员那天从会场里一出来就极其不满地说：“这哪是什么帮助总理啊？他们明明是整总理嘛！他们是想要打倒总理啊！”说着，这位服务员就哭了起来。张大夫赶紧劝止她：“你一哭，万一被别人听到了，对你、对我都不利啊，说不定还要连累更多的人。”

张佐良刚刚劝住了这位服务员，谁知江青的保健护士小赵又从会场里走出来，眼泪扑簌簌地往下掉。她一边哭一边气愤地说：“这个老太婆成天不工作，看电影，游山逛景。总理一天忙到晚为人民操劳，他们却把总理往死里整。这几天每天一散会，他们还去喝红葡萄酒庆贺干杯呢！”连江青身边的人都不顾一切后果地这样说，可见即使在那人妖颠倒的时代，人们对正义与邪恶还是有分寸、心中有数的。

据纪东回忆，就在周恩来遭受江青一伙人猖狂攻击、无端批判的时候，周恩来伸手向坐在他身边的人要了一支烟。他接过烟，却不点燃，而是捏在手里，不停地揉捻，直到把那支烟捻得粉碎！这说明，周恩来是在把心中的所有郁闷和无比的愤怒发泄到那支烟上，捻它个粉身碎骨！

读书与用书

张汉卿就是看《连环套》那些旧戏中毒了。

周恩来的家庭是一个地地道道的书香门第。从他的宋代始祖周敦颐到他迁到绍兴的一代始祖周茂等都是我国历史上有名的读书人。在周恩来童年时代，“万般皆下品，唯有读书高”“读读读，书中自有黄金屋”这些朗朗的读书声经常会从周家书房里传出来。周恩来从童年直到青少年都是受这些中华传统文化的熏陶，因此他很小就养成了爱读书的习惯。成年后他那些渊博的知识也大多数是从书本上获得的，以至他后来投身革命、领导国家建设时期，他都与书有着深厚的情感，并能恰到好处地掌握和运用书本知识。

周恩来读的第一本书是《西游记》

1946 年 9 月，周恩来在南京鸡鸣寺里曾三次接受美国当时最负盛名的专栏作家沃尔特·李勃曼（1889—1974）的采访，章文晋陪同周恩来会见李勃曼并担任他俩之间的翻译。周恩来对李勃曼说：“我小时候在私塾念书。从八岁到十岁我已开始读小说。我读的第一部小说是《西游记》，后来又读了《镜花缘》《水浒传》和《红楼梦》。”

周恩来这么早的阅读能力是哪来的呢？按周家祖训，男童长到五岁时即入家塾馆读书、写（毛笔）字习颜体。由于周恩来在出生八个月时出嗣过继给小叔父周贻淦（后改名宗幹）为子的。他过继不久小叔父就去世了。他的小婶母是位受过教育的女性，是在那时候不多见的能识文断字的女子。她受封建传统文化习俗的影响，坚持为丈夫守节终身。因此她把嗣子周恩来当做“命根子”来抚养。周恩来牙牙学语不久，陈氏就超前地教他认字了。后来，陈氏又怕儿子到院子里和别的孩子们戏耍时有闪失，干脆把周恩来关在房中，直到能上家塾馆时为止。

幼儿认字久了，难免会觉得枯燥和倦怠，陈氏便利用自己广博的阅历和丰富的知识为儿子讲故事，说笑话，以提高周恩来辨明是非、爱国爱家的思想和能力。接着就是跟着家塾馆先生教周恩来背诵唐诗宋词。可以说，周恩来是先听陈氏母亲讲述《西游记》而后再读《西游记》的。

《西游记》就诞生在淮安，周恩来作为淮安人，第一本书读《西游记》是在情理之中的。

读《说岳全传》入迷，受到平生第一次委屈

周恩来六岁时，因父亲周贻能和十八舅万立钤合买一张救灾彩票中奖而举家从淮城（今淮安市淮安区）移居清江浦（今淮安市清江浦区），周恩来也随之入万家塾馆就读。由于周恩来生母万氏彩票中奖“发财”，故她率家人回娘家时风风光光，曾给万府上下大小见人见份地买了礼物。给周恩来外婆更是送了一份厚礼。万老太太十分喜欢她这位小外孙，于是特许周恩来到他的外公书房读书。时周恩来外公万青选先生已去世五年多，但他生前的书房还一直按原样锁关在那里，万老太太不让任何人进去，成了万公馆大院内的一处“禁地”。周恩来外婆能把周恩来外公书房向周恩来开禁既是对女儿厚礼的回报，也是对幼年周恩来好学上进的奖励。然而，由于周恩来痴迷地读书，也使他经受了人生中的第一次委屈。

那是 1907 年秋季的一天，周恩来经万家塾师同意到外公书房去看书。他看的是清人钱彩写的《说岳全传》。这是一本在清乾隆年间被查禁的书。就在他被岳飞精忠报国的故事情节吸引而沉浸在对岳飞的怀念敬仰之中时，忽然万家院子里传来吵闹声，而且吵的声音越来越大，吵闹中还夹杂着周恩来十分熟悉的母亲的声音，他只好极不情愿地从书中情节“挣脱”出来，跑到院中，这才发现是自

己的一位舅妈和母亲在为一件什么事争吵。他听了好一会儿才弄明白。

原来万家是个子孙满堂的人家，孩提时代的小兄弟小姐妹们在一起玩笑打闹是常有的事。就在那一天，周恩来一位才六岁的小表弟和他的小伙伴们玩“捉迷藏”游戏。他自己钻进一只大翻盖的木箱中，在木箱的翻盖盖下去的一刹那，外边的箱扣子也自然地扣上了。他这么一藏，小伙伴们找确实是找不到他了。可是等他想出来的时候却出不来了。这位小表弟慌了，只得在箱子里拼命地哭叫。

他的哭闹声好不容易才被找他的妈妈听到，赶来帮他打开箱盖，抱起哭成泪人的儿子。这位小表弟的妈妈是周恩来的一位舅妈。她就问儿子是谁把他关到箱子里的？如果闷死了怎么得了？孩子怕说实话挨打，就谎说是“大鸾（周恩来乳名）哥把我关进箱子的”。刚好这位舅妈因前两天曾向周恩来生母借钱没达到目的，心里还窝着一肚子气，听自己儿子这么一说，顿时信以为真，当场就“炸”开了。她抱上儿子找到周恩来生母就大声骂了起来：“你家大鸾有人养，没人管啦！他把他弟弟关到箱子里，是不是想把他闷死了让他来得我们万家的家产……”

周恩来母亲万氏不明就里，只好站在那里听嫂嫂数落和做点无力的争辩。直到周恩来的表哥万叙生跑来当场证明，这场风波才得以平息。这件事也成了周恩来一家离开万府而去买“陈家花园”居住的原因之一。

十九年后，周恩来在南开读书时，还手录下他当年见到的吟咏岳飞的一首诗，并发表在南开学校 1916 年 4 月《敬业》刊出的“飞飞漫墨”栏目里。飞飞是周恩来当时用的一个笔名。诗云：

> 一自金牌颁十二，常教血泪洒英雄。奇冤不恨埋三字，和虏张惭失两宫。南渡江山悲逝水，北征鞍马付秋风。低徊往事成千古，祠宇空余夕照红。

随之，周恩来还评价说："其辞则凄凉欲泪，意则新颖出群，不落窠臼，少陵、太白殆兼而有之。"可见周恩来对《说岳全传》一书的印象之深。

在龚家书房，他读了《天演论》《革命军》

1908 年的夏天和冬天，周恩来先后失去生母和嗣母，不得不带着两个更幼小的弟弟返回淮安城驸马巷周家老宅。酷爱书的周恩来顿时失去了读书的机会，内心十分苦闷，就向八叔周贻奎和八婶杨氏诉苦。八叔就让杨氏到家在东岳庙附近的龚家求请周恩来的表舅龚荫荪帮忙让周恩来和他的两个弟弟一起到龚家塾馆寄读。龚家的女主人是周恩来陈氏母亲的亲姨娘，她的儿子龚荫荪就是周恩来的表舅。经龚表舅对他们进行简单的面试后，只同意周恩来一个人在龚家读书。而周恩来的两个弟弟一个因为年岁太小（周恩寿），一个因为顽皮（周恩溥），加之亲缘关系方面也隔了一层被婉拒。

周恩来的这位表舅龚荫荪，是个追随孙中山的革命党人，由于其父亲龚怀朴多年任山阳县（今淮安市淮安区）的钱谷师爷（相当于今县一级的财税局长），家境殷实。因此，儿子龚荫荪利用父亲的资本，在上海、南京、青岛等地开设有多家书馆、书店，家里也藏有大量进步书刊和报纸，一直是秘不示人。而龚荫荪见周恩来好学上进，谈吐脱俗，又能博闻强记，十分喜欢他。不仅允许他在家塾馆寄读，还破例允许这个表外甥进他的书房读书。

在龚家藏书房，周恩来第一次读到了《今日中华》等进步报纸，也先后读到了严复的《天演论》和邹容的《革命军》。这是清末两本重要的宣传革命、推翻清王朝的书籍。

《天演论》宣传"物竞天择，适者生存"，号召民众起来救亡图存，"与天争胜"。这对当时的思想界有着很大的影响。

《革命军》是中国民主革命家邹容在清光绪二十九年（公元

1903年）从日本回国后在上海写的共约二万余字的作品。作者以通俗浅近的文字，宣传推翻清王朝的统治，反对外国侵略，主张建立独立、自主的“中华共和国”。他的这本书在当时虽然是禁书，但流传甚广，秘密销量达一百多万册。由于在上海出版的《苏报》发文介绍，影响更大，结果，《苏报》被查封，邹容被逮捕并判刑，后于1905年病死于狱中，时年仅二十岁。

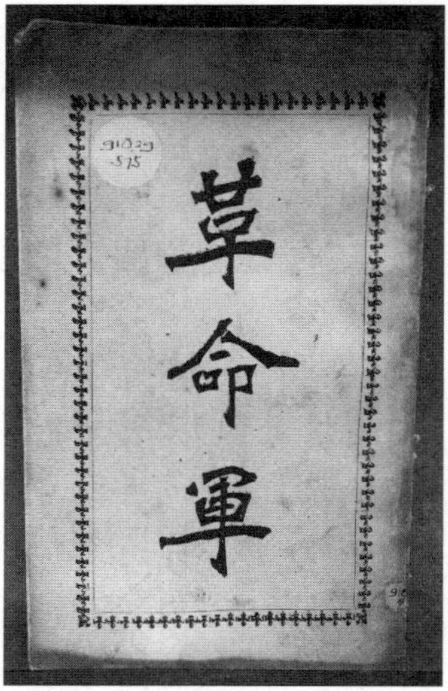

邹容撰写的《革命军》，这是1903年5月上海出版的初版

周恩来读到《革命军》时，距邹容去世只有三四年时间。可以说，《革命军》《天演论》是周恩来童年所读书籍中对他影响非常大的两本书。1952年秋天，周恩来在上海会见时任华东幼儿园保育员的表姐龚志如时还深情地说：“表舅（指龚志如的父亲龚荫荪）是我政治上的启蒙老师，你们龚家塾馆的周先生是我文化上的启蒙老师。”

在陈家书房，他读到了《醒世恒言》《天雨花》

1908年夏天，周恩来生母万氏辞世后，嗣母陈氏的肺结核病日渐沉重。陈氏自知来日无多，就对爱子周恩来说：“我也活不长了。”并提出想回一趟娘家宝应。因为她的侄儿、周恩来的表哥陈式周博学多才，也懂中医医术。陈氏妈妈回娘家既想让侄儿看看病，也是好让她早作安排。周恩来也就跟着陈氏妈妈一起坐上小木船顺水扬帆，来到了宝应水巷口3号陈家。

陈式周比周恩来大十六岁，只比周恩来的陈氏妈妈、也就是陈式周的三姑小三岁。他是清末秀才，清废科举后在通州（今南通）

上了通州师范学堂。

陈式周的国文造诣很深，后来到上海时曾当过《申报》编辑和应聘为李鸿章的家庭教师，教李鸿章的孙子李国超国文。因此，他家的藏书也颇多。

当周恩来随陈氏妈妈来到宝应陈家后，周恩来就提出到陈家塾馆读书。经过表兄弟俩亲切交谈后，陈式周感觉他这位小表弟已经有了一定的文化基础，甚至对时局、政治都已有他独到的见解，遂谦虚地说："我的家塾馆只收一些启蒙学生，哪能教你呢？你还是到我的书房看书吧。"就这样，周恩来就成了表哥陈式周书房的常客。

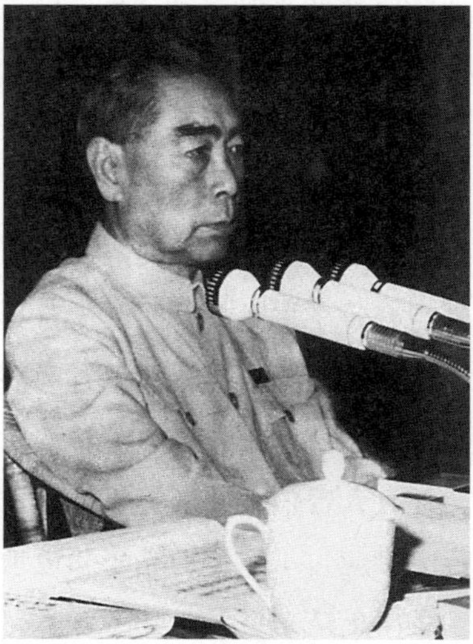

周恩来在庐山中共九届二中全会上

在陈家书房里，周恩来先读了明朝末年冯梦龙纂辑的《醒世恒言》，后来又读了《天雨花》和《西厢记》等文学、文艺书籍，还阅读了《绣像施公案传》（也叫《施公案》）等书。周恩来记忆超群，他读了这些书不仅能记得书中情节、故事，还能熟知书中人物的行为举止和性格特征。

1936 年 12 月 25 日下午 3 点多钟，发动"西安事变"的东北军爱国将领张学良事先没同杨虎城商量好，就拉上杨虎城陪同蒋介石夫妇悄悄乘车直驱西安西郊机场，送蒋回南京，连周恩来也没告诉。周恩来在听到张学良的卫队营营长孙铭九的报告后，立即驱车往机场赶。在疾驰的汽车上，周恩来最大的担心就是张学良可能会轻率地跟蒋介石飞往南京。然而等他赶到机场时，他担心的事还是发生了：载着蒋介石和张学良的飞机已经起飞（到洛阳后两人分机）。这时，周恩来望着还在爬升的飞机叹息说：“张汉卿（张学良字汉卿）就是看《连环套》那些旧戏中毒了，他不但摆队送天霸，还要负荆请罪啊！”

《连环套》正是根据上边说的《施公案》一书中的一个故事改编的戏剧。这个戏写的就是绿林好汉窦尔墩盗得“御马”，后被黄天霸以狡猾的手段骗走，窦尔墩在江湖义气思想下，还对黄天霸摆队相送。当时，周恩来把这个故事和他眼前的这一幕联系起来确实自然、贴切，堪称异曲同工之妙，也足见周恩来的记忆力之强。

据周恩来的最后一位秘书纪东同志回忆，1970 年夏天，他随周恩来赴庐山参加党的九届二中全会。那时周恩来的处境极其困难：他既要注意当时多种“左”的派系力量的平衡，又要同他们进行各种形式的斗争；既要灵活策略地执行毛泽东的想法和指示，又要尽力维持国家政务和经济工作的正常运转，让全国老百姓能吃饭穿衣、正常地生产生活；他生怕外交上出任何差错；又担心着军事上的任何闪失；真正是费尽了心血，倾尽了智慧。有许多时候他都处于左右为难、进退维谷的境地。当时，有人曾悄悄在周恩来面前说：“江青太难应付了！”周恩来悲怆地回答：“我何止是一个江青！”

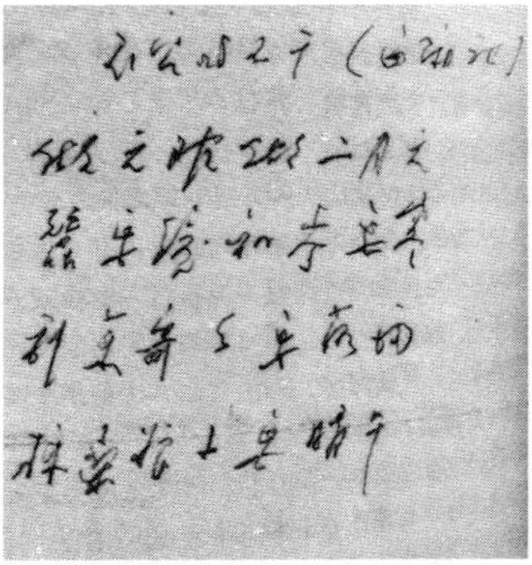
中共九届二中全会期间，周恩来写在纸条上的几句话

会议开幕之前一天下午，周恩来正在休息，纪东到他的办公室整理文件和材料，无意中发现办公桌上有一张 32K 白纸字条，上边留有周恩来用铅笔写下的几句戏文：

不公与不干（西厢记）

做天难做二月天，蚕要暖和参要寒。

种菜哥哥要落雨，采桑娘子要晴干。

纪东将军曾对笔者说，这几句戏文十分形象地反映了周总理当时的心境和处境。但是周总理虽注明《西厢记》，可是《西厢记》里却找不到这四句话，他期望我这个淮安人，能帮他查找一下。经笔者查找，发现在《醒世恒言》一书的卷十八“施润泽滩阙遇友”中有类似的这四句话：

江南有谣云：

做天莫做四月天，蚕要暖和麦要寒。

秧要日时麻要雨，采桑娘子要晴干。

笔者推断，周恩来是在陈家书房同时读到《醒世恒言》和《西厢记》、《天雨花》等书的。因为他在陈家时间比较短，只有约三个月，他来不及反复看，几十年后，把在《醒世恒言》中的几句话误记为《西厢记》中的几句戏文是完全可能的。

在东关模范学校，他读了《史记》《汉书》《后汉书》

1910 年春，周恩来“应伯父召，趋辽东”。先到铁岭银冈书院，继之到盛京（今沈阳）东关模范学校读书。

东关模范学校有一位教国文、历史和地理的高老师，是一位学识渊博、思想进步、极富正义感而又倾向革命的知识分子。当年他因为在山东济南高等学堂从事反清宣传遭清政府通缉而亡命关外的。他原名高守铭，字盘之，到东北后，常用的名字是高亦吾。周恩来进入东关模范学校五年级丁班时，刚好高老师是这个班的班主任。周恩来入学后经过和高老师的一段时间的接触以及相互的了解，高盘之首先感到，周恩来是个懂事明理、人小志大的孩子，是他“执教以来碰到的最好学生”。

周恩来是个插班生，他并没有学五年级上学期的课程，但他比那些大他五六岁甚至七八岁的成年同学要自觉得多。他在课堂上用心听讲，课间、课后都能认真完成各科作业；对课余时间抓得也很紧，尤其注重和喜欢课外阅读，这是他在淮安老家就养成的好习惯，因为课外阅读可以弥补课堂上学习的不足，更为重要的是还可以丰富自己的各方面知识。这些都是其他学生做不到的甚至想都没有想过的事。

周恩来课外阅读的范围很广，除了我们中国的一些文史类经典名著外，一些刚从西方传入中国的数学、理化和博物等自然科学书籍以及中外古今的军事著作，都成了他十分喜爱的读物。

周恩来读书不是死记硬背，更多的是理解和消化。因此，课间常见到周恩来和同学们一起讨论他阅读书报时思考的问题，有的还向老师求教，找出自己比较满意的科学答案。周恩来小小年纪就十分关心国家大事。那时，他的四伯母杨氏每天给他十个铜钱，让他中午可以在街头饭店吃一顿饭。周恩来舍不得到饭店吃，只花一两枚铜钱买上两块烧饼，就着学校老虎灶免费供应的开水就把一顿午餐应付过去了。余下的钱，他除了买些文具送给那些家庭困难的同学外，还订了一份《盛京日报》，天天阅读。

随着周恩来阅读书籍的增多，他的知识面也越来越宽，向老师请教的问题也越来越广。高老师后来回忆，当他在课堂上讲广州黄花岗七十二烈士的英勇事迹时，课堂上静得连一根针落地都能听到。这时他看到坐在前排的周恩来，更是泪流满面，悲愤填膺。这使高老师对周恩来就更多了一层的看重。以后每遇阴雨雪天，高老师干脆留下周恩来。晚上，高老师批改作业，周恩来完成作业后看书，然后师生同床而卧，纵论国事，谈古道今，直到两人睡着为止。

为了加深周恩来对中国历史与现实的理解，高老师将自己的藏书统统向周恩来“开放”，允许他读，允许他带回家。后来，周恩来又用自己节省下来的伙食费买了《史记》《后汉书》，以便随时阅读。六十多年后的 1973 年，毛泽东在启用并选择王洪文为接班人时，他怕周恩来不理解，特意让身边工作人员将一部《后汉书 · 刘盆子传》

送到周恩来那里，并嘱总理认真读一读。

《刘盆子传》是说西汉末年，因王莽篡位，各地起义、造反的头领很多，他们都以姓刘的为汉朝的正宗传人，就像后来曹操将汉献帝控制在自己手里那样，“挟天子以令诸侯”。当时反对王莽的赤眉起义军就拥立原本是个放牛娃的刘盆子为皇帝，一直打进都城长安。毛泽东当时用意很明确：刘盆子作为一名放牛娃，由于当时形势需要，被拥立为皇帝；现在也是形势需要，要将王洪文这个“娃娃”启用起来，让他作为我们党和国家的接班人。其实，周恩来还在少年时期，就读过《后汉书》，熟知刘盆子的故事。他当时也确实遵照毛泽东的意愿，对王洪文言传身教，直到最后发现王洪文是个扶不起的阿斗，又与江青等人结成“四人帮”，走上祸国殃民的不归之路，这才改变了自己的看法。

在日本，他读到了《社会问题研究》等书，找到了马克思主义真理

周恩来在留学日本期间，是一边读书学习、一边寻求救国救民真理的。尤其是日本最早的马克思主义思想传播者、京都大学经济学教授河上肇的著作，周恩来特别爱读。先是读河上的《贫困物语》、幸德秋水的《社会主义神髓》，到河上肇教授编出的杂志《社会问题研究》出刊后，周恩来便成了这本杂志的热心读者。

据有关资料记载，周恩来留学日本一年多，每逢寒暑假回国探亲时，他的行李中总捎带着河上的著作。1918 年，周恩来受自己经费来源的限制，住在同学吴瀚涛在东京的租住房里。在那一段时间里，他大量地学习并接受了河上肇的思想。周恩来还曾托友人把他介绍给河上教授，但由于友人的不理解，他的要求未能实现。

受河上教授的影响，周恩来的救国思想也很快升华，以至在和吴瀚涛一起吃饭喝酒时，周恩来思考的全是如何用马克思主义救中

国的事。因为他朝思夜想，口头上也不免有所流露，弄得他的同学兼好友十分不理解。就在周恩来大谈中国要用科学社会主义进行社会变革，然后再进行富民强国的建设时，吴瀚涛竟气得“叭”的一声将酒瓶摔到周恩来面前，随着酒瓶的开裂声，吴瀚涛斥责周恩来说：“你到东京来，不好好学习功课，还大谈什么救国，如果照这样下去，连你自己也‘救’不了！”

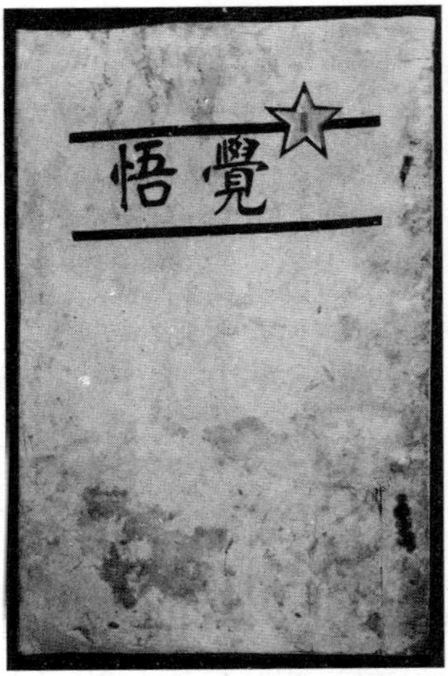

1920 年 1 月，由周恩来主编的进步刊物《觉悟》

周恩来没有和吴瀚涛争辩，更没有觉得没面子而生气，而是默默拿来笤帚、畚箕，将酒瓶碎屑统统扫起来，心里却仍然想着如何救国救民的道路。

虽然说周恩来共产主义思想的形成是“思想是颤动于狱中”，但是如果没有他在日本大量阅读河上肇教授的著作以及后来的《新青年》等书报杂志，他是不可能成长为一位马克思主义者的。

在专列上读《旅顺口》，最终不同意苏联在旅顺树像建碑

1950 年 1 月 10 日，周恩来应已在苏联莫斯科的毛泽东召唤，从当时的北京前门火车站乘专列前往苏联，加入毛泽东和斯大林的中苏谈判。那时的专列从北京到莫斯科要走十天时间，日理万机的周恩来难得有个短暂的休息时间。所以，临出发前，他特意让随行的秘书何谦给他带上一本当时名噪一时的长篇历史小说《旅顺口》，以便他在专列上翻看。《旅顺口》是被当时一些人推崇为军事历史题材小说范本的，曾在 1946 年获得过苏联人民委员会颁发的斯大林文学奖的一等奖。可是，周恩来刚看了一半就对何谦说：“《旅顺口》是一本坏书。作者斯捷潘诺夫完全站在反动的沙皇统治阶级立场上，

竭力美化、宣扬沙俄的侵华战争。”说完之后，周恩来还自言自语地说：“这样的书居然获得斯大林文学奖？”

当时因为访苏事关重大，周恩来没有进一步详谈。十个月后的1950年11月，周恩来在一次同自己的军事秘书、毛泽东称为“洛阳小才子”的雷英夫聊天时（1994年9月笔者拜访过雷英夫将军），又系统地谈到了他出访苏联途中在火车上看《旅顺口》这部小说的感想。他以敏锐的目光，犀利的言辞，对《旅顺口》一书进行了入木三分的剖析：

我对这本书的印象很坏，很多地方实在看不下去。

第一、这本书宣传的是沙俄战争、掠夺战争那一套。

第二、这本书的主导思想完全违背了列宁的教导。旅顺口陷落时[①]，列宁有篇文章讲得很清楚，说这是掠夺性的反动的战争。

第三、书中竭尽丑化中国人之能事，里面的中国人不是特务、奸商，就是妓女、骗子。把中国人写成这个样子，实在令人气愤。

第四、书中宣扬的英雄马卡洛夫，不过是在沙俄腐败的军队中做了一点技术性的修补、改革。这个小军官比那些腐败透顶的将军们稍微好一点，可他对沙皇的反动制度和侵略政策是完全拥护的。这样的人有什么值得宣扬的？

1956年5月的一天晚上，辽宁人民艺术剧院在北京首都剧场公演曹禺的话剧《日出》。戏演完后，周恩来上台接见演员后和大家座谈。当辽宁人民艺术剧院院长洛汀汇报到他们曾演出苏联话剧《在那一边》，戏里反映的是日寇侵略我国东北、发生在哈尔滨一带的事时，周恩来立即警觉地问：“这出戏怎么写中国人的？”导演笑着答道：“这出戏没有着重表现中国人，中国人在戏里是群众。”周恩来露出不悦的表情：“写在中国的事儿，不写中国人，算什么？你们谁看过

---

① 指沙皇俄国第一次侵占我国旅顺港

一本小说叫《旅顺口》的吗？”“我看这本小说写得不好，光写中国人的愚昧，什么留长辫子，吸大烟，怎么能这样表现中国人！？”

1955 年苏军从我国旅顺撤走时，苏联的赫鲁晓夫对周恩来提出在旅顺建苏军抗日阵亡将士纪念碑、城里建战胜日本帝国主义纪念碑，还提出要建当年沙俄打下旅顺口的两座方尖纪念碑和沙俄海军中将马卡洛夫铜像。周恩来经过思考，同意苏方建二次大战时打败日本关东军的两组建筑，而对苏方想建的方尖碑和马卡洛夫铜像给予了坚决的否定。

可以说，周恩来对沙俄当年侵占我国旅顺口，而《旅顺口》却丑化中国人，宣扬侵略那一套的颠倒是非做法早已铭记在心，所以，他就不可能同意在旅顺建方尖碑和沙俄海军中将马卡洛夫铜像去纪念侵略者。

周恩来是一位伟大的爱国主义者，他不会因为新中国刚从废墟上诞生、处处有求于当时的苏联“老大哥”而向苏方屈服。因为那样做，会伤害中国人的民族自尊心，有伤中国人的感情。

新中国成立，为了国计民生，他读了许多必须要用的书籍

1949 年 10 月 1 日，中华人民共和国成立，周恩来被任命为中央人民政府政务院总理兼外交部长，开始了他日理万机的管理国家、搞好国家建设的工作。由于工作太忙，原来很喜欢看文艺作品的周恩来，看小说等成了他的奢望。在北京中南海西花厅办公室内，周恩来整整放了两架子书，这些书大多是工作中经常使用的书籍，当然也备放了周恩来十分喜爱的《鲁迅全集》等书。但据他的身边工作人员对笔者说：“我们几乎就没看到总理有空去翻看《鲁迅全集》。”

1949 年和 1950 年，淮河都是大涝大灾。尤其是 1950 年的大水，

周恩来正在浏览《人民画报》

使皖北、苏北[1]七千多万人逃离家园，洪水夺去了成千上万条生命。毛泽东、周恩来在看了灾情报告后都流下了痛苦难过的泪水。毛泽东为此挥毫写下了“一定要把淮河修好”的伟大号召，随即交给周恩来治淮的任务。为此，周恩来亲自主持召开政务会议，并制定了“蓄泄兼筹，以达根治之目的”的治淮总方针，批准开挖了新中国成立后的第一条人工大河——苏北灌溉总渠。在与水利专家们讨论这条河的走向时，周恩来特意让自己分管农业的秘书杨纯去北京图书馆借来一本《山阳县志》。

山阳县就是周恩来的家乡淮安县，在明清两朝时都叫山阳县，直到民国三年废府存县时，“山阳”这个县名因与陕西的山阳县同名才改为淮安县。周恩来这时候要看《山阳县志》显然与开挖苏北灌溉总渠有关，因为他要运用自己的智慧选择一个更为合理、更能发挥排水、灌溉和航运等综合作用的走向，以造福千万人民。

1950年，抗美援朝战争爆发，本来集中全力搞国民经济恢复工作的周恩来又不得不以很大一部分精力参与其中。他要协调我们党内的各种不同意见，他要到国际上去争取各方面支援，他要调动各军、兵种的备战、参战，他还要为志愿军的装备、后勤供给竭尽全力。1997年笔者为淮安筹备纪念周恩来的百岁诞辰，赴京从周恩来当年

① 当时安徽、江苏都还没有建省。

的外事秘书、后曾任驻匈牙利大使的马列同志那里，征集到周恩来在2月14日（具体哪一年，马列已无法准确记得）写的一张小纸条：“马列同志，请给我一本世界知识手册（即年鉴）。”

当时的外交部世界知识出版社，每年都出一本《世界知识年鉴》，作为外事工作者必备和常用的工具书。周恩来在看外事文件，处理外交事件和交涉有关抗美援朝的事情时，经常要查人名、地名、面积、人口、重大历史事件等等，以便作出准确的决策与判断。

1960年周恩来即将出访欧、亚、非的一些友好国家，在出国前他到北戴河休假。是年8月的一天，暴雨狂泻。周恩来想看世界地图以了解相关国家的情况，就让随侍身边的卫士乔金旺给北戴河图书馆打电话，想借一本《世界地图》和其他有关图书。接电话的是图书馆的管理员，她不知道这是周恩来总理要用的书，就公事公办地说：“你要的这几本书只能到阅览室来看，不能外借。”

既然图书馆有不外借的规定，周恩来是不会带头破坏的。于是，他卷起裤脚，撑着雨伞，在乔金旺的陪同下冒着哗哗大雨走到了北戴河图书馆阅览室。进屋时，周恩来的雨伞还在流水，裤脚也全湿透了。周恩来即请管理员将《世界地图》等几本参考书找给他看看。当管理员把这几本书捧到这位要书人的面前时，这才发现竟是周总理，连忙不好意思地对周恩来说：“总理，真对不起您。我不知道这几本书是您要的。我应该给您送去，不该让您淋着雨来看书，耽误了您的宝贵时间。”“哎，小同志，你把书管得很好嘛！”周恩来笑着回答她，“没有章程制度办不好事。我为了看书，淋点雨、走点路根本不算什么。”说完，周恩来就翻开书，坐在桌旁认真地翻看起来。很显然，这几本书对他后来的出访是有一定帮助的。

“文革”期间，他担着风险，为古典文学书籍解禁

在上个世纪60年代中期到70年代中期，我国进入了史无前例

的“文革”时期。在这段长达十年的时间内，人们什么文学书籍也看不到，书店里也买不到。连世界公认的我国古代四大名著《西游记》《红楼梦》《三国演义》和《水浒传》都被斥之为“四旧”[①]，不准印刷，不准出售，不准阅读。只有《毛泽东选集》《毛主席语录》等“红书”。开群众大会时，要求每人手里都要有一本《毛主席语录》。而这本书又都是红塑料封皮，所以，当会场上呼口号时，人们把手里的“红宝书”一举，就是一片“红海洋”。

1971 年 2 月 11 日，周恩来专门同出版部门负责人谈话，要大家加强对各类图书的出版。其中特别提到：“青少年没有书看，旧小说不能统统都看作‘四旧’嘛！应该用历史唯物主义和辩证法来看问题。”在那之后不久召开的全国出版工作座谈会上，周恩来两次接见会议领导小组成员，还作了重要讲话：“你们管出版的要印一些历史书……我们要用历史唯物主义来看问题。把《鲁迅全集》和《红楼梦》《水浒传》等古典名著封起来干什么？这不是很滑稽吗？”周恩来还曾坦率地问：“旧小说可能统统当作‘四旧’处理了吧？《红楼梦》《水浒传》能算作毒草吗？”

周恩来办公室里放置的纪念本《鲁迅全集》

一年多以后，召开了国务院文化组组长吴德和国务院业务组成员参加的会议，周恩来又指示要想办法缩短时间，尽快地再版有关

① 指旧思想、旧风俗、旧传统、旧习惯。

古典名著，还具体地提出要求：先印《西游记》《红楼梦》《三国演义》《水浒传》，同时也要出版其他名著和新书。

笔者还记得，当年这批书印出下销时，一个公社[①]只能分配两部。笔者有幸买到所在地的席桥公社的一部《红楼梦》。那是通过席桥公社党委宣传委员、公社革命委员会副主任吉年山同志才买到的。这一部平装本《红楼梦》共四本，定价是2.74元。作为普通农民（那时叫公社社员）根本无钱购买，为了得到这部书，笔者带着孩子走庄串户，花了个把星期去捡知了（蝉）蜕下来的壳到供销社卖了才凑齐这部书款。

晚年，周恩来曾想写一部小说《房》，以介绍周家各房头的情况

2001年笔者行将退休时，突然接到周恩来侄儿周华章同志从北京打来的电话："九凤老弟吗？我是华章呀，听说你不久也要退休了，我想到你那里去一趟，因为我有一件未了的心愿想请你帮忙实现。"

已经退休多年的周华章真的只身一人坐火车来到淮安。他还带了一瓶茅台酒和一袋书稿，到淮安后他告诉笔者，七伯（指周恩来）早在建国初在看话剧《家》时，曾深情地对同他坐在一起的身边人员说："巴金写了一本《家》，将来等我退休了，我也要写一部《房》的书，以记述我们周家各房头的人和事。"

周恩来为什么要写《房》呢？周恩来另一位侄儿、北京大学原副校长周尔鎏在他新近出版的《我的七爸周恩来》一书的开头写了一个"小引"：

七爸[②]退休后想写一本名为《房》的长篇小说。

① 即现在的乡或镇。

② 周恩来侄辈周尔鎏对周恩来的独特称呼。

从1946年在上海周将军公馆和七爸周恩来会面，至1966年“文化大革命”开始前，七爸曾十余次地和我谈起过我们的家世，而且每个阶段都有几次近乎半天或彻夜的长谈。七爸工作繁忙，可他为何如此重视这个话题？

我们所属的绍兴百岁堂周氏家庭，支系庞大，几经迁徙。在七爸所处的年代，家庭成员更是散居各方，而且职业不同，政治选择多样。

那么，在庞杂的家族关系中，七爸对待家庭亲情的原则是什么？这个有关悠远历史的家庭有哪些传承至今的家风祖训？

七爸生前珍藏着一本高祖元棠公遗存的《海巢书屋诗稿》，这册由家族后人刊印的诗稿甚至伴随他度过了十年“文革”那段艰辛的岁月。他为什么如此珍爱这部诗稿？高祖的诗作究竟给了他怎样的精神慰藉，昭示着什么样的家族文化传统？

我在西花厅亲耳听七爸说，他打算退休后写一部名为《房》的长篇小说，内容就是根据大家庭的许多“房”的不同历史演变，作为中国社会的缩影加以描述。他的这一未竟的夙愿或许和自己的家族有一定的关联。

周恩来没能写他心目中的《房》，但他一辈子爱读书，爱用书。他从幼时读《西游记》到晚年病重读《水浒传》和《鲁迅全集》中的《谈金圣叹》，完全可以说，他一生与书为伴，与各种书有着很深的情感。

在圣坛之上

我昨天都说了什么？有没有什么出格的地方？

中华民族的酒文化源远流长。在古代，有人把酒称之为“圣人”，在当代，也有人把周恩来称为“圣人”。受中华传统文化的影响，周恩来也与酒有着不解之缘。周家是官宦人家，其祖上许多代人都以师爷为职业，然后步入官场。当师爷也好，做了官也罢，都少不了与人交往，而在交往场面上都得喝酒。此外，旧时在我们淮安还有一个习俗：那就是平民百姓家，在一年三节①时，长辈都会劝儿孙们喝酒，好像男孩子不会喝酒就不能进入社会似的。哪怕孩子原来不会喝酒，甚至是滴酒不沾的。这样，生长在淮安的男子汉会喝酒也就不足为奇了。周恩来 1946 年 9 月在南京鸡鸣寺接受美国《纽约时报》最负盛名的专栏作家沃尔特·李勃曼的采访时也说，“师爷在旧戏里的脸谱是红鼻子，大概因为他们都是喝酒的。”因此，出生于师爷世家的周恩来是会喝酒的，也喜欢喝酒。但他长期肩负要职，担当重任，所以他喝酒就不能像普通老百姓那样随心所欲，他得有节制，也要重情讲义，如此等等，就留下了许多周恩来与饮酒有关的故事。

举杯尽孝

周恩来父亲周贻能先生一生有两大爱好，一是下棋，二是喝酒。日常生活中，哪怕连下酒菜也没有，他也喜欢喝几盅，然后才吃饭。

据 1940 年曾在南方局工作的张颖老人生前回忆，老爷子②当年在重庆时，天天中午都要喝点酒，而且只有一点点素菜下酒。张颖曾劝老爷子，弄点肉丝炒炒，不是更好吗？老爷子通情达理地回答她说：“困难时期，能喝两口已经不错了，不能再计较下酒菜了。”

有一次，周贻能先生由于心情不舒畅，多喝了几盅，结果回房休息时，脚下踩不稳，张颖怕老人跌倒，只好扶他回房间。那天恰巧周恩来、邓颖超夫妇来看望老人家。周恩来一见父亲喝成半醉状态，走路要人搀扶，马上对老人说：“大③，我们这里人手少，大家都有事，

---

① 指春节、端午节、中秋节。

② 此处指周恩来父亲周贻能。

③ 淮安方言，爸爸的意思。

你喝成这样，就得要人照顾你，这多不好！以后还是少喝两杯好！”

老爷子是个走南闯北明事理的人，自己不慎喝多了酒，当然知道自己不对，只好默默地听着儿子说他。邓颖超听着不自在，马上小声对周恩来说：“你就不要再说了，让老人好好休息一会儿。”

周恩来一听，似乎也感觉自己过分了点儿：老爷子一生闯荡江湖，居无定所，都是因为自己投身革命，没有尽孝造成的。直到晚年才不得不来依附自己，也还过着比较艰苦的生活，今天只是多喝了两杯酒，怎么能就说他不好呢？越想心里越觉得自己对不起父亲。第二天是星期天，他特意和邓颖超一起来到父亲住地，让人给炒了一碟鸡蛋，又烧了一点青菜干丝，然后端起酒杯陪父亲喝酒：“大，我们光顾忙，没空陪你老喝酒，昨天我说你不对，小超要我今天来陪你饮几杯，算是我尽孝和赔礼。”老爷子一听喜不自胜，也连忙端起酒杯，一边和儿子对饮一边说：“恩来，你说得没错，现在哪是喝闲酒的时候？！”于是，这父子俩你来我往，喝得非常开心。

1991 年 10 月，笔者在京听曾任总理办公室主任、当年也在重庆南方局工作的童小鹏说，总理也喜欢喝酒，他也很想常和老人父子对饮，让老人晚年享受天伦之乐，但是他实在是太忙了，所以，看到周恩来父子对饮也就那么一两回。那是周恩来在革命斗争的艰苦岁月里在向自己父亲尽一个儿子的孝道。

挡酒有智

酒文化是从餐桌上发展起来的，不仅各地敬（劝）酒方法不同，而且让人饮酒目的也各自有异。有的完全是出于敬重，有的则存心要将对方灌醉。周恩来从家庭到社会，可谓见多识广，无论来者是善敬还是心怀鬼胎的劝敬，他都心知肚明，从容驾驭，做到不失礼、不失态、不误事。

1992 年笔者在北京拜访我党情报战线上的“后三杰”之一的熊

向晖老人，他就说起一件有关周恩来对付胡宗南事先准备灌醉周恩来的阴谋。

1943年7月初，蒋介石的爱将胡宗南已升任第八战区副司令长官（司令长官为朱绍良），此时，他已接到蒋介石的密令，趁苏联斯大林解散共产国际之机闪击延安，一举攻占陕甘宁边区。胡宗南受命后正在加紧战前部署，恰巧这时，周恩来、邓颖超夫妇从重庆回延安路过西安。于是胡宗南表面上对周恩来执弟子礼（胡宗南系黄埔军校一期生），提出宴请周恩来，背地里又向他的同僚和下属下命令：对周以师礼相待，多敬酒，最好把他灌醉。为此，胡宗南特意将当时在西安的黄埔六期以上的将级军官选出能喝酒的三十人，并要他们都偕妻前往。

熊向晖是著名的地下工作者。他时任胡宗南的机要秘书，因此胡宗南派熊向晖用自己的专用轿车代表他去西安七贤庄八路军办事处接周恩来，熊向晖在到了七贤庄后，便用英语告诉周恩来："请小心，提防被灌醉。"

胡宗南招待周恩来的宴会于7月10日下午在西安小雁塔胡宗南的副长官部官邸举行。当时邓颖超因身体不适，未能赴宴。周恩来的车一到，胡宗南就在门外向周恩来敬军礼，并陪周恩来进入室内。时任第八战区政治部主任的王超凡待周恩来一进场就向环坐四周的作陪者下令："起立！"周恩来连忙面带笑容地挥手致意，等胡宗南陪周恩来在室内东侧双人沙发上落座时，王超凡又向作陪者第二次下令："坐下！"

周恩来挥挥手，表示对王超凡和诸位作陪者的谢意，然后就和胡宗南交谈起来。与此同时，王超凡代表八战区对老师周恩来的到来致欢迎词。在致词末尾时他说："请在座的黄埔同学敬周先生三杯酒。"王超凡跟着就说："这第一杯，祝领导全国抗战的蒋委员长身体健康！"周恩来立即举杯在手，站立起来微笑着说："我作为共产党员，愿意为领导抗战的蒋委员长干杯。各位都是国民党员吧？也请各位为毛泽东主席的健康干杯！”周恩来说得很轻松，听起来像是在和大家商量。可胡宗南愣住了，王超凡和其他作陪的人更是不知所措，因为他们事先根本就没想到。这可是他们“敬重”的老师提出来的要求呀，怎么办呢？这时，周恩来手捧酒杯，举目四望，仍然是不卑不亢地笑着说：“看来各位有难处，我不强人所难，这杯酒还是免了罢。”说毕，他放下手中酒杯，若无其事，又泰然自若地和胡宗南谈起话来。

场上“冷”了下来，秉承胡宗南旨意的王超凡又马上以犀利的目光射向一排将军夫人。那些打扮得花枝招展的年轻妇女立刻心领神会，她们排成一排，香水味随着她们腰肢的扭动，满屋散发。走在前边的一位娇声娇气地说：“周先生，我们虽然未进过黄埔军校，但都知道周先生在军校当政治部主任时曾倡导过黄埔精神。今天，为了发扬黄埔精神，我们每人敬周先生一杯！”这“每人一杯”还得了吗？自古好汉还不敌双拳哩！谁知周恩来风度翩翩地站了起来，一边笑一边避实就虚地打趣说：“各位夫人都很漂亮，这位夫人的话说得更漂亮。”说着，他的目光横扫那一排夫人后说：“我想问问大家的是，我倡导的‘黄埔精神’是什么？谁说得最好，我就同她干杯。”

他这一反问弄得那些夫人们一个个张口结舌。她们哪知道什么黄埔精神呢？弄得胡宗南也只能在旁边干着急，只好强装笑容打圆场：“今天我们只叙旧谊，不谈政治。”

周恩来点了点头，靠船下篙地说：“那我们说点别的吧。”随之，他一一询问她们，谈的都是家长里短，然后不失风度地将她们一一送回座位，夫人们也一个个笑盈盈地落了座。喝酒的事大家只好搁到了一边。

在座的国民党那些将军们一见沉不住气了。他们也排成一个长队，每人手中都举着一杯酒。领头的一位走到周恩来面前说：“刚才胡宗南同志指示我们：‘今天只叙旧谊，不谈政治。’当年我们在黄埔军校学习，先生是政治部主任，同我们有师生之谊。作为弟子，今天荣幸在西安见到老师，我们每人向老师敬一杯，老师不会拒绝吧？”

周恩来从容地说：“胡副长官已经说过了，今天我们不谈政治。你这位将军刚才说我当过黄埔军校的政治部主任。我这个政治部主任能不谈政治吗？”说到这里，周恩来转向胡宗南：“请问胡副长官，我这杯酒该不该喝？”胡宗南也被“将”住了。他只好尴尬地说：“他们都是军人，没有政治头脑，酒要他们喝，算是罚酒。”本来是来挑战的将军们只好一个个干了自己的酒。周恩来也没有以胜利者自居，而是不失时机地走上前去，和他们一一握手，亲切地问他们姓名、职务、黄埔几期的。将军们回座时，也一个个喜藏于胸，丝毫没有被捉弄的感觉。此后，按胡宗南的事先谋划，还让那些将军夫人们再次出面，以敬重周夫人（邓颖超）为名敬酒，企图让周恩来代夫人喝酒，也被周恩来巧妙地化解。黔驴技穷的胡宗南只能垂头丧气地坐在一边。这场盛宴在暗藏杀机中开始，通过周恩来的机智应对，终于在轻松愉快的气氛中结束了，充分体现周恩来的大将风度和聪明智慧。

临别时，周恩来举起酒杯说：“感谢胡副长官的盛情款待。”接着他说，这几天社会上盛传胡副长官的大军正在向西调动，内战有一触即发之势。今天胡副长官已经告诉我，那都是谣言。我听了很高兴，大家听了也都会很高兴。所以，我借这个机会，借胡副长官的酒，向胡副长官，向各位将军和夫人敬一杯酒。希望我们一起共同努力，收复所有被日寇侵占的山河土地，彻底实现中山先生的三民主义，把我们祖国建设成自由、独立、幸福的世界强国！同意的，请干杯！不同意的，也不勉强。说完，他自己一仰脖子，干了个杯底朝天。胡宗南一听，这杯酒哪能不喝？他和所有在座作陪的人也都跟着干了杯。

熊老最后还回忆说，如果抛开不同的政治见解，当天的所有人、包括胡宗南都被周恩来的言行举止由衷地折服了。

好酒有度

由于受家庭影响，周恩来青少年时代就喜欢饮酒。1917 年他留学日本时和他的同学吴瀚涛几乎每天喝酒。酒喝多了的吴瀚涛曾当着周恩来的面将酒瓶摔了个粉碎。1919 年周恩来从日本回国时，同学兼好友的张鸿鹄摆酒为他饯行，并邀约几位同学和好友作陪。餐毕，张鸿鹄请周恩来题词作为留念。周恩来就题写了那首当年东渡日本时写作的《大江歌罢掉头东》。题写完毕后，周恩来在落款上明白无误地留下了“醉罢书此”的字样。

这两个史实说明，周恩来是喜欢喝酒的，即所谓的好（hào）酒。但他是否因为好酒就控制不住自己而因酒失态呢？答案却是完全否定的。

曾任周恩来军事秘书、后任国防大学党委纪委书记的周家鼎将军，曾向笔者回忆了一个周恩来酒后泼墨的故事。

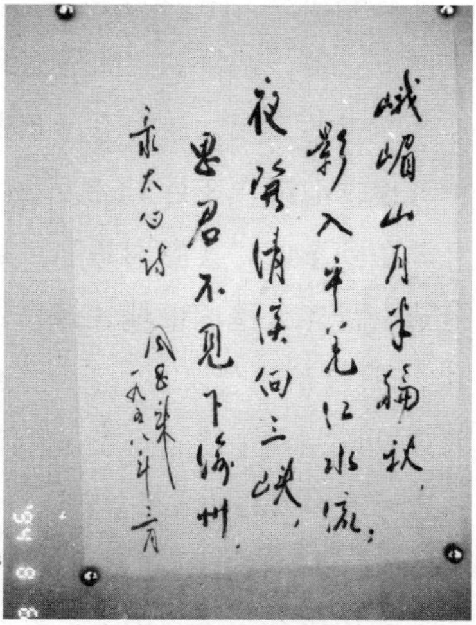

周家鼎收藏的周恩来手书
《峨眉山月半轮秋》

那是 1958 年 3 月，周恩来总理为选择长江三峡坝址，从武汉乘江峡轮溯江而上，到达重庆时，刚好是 3 月 8 日。周恩来住宿于贺龙元帅原在重庆的住处。当晚，地方党政军界领导设宴招待，贺老总也带着地方的领导们不断向周恩来举杯，终于使总理酒喝多了点。回到住地后，周总理感到酒往上涌，迟迟无法入睡，就让工作人员找来纸笔墨砚，一气挥毫书写了三十余篇字幅才熄灯休息。在所写的条幅中，有的是录他自己旧时诗作，有的是书写的名人佳句，还有的是默写唐宋诗词，显示出他的才思敏捷和知识的渊博。在他写完罢笔时，他从中挑了两张写得比较好点的对身旁值班秘书周家鼎说："这两张我给小超（指邓颖超）留着，其余的都由你去处理吧。"周家鼎就将周总理书写的条幅一一收好，第二天清晨分别赠送给了住地服务人员和总理其他随行人员。现在人们见到的就是周家鼎当时留下的那一幅：

峨眉山月半轮秋，影入平羌江水流。夜发清溪向三峡，思君不见下渝州。

录太白诗　周恩来　一九五八年三月

周老还告诉笔者，总理不仅喜欢喝酒，而且很有酒量，但他能克制自己，做到饮酒有度，以保证他既不失态，也不误工作。

代酒有因

1945 年全面抗战胜利后，蒋介石出于他当时的主要兵力都集中在西南一带，调兵到东南沿海和东北等内地还需要一定时间，加之他判断上的失误，认为毛泽东根本不敢离开延安到重庆来。基于这种考虑，他遂在 8 月 14 日、20 日和 23 日连续发出三次电报，邀请毛泽东到重庆"共商国是"，如果毛泽东拒绝不去，那就在全中国乃至全世界人民面前输了理，说你共产党拒绝和平。中共中央在 8 月 25 日政治局会议上，毛泽东决定接受蒋介石邀请，亲自赴重庆和蒋介石谈判和平建国。于是，毛泽东在重庆期间的安全问题就成了周恩来最为关心的大事。

9 月 2 日晚上，毛泽东、周恩来、董必武和王若飞等应邀出席中苏文化协会为庆祝中苏友好同盟条约的签订而举行的鸡尾酒会。出席这次酒会的有苏联驻中国大使彼德特罗夫、武官罗申，在渝的爱国民主人士沈钧儒、郭沫若、邵力子以及冯玉祥、李德全夫妇，加之和蒋介石关系极为密切的陈诚、陈立夫、吴铁城等共三百余人，可谓是一个盛大的酒会。

当毛泽东和周恩来等来到酒会大厅时，掌声雷动，气氛非常热烈，现场是数不清热情的手，喊不完盛情的欢呼。人们都兴奋地高举酒杯，向毛泽东敬酒，向他祝福。周恩来则紧贴在毛泽东身边，寸步不离，他甚至向警卫人员下达命令："你们不要管我，要保证主席的安全。"

当人们向毛泽东敬酒时，周恩来后退半个身位，聆听他们的问候、寒暄，当主客举杯饮酒时，周恩来又忙抢前半个身位，将毛泽东的杯子接到自己手中一饮而尽，再迅速把酒杯递还毛泽东。那敬酒的人是一圈又一圈，一拨又一拨。周恩来则从容不迫，一杯又一杯。谁也不知道那天周恩来到底喝了多少杯酒。以至目击现场的我方警卫人员和工作人员心疼得为他抹眼泪：你这是拿自己的命在保卫毛主席啊！连当时在场的江青也说："恩来关心主席都关心到家了，我们谁也比不了。"第二天，重庆的新闻媒体惊呼："一个周恩来就打败了整个国民党！"

事后，周恩来的秘书（对外公开称副官）李少石心疼地问："周副主席，你怎么连一杯酒也不让主席喝呢？"

"我是怕有人在酒里做手脚，放毒……"周恩来声音轻得像似和李少石耳语，这话是他的真情流露，也是他对党的事业的忠诚！

赠酒有情

喜欢饮酒的周恩来也常常以酒作为礼物送给他人，以表达他的情感。他生前有三次会见他家乡淮安县的领导人，其中有两次向"父母官"送了酒。1960 年进京、当时任中共淮安县委书记处书记的刘秉衡告诉笔者，当年离京返淮时，总理让外交部礼宾司送给我们县委原由巴基斯坦总统阿尤布·汗送给他的一箱酒。我把酒带回淮安后，县委只开了一瓶，大家尝了一下就派人送到淮阴地委去了。

1961 年春天，第 26 届世乒赛在我国首都工人体育馆举行。那是我们新中国成立后承办的第一个国际上正规的大型体育赛事。在总共七个比赛项目中，中国和日本各拿了三个冠军。那时，由于西方国家对我们新中国全面排斥，奥运会等都不让中国参加，乒乓球运动便作为周恩来用来与国际友人进行交往的外交渠道之一。

日本著名女子乒乓球运动员松崎君代曾多次获得世乒赛女子单打冠军。然而 1961 年在北京的赛事上她发挥欠佳，半决赛中一比三输给了匈牙利选手高基安。女子单打冠军由我国云南选手邱钟惠获得。赛后，周恩来在中南海举行家宴，欢送日本乒乓球代表团回国。

松崎君代有幸被安排坐在周恩来身边。当时，中国正是连续三年自然灾害的最后一年，周恩来衣着朴素。松崎君代见到身为一国总理的周恩来穿的衬衣袖口整个一圈都换掉了。她认为这是周总理正在同中国的普通的老百姓一起，咬紧牙关共度困难，使她内心很感动，也感到很亲切。

简单的宴会开始后，周恩来要大家边吃边听。然后他放下筷子，即席滔滔不绝地整整讲了近四十分钟。他从中日友好，谈到民间往来，最后又说到松崎君代在半决赛中对阵高基安的那场球："松崎打半决赛时，很遗憾，我由于去地方出差是在电视里看的。这场比赛给中国人民留下了深刻印象。你虽然输了，但是打得最好。不管怎么输也顽强拼搏到底，输了也始终面带微笑，中国运动员应该学习你这种精神。"

松崎听得热泪盈眶，以至整个忘了吃饭，完全沉浸在周恩来气宇轩昂的讲话气氛之中。

宴会结束时，周恩来问松崎："你父亲喝酒吗？"

"非常喜欢喝，每天晚上都喝一点。"松崎君代赶紧回答。

"那么，我手头有瓶好茅台酒，送给你吧。这瓶酒还是解放前酿造的，现在不多见了。”周恩来对松崎就像是对待自己亲戚朋友家的孩子一样。松崎恭恭敬敬地将周恩来赠送的这瓶茅台陈酒捧回日本，送给了仍然居住在山村农家的父亲。

松崎的父亲收到中国周恩来总理送给他的茅台酒后，喜滋滋地喝了起来，还对女儿说：“中国的茅台酒不错，酱香突出，酒体醇厚，回味悠长，非常好喝。”

第二年夏天，中日之间开展了一次乒乓球友谊赛，作为日本女一号的选手松崎君代再次来到中国。比赛结束后，周恩来于百忙之中再次接见了日本乒乓球代表队。当周恩来走到松崎面前和她握手时，便亲切地问：“你父母身体好吗？”松崎没想到周总理还认识她，就非常激动地告诉周恩来：“上次收到您的茅台酒，我的父母十分感谢。他们都很好，并要我替他们谢谢总理。”周恩来一听笑了，说：“看来，我得再送一瓶了。”

周恩来的两瓶茅台酒使松崎成了中国人民的好朋友，直到周恩来去世以后，松崎还撰文怀念周恩来。在文中她表示，今后一定要脚踏实地为加深日中友好关系而努力，愿毕生为日中友好贡献自己的力量。

以酒调粮

新中国的建国初，由于一部分开国元勋们想尽快改变我国原来“一穷二白”的落后面貌，提出经济建设上的“大跃进”口号。结果，“大跃进”使国民经济的发展严重失调，尤其是因为大炼钢铁，把成熟的稻子烂在地里不去收割而是集中全部劳力上山砍树伐木去炼钢，导致 1958 年本该丰收的粮食收不起来，接下来又连续发生自然灾害和人为错误，使粮食和农副产品都大幅度地歉收减产，造成 1959 年春的河北、山东、江苏、安徽等十五个省的粮荒。作为一个大国总理，周恩来有多少内政、外交等大事要处理？而在那一个时期，粮食问题不得不使他放下许多需要他解决的问题。因为全国有许多省、市、区向中央告急缺粮问题。一个偌大的上海，最紧张时仅有五天存粮；一次周恩来出访，专机已经发动，可李先念副总理兼财政部长还特意赶到飞机旁，问可不可以动用外汇从国外进口一批粮食。至于一些地方人们因饥饿而浮肿，甚至被饿死已经不是新闻。在这样一个紧急关头，身为一国总理的周恩来成了全国的粮食总调度员。为解决全国六亿人口吃的问题，周恩来果断地采取了一系列正确的决策和对策，从而使中国人民度过了那可怕的难关。其中，他用“三杯酒调三亿斤粮食”的故事，是我国当代史学界多人皆知的。

那是 1961 年 9 月 17 日，周恩来在庐山开完中央工作会议后，带着一批省、市委书记，由江西省委书记杨尚奎陪同来到南昌。江西省委在江西宾馆 9 楼设便宴招待周恩来一行。席间，江西分管农业的省委副书记刘俊秀，还有刚刚被杨尚奎介绍给周恩来的江西省产粮大户——宜春地委书记张国震两人一起去向周恩来敬酒。

“要敬就敬三杯！”周恩来笑着说，“但我有个条件，干一杯酒，要增加你们省外调粮食一亿斤，好不好？”

谭震林和罗瑞卿两位副总理也在一旁鼓励，刘俊秀为难地将头转向杨尚奎和江西省省长邵式平。他俩只好也站了起来笑着鼓掌。于是，在一片掌声中，周恩来高兴地举起酒杯，连饮三杯。他放下杯子后满面春风地说：“好啊，三杯酒，三亿斤！”

“十二加三，咳，今年我们省向外调粮还是十五亿斤哟！”杨尚奎故意扳着指头，叹一口气，但，忍不住笑了。当然后来江西那年一共调出十四亿六千万斤粮食，较好地缓解了灾区人民的吃粮危机。那三杯酒调出的粮食救活的是成千上万人的生命啊！

尝酒有方

周恩来不仅喜欢喝酒，还十分熟悉中国各地的酒文化，十分地懂酒。尤其是对贵州的茅台酒，他更是情有独钟，备加呵护并适时推介。1935 年 1 月红军长征路过贵州茅台镇时，他说他曾一口气连饮二十五杯茅台酒。

据曾任福州军区副司令员的龙飞虎将军晚年回忆，1945 年一个炎热的夏天，周恩来副主席在重庆吃午饭时，红岩村的炊事员不知从哪儿弄来一瓶江西樟树产的白酒，倒进几个酒杯让大家分享。周副主席平常比较喜欢喝酒，他一边闻着酒香一边低头仔细观察着酒杯里的酒，又很认真地品了一口，然后高兴地赞美说："这酒外观透亮，入口甘醇，芬芳扑鼻，味感绵长，是好酒啊！"当时龙飞虎是随卫毛泽东和周恩来赴重庆和蒋介石等人谈判的，对外的公开身份是周恩来的警卫副官。

据杨尚奎夫人水静回忆，一次庐山会议结束后，江西方面为了尽地主之谊，招待周恩来等部分与会人员。他们为了拓展本省产品，没有向桌上上茅台酒，而是用江西樟树镇产的"樟树大曲"（白酒）让周恩来品尝。

周恩来喝了一点樟树大曲酒，仔细品味后才慢慢咽下去。然后十分认真地对在座人员说："要说好，它还不如茅台。但你们的樟树酒也不错。今天我是第二次喝它，第一次还是当年在重庆时喝的。我今天喝了至少品出它有四个特点，那就是'清、香、醇、纯'，回味无穷。"在座的人听了立即报以十分热烈的掌声。因为周总理总结出了樟树大曲的四大特点，江西方面就将樟树大曲改名为"四特酒"。

在周恩来这位"酒圣"的影响下，樟树酒厂不断努力提高酿酒质量，终于使"四特酒"生产出系列产品，直到蜚声海内外。

敬酒有礼

1954 年周恩来率领中国政府代表团赴瑞士出席日内瓦会议。这是新中国的代表首次登上国际会议的舞台。4 月 1 日，周恩来率领张闻天、李克农、师哲等先行到达莫斯科，就中国参加日内瓦会议的有关问题和苏联领导人赫鲁晓夫、越南领导人胡志明（当时化名为“丁同志”）等举行会前磋商、协调意见。

在苏联短暂停留后，周恩来还要返回北京向党中央和毛泽东报告协商好的结果。在他回国的头一天晚上，赫鲁晓夫设宴为周恩来饯行。当时，中苏关系亲密无间，而且，拚命敌视中国的美国也被迫不得不和我们同坐一室，这是中国国际地位空前提高的象征。所以，为周恩来送行的宴会气氛十分和谐、热烈。苏联领导人赫鲁晓夫、马林科夫、卡冈诺维奇、莫洛托夫和越南的胡志明等人频频与周恩来碰杯饮酒。不仅如此，赫鲁晓夫等苏联领导人一边和周恩来喝酒还一边和他热烈拥抱、快速地跳舞旋转，以示亲密无间。“人逢喜事精神爽”，周恩来也十分兴奋，他出于对苏联领导人尊重的礼节，开怀畅饮。待宴会进行到一半时，周恩来突然感到不适，随即呕吐起来。

马林科夫、卡冈诺维奇等人见状，都手足无措。苏联外交部长莫洛托夫只好陪同张闻天把周恩来扶上汽车。莫洛托夫还不无遗憾地对周恩来说：“这是我们的过错，没有照顾好你，我们感到内疚！这是我们应当汲取的一次教训，一切责任在我们。”周恩来也说了几句话，但是他说的什么，连他自己也不知道，应该说，这一次他是真的喝醉了。

1962 年元月，周恩来向科技工作者敬酒。图中右为周培源，中间为钱三强

第二天清晨，周恩来清醒过来，他的第一

件事就是问随行的翻译师哲同志："我昨天都说了什么？有没有什么出格的地方？我是说了一些的，但具体内容一点也记不得了。"

师哲回答他说："没有什么出格的话。讲的都是一些应酬的话，涉及个人的只提到莫洛托夫一个人，而且说的是善意的话。你说你在 1928 年中共召开六大时，见到了莫洛托夫，你对中共代表讲了话，我们要向你学习等等。我想你指的是斯大林，只是把斯大林错误地说成了莫洛托夫。"周恩来听后仍歉疚地说："昨晚我离开座位，在大厅里转了一下就头昏脑胀，不清醒了。"

周恩来一回到北京就主动向毛泽东作了汇报，承认错误，还做了检讨。毛泽东笑着对他说："这是喝酒人常有的事，算不上丢丑！"

周恩来还有一次酒喝多了的时候，那就是中国人民志愿军凯旋回国的宴会上。

抗美援朝战争是新中国成立后打的第一场国际战争。对手是以美国为首的"联合国军"，共由十六个国家组成。应该说，抗美援朝战争是一场我国胜利的战争。因为当年美国为首的联合国军已经推进到中朝边界的界河鸭绿江边。而且美国的一些战争狂人肆无忌惮地叫嚣说"鸭绿江不是中朝分界线""要把共产党中国扼杀在摇篮里"等等。

以当时的国力、装备等方面而言，美国是世界头号强国。但是中国人民志愿军不畏难、不怕苦，浴血奋战，以落后的武器装备打败了武装到牙齿的美国军，创造出了世界战争史上的奇迹。所以现在有学者认为，朝鲜停战协定的签字日应该作为中国近、现代史的划分点。之前是我们中国被帝国主义列强欺侮；到朝鲜战争结束，世界上的人才真正相信，中国已完全有力量守住自己的疆土、也能够保卫中国人民的生命财产安全。

周恩来为抗美援朝战争付出了大量心血。上个世纪 80 年代邓颖超曾说："说句老实话，恩来同志在陕北时实际上是总参谋长。许多作战方案，包括以后朝鲜战争时期的作战方案，都是他先拟好了送给主席看，由主席批，或者他先找主席请示、谈话后再由他来贯彻。”

邓颖超在这里说的只是军事层面，其实志愿军入朝参战后，包括外交方面的争取援助、后勤方面的供应、钢铁运输线的建设以至后来的板门店谈判等无不凝聚着周恩来的心血与智慧。周恩来的卫士长成元功曾告诉笔者，连给志愿军战士炒炒面，总理都曾亲自动手，既为了体会，也是奉献他的爱心。所以，抗美援朝胜利了，志愿军凯旋了，周恩来能不高兴吗？

那天是 1958 年 10 月 29 日，中国人民志愿军胜利回国后，周恩来于晚上亲自主持盛大宴会，欢迎志愿军归国代表团全体成员。早在 1951 年 5 月，革命老人何香凝女士就曾在全国妇联、全国文联和全国美协举办的一次支持抗美援朝的活动会上，专门为志愿军在前线的胜利画了《喜鹊牡丹图》请周恩来题赠给志愿军。周恩来挥毫在画卷上题写了“鹊报援朝胜利，花贻抗美英雄”。足见才华横溢的周恩来十分热爱志愿军的指战员们！

欢迎志愿军凯旋的宴会开始了。周恩来兴奋异常，也激动异常。这些趴冰卧雪，一口炒面一口雪的子弟兵们赢得这场胜利是多么不容易啊！他与出席宴会的所有代表都碰了杯，喝了酒，最后醉得踉跄着在现场舞起象征胜利的红旗。在有关人员劝说下，才由他身边工作人员护送回家。

对这两次周恩来出于对苏联领导人和中国人民志愿军英雄们的敬重而喝多了的酒，有人说周恩来是因得过肝病而引起的。笔者倒不赞同，从周恩来长期饮酒表现上看，周恩来开怀畅饮时易醉，而他神经紧绷时同样喝了很多酒，却从未醉过，这才是他饮酒的过人之处和特殊之处。

开戒有因

周恩来是在1972年的一次例行体检中发现患上了膀胱癌疾病的，也就是从那时起，他遵照医嘱，戒酒了。

1973年6月4日，停战后的越南党和国家领导人黎笋和范文同率领的越南党政代表团来华访问。双方会谈时，越方狮子大开口，索要的东西远远超出中国当时的实际经济能力。在人民大会堂的一次谈判就谈了十几个小时，周恩来又累又饿，为了不致在外宾面前失态，他一再要求服务员给他递热毛巾，以便让他擦脸提神。几暖瓶开水用完后，两位青年女服务员的手都被烫出晶莹透亮的水泡泡，而黎笋和范文同仍在要这要那，并不时讨价还价。

周恩来见一时难以满足越方要求，又说服不了客人，就提议先到外地去参观访问，让他们明白我们的困难。

6月9日，周恩来带病陪同越南贵宾到延安参观了宝塔山、枣园，杨家岭和凤凰山等革命旧址。住宿时，外宾住宾馆，他住延安地委招待所。晚上又抽空同延安地委领导人土金璋等谈话，了解延安地区人民的生产生活情况。当他得知延安群众的生活仍然十分艰苦时，难过得流下了眼泪，说：延安人民在革命艰苦的岁月里，用小米哺育了我们，夺取了革命胜利。现在革命胜利二十多年了，人们的生活还未能改善，我这个总理没当好啊！于是，他向土金璋等人提出尽快改变延安地区的落后面貌。当得到延安地委的领导班子的肯定答复后，周恩来高兴地说：“拿酒来。”随后他端起酒杯和土金璋等人碰杯，开戒喝酒，并一再谆谆告诫延安地区几位领导人，只要你们三年改变了延安的面貌，提高了延安人民的生活水平，我一定会再来延安。

周恩来为了鼓励地方领导班子做好工作，提高人民的生活水平，不顾自己的病体开戒饮酒，这是他对人民的无限热爱，也说明他和延安人民有着血肉相连的感情。然而令人遗憾的是，当时他已病入膏肓，永远不可能重返延安了。至于越南领导人，他们在目睹了中国人民的实际困难后，也降低了要价，并最后经毛泽东批准达成了协议。

用酒治病

说了这么多周恩来与饮酒的故事，可能有读者会问，怎么不说说“周恩来酒劝许世友”的故事呀。其实，那是个文学创作，并非历史的真实。上个世纪末，这一故事刚刚流传的时候，也引起笔者的极大兴趣。那时笔者还没退休，因此曾利用工作之便，先后拜访了周恩来的行政秘书何谦、卫士长成元功、副卫士长张树迎以及卫士刘久洲、王还寿、韩福裕等人。这些人在周恩来身边工作时间跨度从 1936 年到 1976 年共四十年。他们可以说是和周恩来如影随形的人，但没有一个见过或听说过周恩来酒劝许世友的故事。

成元功说：“新中国成立后，总理日理万机，他总是日以继夜又夜以继日地忙工作，几乎见不到他有闲着的时候。他哪有空陪许司令喝几个小时酒呢？”

韩福裕说：“许司令最敬佩我们党内的毛主席和周总理两个人。如果周总理要许司令改变一下他霸道的酒风，只要打一声招呼，许司令是绝不会违背的。”

刘久洲笑着讲了一个史实：八大军区司令员对调时，毛主席为了抬高他亲自选定的接班人王洪文的身价，树立王洪文的威信，等与会人员到齐后叫王洪文点名，王洪文一点也不谦虚，拿起名册就喊：“许世友！”坐在下边的许世友仰望着人民大会堂的天花板，根本不理睬王洪文。王洪文还一点不识相，又喊了一声“许世友”。许司令不仅继续不理王洪文，还把手中的茶杯端起来使劲往桌面上一放，茶杯里的水也飞溅了出来。这时王洪文才明白过来，没趣地愣在那里。弄得毛主席也紧绷着脸不好发话。这时，只见周恩来很快从王洪文手中接过司令员们的名册，喊到："丁盛！""杨得志！"二人都响亮地回答："到！""到！"周恩来第三个才喊："许世友！"本来像一尊金刚似的坐在那里一动也不动的许世友这时像触了电一样站了起来，他不仅大声回答了"到"，还给台上的毛泽东、周恩来敬了个军礼。

"如果总理叫许司令改变一下喝酒方法，还用花那么大劲陪他喝酒吗？"刘久洲如是说。

这些多年在周恩来身边工作过的人没见过周恩来酒劝许世友，但却见过周恩来用酒治病的事。

日常生活中，一个人受点凉或是患了感冒什么的是常有的事。如果周恩来得了这些小病，他不仅不去医院，还不让保健大夫拿药，而是让身边人员给他倒一杯茅台酒，他把酒喝在嘴里，却又不咽下去，有时还在嘴里漱一漱。过了一段时间，他才把酒咽下去。如此反复两三次，他的感冒就缓解了、好了。

本来笔者还打算写一节周恩来"戒酒有恒"的。因为他晚年生病之后就再也没有饮过酒。可是他为了延安人民能过上好生活，1973年特意举杯开戒，以此鼓励土金璋等人努力工作。虽然那次周恩来只是沾唇达意，并没有开怀畅饮，但也至少说明，只要是为了党、为了祖国和人民，他可以置自己身体于不顾、置自己生命于不顾的。

酒，在周恩来身上，反映出的是他的道德、他的精神和他的情感世界。

与书法

山河百战归民主，铲尽崎岖大道平。

老一辈无产阶级革命家的书法都是不错的，因为那时上学时都是写毛笔字的。而开国总理周恩来的书法又特别有特点，这个特点就是他那颜体加魏碑的书法风格。

书法风格的形成

据《周氏家训》上记载，周家男童“五岁入家塾，习颜体”。意思是说他们周家的男孩子长到五岁时就要送到家塾馆读书，学写颜体毛笔字。

周家人为什么要写颜体字呢？颜真卿是唐代人，他当官做事都有着一股刚正不阿的气势。他的楷书字更是如其人品一般，写得端庄雄伟，气势开张；行书也写得遒劲郁勃，古法为之一变，开创了新风格，对后代的书法影响很大。他的字也就被人们称之为“颜体”。作为官宦世家的周家便以颜真卿为榜样做官、做人、做事，所以周家的远祖辈就立下家规，男童要学写颜体字，长大后做官也要像颜真卿那样做个为国为民的官。因此，还在周家塾馆时，周恩来已练成一手端正的颜体字。

1904年，六岁的周恩来随生母、嗣母等一起来到清江浦外婆家生活了三年多，并到万家塾馆寄读。万家塾馆先生是个落第秀才，尽管当时科举已经废了，但读书人要想上进、出人头地还得通过念书、考试，考中了才能得以上进，所以这位教书先生并没有把一门心思放在教书上，教学生只是他混饭吃的应景之举，他把主要精力仍放在复习自己功课上以备来年的再考。这样，他教学的内容依然是“三、百、千、千”之类的蒙书。而对于《三字经》《百家姓》《千字文》和《千家诗》这类启蒙书籍，周恩来早已熟读并能倒背如流。叫他再坐在学馆里听先生一句一句地教，他就听不下去了。于是，他向先生提出，每天只来学馆点卯，然后让他一个人去他外公的书房读其他书。先生同意了，唯一要求的就是不许他到其他地方乱跑，到放学时和其他同学一道回去。

周恩来的外公谱名万启甸，官名青选，字少畇，号泉甫，晚年又自号随庵。他是江西南昌市南昌县人，祖辈做官为宦，清嘉庆二十三年（公元 1818 年）他在父亲万承紫于宛平县令任上出生于北京宛平。而他自己长大后，因其伯父万承纪等均在江苏做官，所以他也一直在江苏谋差做事，在江苏的宝应、清河（今淮安市清江浦区）、桃园（今泗阳）、安东（今涟水）、宿迁、盐城、吴江、震泽、江浦等县任过主簿、知县、同知，特别是在清河曾三任知县，仅此一县任期就近十年，最后他当到正五品的淮安知府，在如今由万青选后代保存的《江西南昌合熩万氏余乐堂世系支图》上，万青选的名下还留有“累官至淮安知府”的字样。

少小良好的家教，自己刻苦的锻炼和学习，在官场上打拼近半个世纪的历练，使万青选师承家传，能写出一手漂亮的毛笔字，现在还有许多篆书和行书的书法作品存留于世，因为他的书法作品出类拔萃，所以，他的名字还上了《中国书法家名人词典》。因此，他的书房不仅藏书丰富，还留下大量的碑帖和他自己的书法作品。他的两房夫人共为他生有十八个儿子，十四个女儿，成活长大到成家的也有十七位。在他去世后，因为儿孙多，周恩来的外婆怕丈夫的这些珍贵的纪念品散佚，书房门一直锁在那里，只有小外孙周恩来到来时，外婆出于对周恩来的特别宠爱，才破例允许他进外公书房。

在外公书房里，周恩来除了饱读诗书外，也利用书房的文房四宝练字，他临过碑帖，也仿外公的书法作品，这使他的书法功底又多了一份厚重。

据周恩来的舅表妹妹、当年在清河的同学万怀芝晚年回忆，那时她还在描红、写仿影时，表哥周恩来就已能悬肘写毛笔字了。

1908 年的夏天和年底，周恩来在清江浦先后失去了生母和嗣母，不得不带着两个更幼小的弟弟返回淮安驸马巷，这使酷爱读书的周恩来十分痛苦。经八婶母杨氏的奔走，周恩来才得以前往淮安东岳庙附近的龚家塾馆寄读。

龚家主人龚荫荪和周恩来的嗣母陈氏是嫡亲姨表兄妹。龚荫荪还是位思想进步、家境殷实、追随孙中山的革命党人。周恩来在龚家塾馆不仅读到了大量的进步书籍、报刊，开阔了自己的视野，还在自己幼小的心灵里播下了爱国、救国的革命种子。特别是周家塾馆的周先生能因材施教，使周恩来的文化知识有了长足进步。在书法教育上，周先生不因为周恩来的书法已经有了一定功底而疏于指导，而是严格要求，尤其是要求周恩来在颜体的基础上再加练魏碑，以增加他笔锋上的刚阳之气，最终使周恩来练就了他那颜体加魏碑的书法风格。

1951 年，周恩来的龚家塾馆同学、表姐龚志如在南京收到了时任政务院总理周恩来的一封信。龚志如把信一打开，那熟悉的颜体加魏碑的字形就跳进了她的眼帘，她不由得又惊又喜地叫起来：“是亲笔，是亲笔……”

周恩来的颜体加魏碑的书法风格是在淮安的龚家塾馆时定型的。

题词写字反复试笔

周恩来的书法功底虽然很深厚，但他一向谦虚谨慎，所以在题词写字时，无论是他应邀应约还是他自己主动书写，都十分认真，从不草率。

1951 年 5 月，全国妇联、全国文联、全国美协等单位在京举办抗美援朝书画义卖展览会，国民党革命派领袖、时任国家华侨事务委员会主任的何香凝老人为庆贺朝鲜前线的胜利，画了一幅工笔画《喜鹊牡丹图》。画面上是四只欢快的喜鹊在一簇盛开的牡丹花上跳来蹦去，好像它们也在庆祝朝鲜前线志愿军的大捷。

据那天陪侍周恩来一起到书画展义卖现场的周恩来贴身卫士韩福裕同志对笔者回忆说，那天总理一到那里，首先就和何香凝、徐悲鸿等著名人士握手、问候，然后何香凝老人就拉着总理谦虚地说："总理，我这幅画不值几个钱，您给题个词，多卖几个钱给志愿军战士。"

周恩来随即跟着何香凝来到她的《喜鹊牡丹图》前凝视良久，然后在展方拿来的文房四宝上首先试笔，先写了"四鹊喜报援朝胜利，红花当赠抗美英雄"。然后又试写了其他几个字，这才认认真真在这幅画画面左上方的空白处由上到下写下了"鹊报援朝胜利，花贻抗美英雄。周恩来敬题一九五一年五月"。

据周恩来卫士乔金旺同志 1997 年在北京西城家中对笔者回忆，开国大典前夕，人民英雄纪念碑在周恩来主持下于天安门广场奠基。人民英雄纪念碑的碑文由开国元勋毛泽东亲撰后交由周恩来书写。周总理那么忙，他怎么写呢?

1951 年春，周恩来因长期超负荷工作，过度劳累，最后病倒了。开始是感冒发烧，后来又低烧迟迟不退，一下惊动了党中央和毛泽东主席。根据中央保健委员会给中央的建议，毛泽东批准他离职休养三个月，政务院总理一职由董必武同志代理。

周恩来选择的休养地是旅大市（今大连市），周恩来卫士长成元功和卫士乔金旺陪侍他去大连，住在大连一幢有二层楼的小院内。

乔金旺说，总理那次休养对外是保密的。因为大连在辽东半岛，与之隔海相望的就是正在热战的朝鲜战场。开始，中央保健委员会的医生们建议周恩来每天只在院内散散步，以缓解和放松他体力和精力的过度消耗。可是，周恩来是个闲不惯的人，因为他想到人民英雄纪念碑的碑文还没写，于是，他让乔金旺去买来笔、墨、纸、砚文房四宝，还特意嘱咐乔金旺至少要买五十张宣纸。就这样，每天早上周恩来在院内散步毕，就让乔金旺帮他研墨，再和成元功一起帮他展纸，让周恩来练习写人民英雄纪念碑的碑文。每天他只写一份。短短一百五十个字的碑文，他整整重复写了四十一遍，才挑出一张比较满意的，也就是现在人们见到的、刻在人民英雄纪念碑南侧的全部碑文。

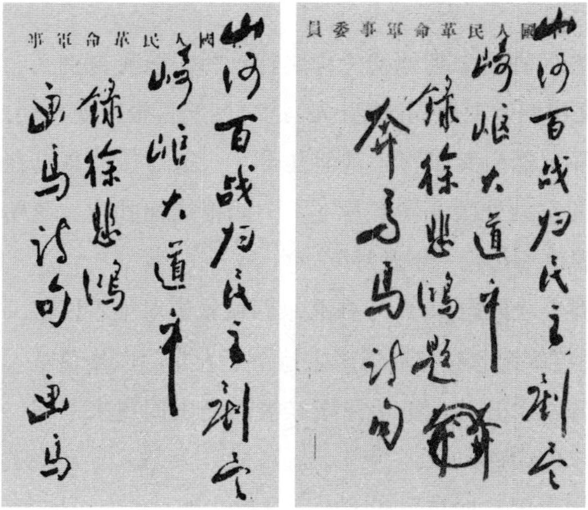

周恩来在徐悲鸿先生的水墨画《马》上题词前的两次试笔

1956 年 10 月，印度尼西亚总统苏加诺访华，在赠送苏加诺的国礼中，有一幅由国画大师徐悲鸿先生画的水墨画《马》。10 月 4 日那天，全国人大常委会、全国政协常委会在中南海怀仁堂举行，周恩来当众在这幅画上题上了徐悲鸿曾题自己画上的两句诗："山河百战归民主，铲尽崎岖大道平。"在题写前，周恩来反复试笔。笔者现在知道的就有当时任周恩来外事秘书兼俄文翻译马列先生收藏的一幅试笔，还有上个世纪 80 年代发表在《经济日报》上的一幅周恩来写在中国人民革命军事委员会信笺纸上的试笔。

为《淮安日报》题写报头

1958 年"大跃进"那年，淮安县副县长王汝祥受县委委托进京向周恩来汇报家乡淮安的有关情况，同时向周恩来提出，为了适应淮安各行各业的蓬勃发展势头，县委打算把已经在办的《淮安报》改成日报，并想请总理给题写个报头。周恩来当即谦虚地说："我字写得不好，就不写了吧？"经王汝祥再三请求，他才答应下来，随即就如何办好这张县报作了指示，还要求淮安方面把报纸每期都能寄他一份，以便让他随时了解和掌握他家乡的各方面情况。

王汝祥第一次见周恩来是1958年7月23日，第二次7月27日再进西花厅时，周恩来拿出他事先写好的六份"淮安日报"报头，亲手交给王汝祥，并说，"报头的字我给你们写了，我字写得不好，你们将就挑一张用吧。"

周恩来没有因为忙和自己有一定的书法功底写一份就罢笔，而是一共写了整整六份，可见他对自己的书法作品要求之严格。

据笔者所知，周恩来还曾为《健康报》《中国民航报》《民族报》《民族画报》《邯郸日报》《邢台日报》《军事科学》《冶金报》《航空杂志》《知识就是力量》《世界知识》等报刊题写了报头和刊名。

为泰国总理题字

1975年6月底，泰王国总理克立·巴莫访华，和中国商谈两国建立外交关系问题。此时，周恩来的病势已很沉重，中方主要谈判由邓小平担当。当一切谈妥之后，邓小平还陪同他见了毛泽东主席，最后克立要和周恩来共同签署中泰建交公报，周恩来抱病于6月30日会见了克立·巴莫及其随行人员。

克立对周恩来能坚持在医院会见他，心里十分感动。他对周恩来说，我一生愿望不多，想见到您就是我的一个夙愿，今天实现了，感到很高兴。说到这里，克立总理拿出一张纸，想请周总理给他写几个字，说他将要留作一生的纪念。

周恩来欣然同意了，但他对克立说："现在我心脏不好，拿笔

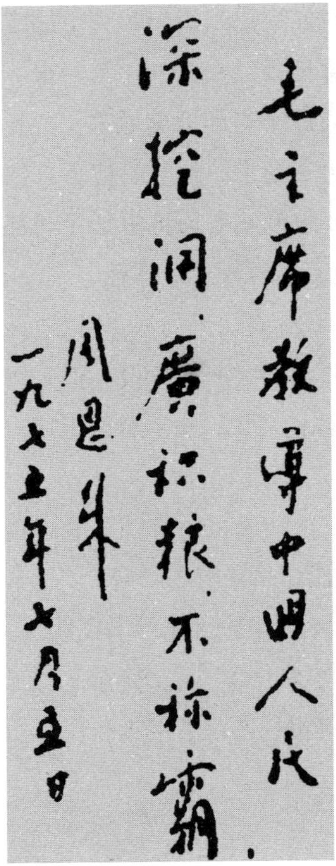

周恩来为泰国总理克立·巴莫的题词

写字时手发抖，让我在安静的环境下写，写得清楚些，到明天两国建交签字时再送给您。”说完后双方继续会谈。

克立·巴莫对周恩来说，他和邓小平副总理的会谈很成功，特别是邓副总理对他说，将来中国强大了也不称霸的问题，他感到很好；并表示他这次回国后要把中国永远不称霸的事告诉泰国人民，告诉子子孙孙。听克立这么一说，周恩来想起了刚才要他写字的事，就高兴地对克立总理说：“好，我就给你写这几个字吧。”克立听后情绪十分激动地对周恩来说：“我很高兴总理能给我写上这些话。您写好后我要复制几份，让孩子挂在脖子上（泰民族有把祖辈或有名望的人物重要的话语刺绣到领带上的习俗）。”

7 月 1 日，中泰两国建交公报签字仪式在周恩来的病房举行，签字时周恩来未能拿出他写的字。据参加接待的工作人员刘永兴说，总理的手抖得很厉害，在建交公报上写自己名字“周恩来”三个字时都写了好半天。

到 7 月 6 日，克立经广州回国，陪同的华国锋副总理专门向泰王国总理解释：周总理身体不好，还不能写字，等他身体好一些再写。他还告诉客人，周总理的题词将通过新华社香港分社或中国赴曼谷建大使馆的先遣人员带去转交给他。

后来，周恩来在他的病房写了这幅题词。那也是他一生中的最后一份题词。内容是“毛主席教导中国人民：深挖洞、广积粮、不称霸。周恩来　一九七五年七月五日”。

尊重下级，将签出的箭头周改为方头周

周恩来写字十分细心认真，哪怕签个名也从不含糊。

新中国建立不久，百废待举，偏偏美国又采取了敌视新中国的政策，挑起了朝鲜战争，把第七舰队开进台湾海峡，第十三特遣航空队飞到台湾，进驻新竹机场，甚至把炸弹扔到我国家门口，并狂妄地叫嚣“鸭绿江不是中朝两国的分界线！”这使担任着政务院总理、中革军委副主席，同时还兼任着外交部长的周恩来十分繁忙。

他要医治清末到新中国成立这一百多年来的战争创伤，尽快恢复国民经济，让全国人民休养生息；他要管朝鲜战争，从调兵遣将到战役部署，直到战役执行；他还要管几十万作战部队的后勤供应、部队给养、指战员们使用的枪炮弹药，甚至趴冰卧雪时吃的炒面；他更要管国际上发生的关于朝鲜战争的每一件大事、小事，还要努力争取国际舆论的支持，苏联军援的落实等等。因此，周恩来被当时的中央领导机关工作人员称为“全天候的总理”“世界上最忙碌的人”。

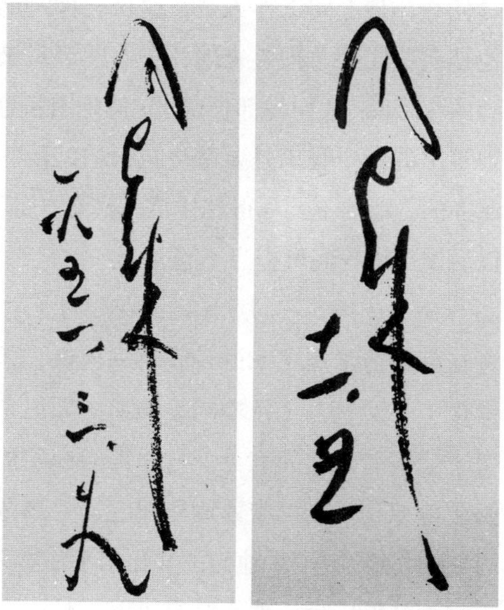

左右分别为周恩来 1951 年和 1952 年在部分文件上的签名

在那一段时间内，周恩来签批的文件特别多，为了省点时间，他将自己名字的第一个字“周”字由右到左一笔写成箭头型的。然而当他的一次批件送达食品工业部[①]，工作人员拆封时刚好被部长杨立三同志看见了。

早在中央苏区时，杨立三就和周恩来很熟，是在周恩来领导下做红军的后勤供应工作。长征时周恩来患阿米巴肝脓疡，高烧昏迷，是杨立三等用担架把周恩来抬出草地的。因此，他们既是上下级的领导与被领导关系，也是生死与共、患难与共的亲密战友。当然，杨立三对周恩来签发的文件看了不知多少回、多少遍、多少件。可是，这回杨立三看到周恩来用“箭”头“周”签来的文件时，出于工作责任心，马上问工作人员，这份文件是谁签来的？当工作人员回答他是西花厅周总理签来的，杨立三部长皱起眉头，他让秘书打电话到西花厅说：我们杨部长说了，他是国家总理，又是军委常务副主席，他签出的命令我们是要坚决执行的，他签出的文件我们也是要坚决照办的。请他不要写得这样草，这个“周”字连我杨立三都不认识，以后误了事我们可担当不起。

秘书按杨立三的意见向西花厅打了电话。上个世纪 90 年代初笔者在京拜访了周恩来的行政秘书何谦，他说这个电话是他接的。何谦接了电话就在工作期间委婉地向周恩来转达了食品工业部反映的关于他签名较草的意见。这立即引起了周恩来的警觉和高度重视，因为他想到我们国家才刚刚建立，一部分工作人员、包括部分党和国家的高级领导人，他们的文化水平不够高，自己写草了当然认不得。于是，打那以后，他不管自己多么忙、多么累，在文件上签名和在各种报告上签字时仍然写上他一贯的“方”头周。

---

① 该部于上世纪 50 年代初已撤销。

未署姓名保下碑

周恩来的书法好，找他题写墓碑的人也不少。据笔者所知，早在江西瑞金时，周恩来就曾为红军烈士纪念塔题写过碑文。

那是1934年的元月，时任苏区中央局书记的周恩来遭到执行王明错误路线的中央局领导排挤：他身在中央苏区，却不让他参加中央六届五中全会的准备工作。但在会上，他仍然以高票当选为中央政治局委员和书记处书记。这时，中央苏区经过强大的敌人第五次“围剿”，前方不断传来失利的消息，大批优秀红军指战员流血牺牲，从而使周恩来忧心如焚。为了纪念死难红军，中央苏区在首府瑞金建造了红军烈士纪念塔。周恩来为这座庄严的纪念塔题写了碑文：

> 红军烈士们的英勇血迹，凝结成铁的红军之不可战胜的力量，写下了国内战争光荣的历史。现在我们正处在革命战斗的烈火当中，我们要继续烈士们的牺牲精神，为苏维埃在中国的胜利，奋斗到底，为消灭帝国主义国民党，流尽最后一滴血。
>
> 一九三四年列宁逝世纪念日　周恩来于瑞京

1934年元月21日是伟大的无产阶级革命导师列宁逝世的十周年纪念日，周恩来把瑞金的“金”写成“京”，是因为瑞金当时是中央苏区的首府。

抗战年间，周恩来在重庆还曾为才女胡杏芬题写过墓碑；在新中国诞生前夕为自己的老战友孙炳文的妻子任锐同志和著名教授张西曼题了墓碑。这两处墓碑都在北京西北郊的万安公墓。1955年4月，蒋介石花重金雇杀手炸毁了我参加亚非会议的包机“克什米尔公主”号，周恩来愤怒地为死难烈士们的公墓题写了“参加亚非会议的死难烈士公墓　周恩来”十六个字；这座墓在北京的八宝山。1957年他还曾为在重庆渣滓洞牺牲的车耀先、罗世文两烈士题写了墓碑。

1991年7月，笔者随当时（县级）淮安市委赴京吊唁团参加邓颖超同志的葬礼，在北京八宝山革命公墓看到一个墓碑“廉维同志之墓”。笔者一见那颜体加魏碑的笔锋就想到这一墓碑文字是周恩来题写的。然而，墓碑上没有署名，笔者不敢随便下结论。但笔者看到碑上刻着下面一句话：娘，您对党的无限忠诚和坚强的革命意志永远是我们学习的榜样。　张伯弨　张楠　张瑞芳　张昕

原来廉维同志是著名表演艺术家张瑞芳同志的母亲。1998 年 2 月，为纪念周恩来的百岁诞辰，已八十高龄的张瑞芳随中央电视台“心连心”艺术团来淮安。笔者找到淮安宾馆她的住地一打听，果然，“廉维同志之墓”正是出自周恩来之手。

张瑞芳同志还告诉笔者，1977 年，她赴京出席会议，受到邓颖超同志的亲切接见。邓颖超悄悄地、然而却是十分关切地问：“你娘的墓还在吧？”张瑞芳当即肯定地告诉她：“在。”

邓颖超听到张瑞芳的回答后又告诉她：“那是因为在八宝山，而且恩来题写时没有署名。维世母亲任锐同志的墓，因为恩来署了名就被砸掉了。”张瑞芳回忆到这里，还无限感叹地对笔者说：“直到这时，我心里才更加明白了周总理在‘文革’期间极其艰难的处境。”然而，周恩来给世人留下的那只有六个字的书法作品却是他播撒在人们心中的爱。

晚年还想买《龙门二十品》

1973 年 10 月 14 日，周恩来陪同加拿大总理特鲁多（现任加拿大总理的父亲）访问洛阳龙门石窟。当他见到当地服务部有《龙门二十品》拓本出售时，连忙拿起一本，爱不释手地翻看起来。

龙门石窟是自北魏到北宋数百年间相继开凿、留有造像题记和碑碣三千多款的地方，后人将北魏时代最具代表性的题记《始平公造像记》《孙铁生造像记》《杨大眼造像记》和《魏灵藏造像记》等二十款拓下来，印刷成册，题名为“龙门二十品”。这“二十品”

在我国书法艺术上都是“魏碑”的代表作品，极为珍贵难得。

前面说过，周恩来是颜体加魏碑的书法风格。因此，他一直对魏碑书法作品有独特的感情。可他一问售货员，《龙门二十品》的每套售价是五百元。周恩来十分遗憾地叹了口气，恋恋不舍地把手中的《龙门二十品》放回了原处。

随同周恩来参观的洛阳市一位领导同志一见总理那么喜欢《龙门二十品》碑帖，就不假思索地说：“总理，我们送一套给您吧！”周恩来一听两道浓眉一竖，严肃地说：“你这个同志怎么能这样说话呢？国家财产是能随便送人的吗？”那位同志听了周恩来的批评，连忙点头认错。

过了一会儿，周恩来随参观人群又来到了石窟南边的古阳洞。他又看到货摊上有《龙门二十品》碑帖出售，便小声问随行的贴身卫士高振普：“你身上带了多少钱？”高振普见总理想买自己心爱的书，却没能给他带来足够的钱，不无歉意地说：“带了不到三百元。”这时周恩来的一位随行人员说：“总理，是不是可以让他们先给您一套，等我们回到北京后，再如数把钱寄给他们。”周恩来忙说，“不行，不行，那他们就更不会要钱了。”

直到参观结束，周恩来也没有买下他十分心爱的《龙门二十品》碑帖。从周恩来对这件事的处理上我们可以看出周恩来是十分钟情魏碑书法的；因为这时离他去世只有两年多一点时间了。但他不会因自己的喜爱就随便占他人或公家的一点便宜。

用表与送表

更大更多的险情恐怕还在后边考验我们呢！

周恩来是什么时候戴上手表的，现在不得而知。有人说，还在黄埔军校时，他就戴表了，因为他当政治部主任时，要掌握时间，而军校纪律严明，他作为部门负责人，必须得遵守时间。也有人说，他在上海领导地下斗争时，要不断化装、变换身份，一会儿普通市民，一会儿富商阔佬……他扮演富商阔佬时手腕上就不能不戴一块手表：因为你要扮得像才行。不过，1997 年笔者在北京全国工商联宿舍拜访 1928 年曾任周恩来秘书的黄玠然老人时，黄老告诉笔者，那时周恩来为了装阔佬，还真的通过熟人关系从手表店租过手表。我还曾追问黄老，手表好出租吗？既是通过熟人，那还会收钱吗？黄老笑着回答我说：“到底给没给钱我也说不上。”

这一信息告诉我们：周恩来至少当时应该没有属于他自己的手表。

手表，就我国国民来说，早年它确曾是个稀罕物，直到改革开放前，我们这里的男女青年在结婚时还曾把它作为三大件之一。也有“三转一响一咔嚓”五大件之说。三转是手表、自行车和缝纫机，一响是收音机，一咔嚓是照相机。改革开放后，人们富裕了，才有“电视机、电冰箱、洗衣机、照相机”这四大件之说，手表才不被人们那么重视了。不管怎么说，在周恩来的时代，手表都是属于人们贵重的日用品、稀罕物。由于他投身革命，后来又担任党和国家领导人几十年，因此，他就必然留下许多与手表的故事。

宋庆龄送一块金表　险些“送”了他的命

1927 年 4 月坐镇南京的蒋介石背叛革命后，就大肆在上海屠杀共产党人和革命志士，到了是年 7 月，坐镇武汉的汪精卫也暴露出他的反共真面目，召开“分共”会议，捕杀仁人志士。既具谋略又具胆识的中共杰出领导人周恩来临危受命，担任党的前委书记。可是就在他从上海秘密潜往武汉参加党中央的会议时，遇上了反动军队何键部的追捕。情急之中，他被迫躲进汉口的宋庆龄公馆，才得以脱险。

7月25日晚上，中共临时中央政治局常委兼军事部部长周恩来在参加了中央的有关会议后，便肩负使命，从武汉潜往九江，去筹划和领导南昌起义。当时武汉三镇黑云压城，特务、军警、宪兵幽灵似的出现、游荡在大街小巷、车站、码头。为躲避这些反动鹰犬的耳目，周恩来化妆成一位富商阔佬，戴上一副墨镜，手拿一根高档的文明棍。其实，这根文明棍又叫“二人夺”。即从外表上看是一根手杖，但在情况危急之时，执杖者只要卸下杖头弯把，杖下部分就是一把锋利无比的匕首，可以近距离直刺对方心窝。他头上戴一顶巴拿马式草帽，由孙夫人宋庆龄坐自己的专车送他到江边码头。临上船时，宋庆龄特意抹下自己手腕上的一块金表和一颗蓝宝石钻戒交给周恩来。她的用意很明确：期望周恩来装得更像阔佬；再者，领导艰苦卓绝的革命斗争也更需要走时准确的手表。

“呜——”长江客轮一声长鸣，启锚顺江东下。坐在头等舱里的周恩来凭窗回首，武汉三镇完全融进一片灯火之中。他思潮滚滚又万分感慨：轰轰烈烈的大革命因蒋介石、汪精卫的先后叛变而失败了，革命将转入低潮。由中山先生开创的国共合作的大好局面从此也结束了。自古“道不同，不相为谋”。周恩来因此愤而辞去了蒋介石委任他的国民政府财政经济委员会主任委员的职务。现在他作为中国共产党的代表去南昌发动起义，要以革命的枪杆子去对付蒋介石、汪精卫的反革命枪杆子！

江轮在夜色中航行，武汉的灯光渐渐消失在船尾。江水不住有节奏地拍打着船舷。周恩来虽坐于舱内，心情却如同滚滚江水，难以平静。大约半夜时光，江轮靠上了黄石港，船还没有停稳，突然船上大乱起来。周恩来和一同潜行的陈赓两人同时一跃而起。陈赓条件反射似的拔出手枪，扑到舱门口，用身体死死抵住了舱门。周恩来心里明白：南昌起义关系到革命的前途和命运，这是头等大事！现在，这里的情况不明，千万不能因小失大。想到这里，他立即低声命令陈赓："收起枪，不用慌。"

陈赓刚把枪收好，舱门就已被敲得山响。周恩来示意陈赓开门，门一开，一下就挤进来三个人：一个是船长，另两个手里都提着盒子枪，舱门外还站着几个贼眉鼠眼的家伙，一副剑拔弩张的架势。

周恩来沉着而又冷静地问："先生们夜半更深地来我这里，有何贵干？"

船长皮笑肉不笑地对周恩来说："二位别急，这两位先生是——"

"我们是唐生智司令手下的'铲共团'，奉命捉拿你们这两个共产党。"一个手提盒子枪的家伙趾高气昂地抢过船长话头。

周恩来一听不由在心底打了一个冷战：难道中央出叛徒了？！这次他前往南昌发动武装起义只有四五个我党中央的领导人知道，自己连对妻子邓颖超、我们党最可信赖的朋友宋庆龄都没透露一星半点。不过，他毕竟是经历过无数大风大浪的人，所以很快镇静下来以便集中精力应付眼前情况。这时，那不尴不尬的船长又说话了："你二位老总别误会，"说着，他用手指着周恩来和陈赓说，"这二位是常坐我的轮船跑码头做生意的人，不是共产党。"显然，他是在编瞎话讨好周恩来。

手抓盒子枪的那家伙斜瞪了船长一眼："你凭什么说他们不是共产党？你敢担保吗？"船长又像摇头又似点头似的支吾着。周恩来放下他手中的手杖，没事似的凑上来笑着说："二位说我们是共产党，总得有个什么证据吧？喏，这是我的名片。"说着，他就将事先准备好的假名片递了过去。那提枪的家伙见上面印的是"上海三庆堂珠宝玉器店经理　赵光华"几个字，就抬起头向周恩来瞅了瞅，咧咧嘴说："对不起，赵经理，兄弟这是奉命行事，还要委屈二位跟我们上岸走一趟！"

这时，一直警惕地站在一边的陈赓急了，忙居高临下地吓唬对方说："混蛋，我们赵经理和你们的唐司令是拜把兄弟，你们惹恼了唐司令，小心你们的脑袋搬家！”

然而，听了陈赓这样的恫吓，两个家伙仍然无动于衷，依然一副不依不饶的架势。但是，周恩来也一动不动地站在那里。他心里思索着：这两个家伙，连唐生智也不放在眼里，肯定不是他们自己说的唐生智手下的什么“铲共团”。那么他们到底是什么人呢？他们要干什么呢？而就在周恩来思索之际，那两个家伙见周恩来没动身子来火了，“咔、咔、咔”地将子弹推上了枪膛，并立即把枪口对准了周恩来。陈赓更急了：万一这帮歹徒失手走火怎么得了！周恩来可是……他不敢再想，立即不顾一切地跨前一步，用他那粗壮的胳膊将那歹徒手臂往上一抬。谁料想，那家伙的枪是一支已经老掉牙的破枪，刚一碰，子弹就飞出了枪膛，“砰”的一声打穿了客轮的舱顶。

枪一响，船上顿时乱了起来！原来在舱外的几个歹徒不由分说地冲了进来。那个枪走火的家伙更是恼羞成怒，把那还在冒烟的枪口往上一抬，朝那些冲进来的歹徒大喊一声：“来人，把他们扔进江！”

一直在一旁冷静观察和思考的周恩来一听“扔进江”和进来的人都是土匪打扮，心里顿时明白了：这帮人原来是江匪。他刚要说话，那个船长又点头哈腰地一边用目光扫视着周恩来手腕上那金光灿灿的金表和手指上的蓝宝石钻戒一边对那水匪头儿说：“我看这二位是仗义之人，你们放他们一马，他们不会忘了你们各位的好处。”

“我们上头说了，抓到一个共产党就赏大洋五百块，抓两个就是一千。放了，这一千块大洋我找谁要去！”一个土匪终于把话挑明了。

“请各位回个话，就说我船上没有共产党，不就是千把块钱嘛。”看来这个船长和这帮水匪们是一丘之貉，他里做红娘，外做小青。其实，正是周恩来上船后与岸上送行的孙夫人挥手告别时，被他看见了周恩来手腕上的金表和手指上的蓝宝石钻戒。

这时，已经能作出准确判断的周恩来早已胸有成竹，他应对自如地说："船长先生，千儿八百块交个朋友，我们做生意人是完全愿意的。不过我们是出门人，身上不带重金。这样吧，我签个字据，麻烦你们到上海还是武汉去提取。"他边说边熟练地掏出自来水笔，装做要写条子或开支票的样子。谁知那水匪头儿把个脑袋摇得像个拨浪鼓似的，一双贼眼死死盯着周恩来手腕上的金表说："你把金表和钻戒留下来做个抵押吧。"

周恩来见火候已到，当即取下金表和钻戒，然后交给船长。一边还装做惋惜地说："等你们查明我们不是共产党的话，回来时手表和钻戒可得要归还我们喽。"

水匪们一见目的已经达到，一个个洋洋得意地退出船舱。走在最后的船长还随手关好了舱门。

江轮又鸣笛、启航了，马达声均匀地响着。陈赓余怒未消地说："真想不到，刚开了一站路就碰上这帮家伙。"

周恩来笑着说："我们险些被孙夫人的好意酿成大祸。看来，今天的手表被抢只不过是我们南昌起义的一个小小前奏曲，更大更多的险情恐怕还在后边考验我们呢！"这真是，宋庆龄的一番好意送周恩来一块金表，却险些"送"掉了周恩来的性命啊！

送自己亲近的人手表　不能给高档表

1950年年底，周恩来的侄儿周尔鎏在部队期间通过自学英语考试，考上了南开大学英语系到天津南开学习。1951年放暑假时他到北京看望伯父、伯母，还顺便向周恩来他们汇报了他在学校的学习情况。南开大学也是周恩来的母校，所以他听了侄儿的汇报很高兴，对周尔鎏说："你是我们周家'尔'字辈第一个通过自学考取大学的，很好！"

为此，周恩来夫妇把周尔鎏留在西花厅小住了几天，临走又送他一些生活用品和周恩来穿过的两套衣服。其中一套还是周恩来开国大典那天登上天安门城楼穿的黄卡叽布礼服。

周尔鎏走后没几天，邓颖超把成元功叫到她的办公室说：“尔鎏临走时向我们提出他想要一块表。但我们手头现在没有，叫他下次来给他。”周恩来、邓颖超夫妻二人当时的收入虽然很少，但是给侄儿周尔鎏买一块手表还是能办到的。不过，周恩来夫妇对晚辈们要求很严，他们不能让自己侄儿在学校同学中过分突出或显眼，况且俭朴也是他们自己多年坚持的一贯美德。那么邓颖超找成元功谈什么呢？

原来还在实行供给制时，成元功因为探家，用省下来的路费买了一块金壳欧米茄怀表，是那时中央警卫人员中第一个使用表的人。

邓颖超对成元功说，我和恩来现在只有一块多余的女用坤表，尔鎏是个男大学生，在学校里如果戴一块坤表不合适，你用的是怀表，不是戴手腕上，所以我想用我们的坤表把你的怀表换过来给尔鎏。你看行不行？成元功从1945年一调到周恩来身边就是周恩来的“管家”，即无论是他们夫妻二人的津贴费还是后来的工资，都是由成元功去领，去使用，亲密得就像一家人一样。于是，成元功没有犹豫，当即就把自己的怀表掏给了邓颖超，邓颖超也把坤表给了成元功。

据周尔鎏告诉笔者，当时由于困难，把七爸开国大典穿的礼服也穿用了，但七爸送我的表至今还收藏着。

1955年秋天，周恩来嫡亲侄辈中最年长的周荣庆从河南焦作煤矿上赴京出差，顺道到中南海西花厅看望了伯父伯母。临走时，荣庆提出，他经常下矿井工作，希望伯伯能给他一块夜光表。

一天晚饭后，邓颖超又把成元功找到后客厅，请成元功把随周恩来去日内瓦时他自己买的两块表拿来。这两块表一块是欧米茄牌，一块是军用表，都是带夜光和日历的。周恩来亲自将这两块表拿在手中，先看着欧米茄表说，这表太好了，不能给他。然后又看着军用表说，这表也很好嘛，就给他这一块吧。成元功听得一头雾水，莫名其妙地不知怎么回事。这时，周恩来丢下表忙他的工作去了。邓颖超这才对成元功说，周荣庆这次来，说他常到矿井下检查工作，需要一块带夜光的手表。为了帮助他工作，我们同意给他一块表。但是，你是知道的，我们从日内瓦带回来的是金表，恩来说了，我们把金表送给荣庆，怕在地方上影响不好，所以就想和你换一下，把我们的金表给你，把你的这块军用表给荣庆，你看好不好？

成元功哪能不同意呢？这时，邓颖超把他们的英格牌金壳表拿出来（这块表是周恩来出席日内瓦会议期间，由瑞士英格手表厂送给周恩来的）交给成元功，同时交待说，你要把金表带退还给我，不然，你如果戴着也太显眼了。就这样，成元功到手表店换了一个钢表带，把原来英格表的金表带退还邓颖超，同时将自己的那块军用表给了他们，让他们转送给周荣庆。

1957 年七八月份的一天，邓颖超又一次找到成元功说，恩来长征时的警卫长范金标，现在在云南省军区工作，他托云南来京开会的同志向我们带信，说他想要一块手表。邓颖超接着说，范金标这人你认识吧？成元功说，认识。这时，邓颖超就告诉成元功说，我和恩来商量了，打算给他一块欧米茄金表，但是我们想来想去总觉得他在地方上工作，戴金表可能会造成不好影响，还是想和你换一下，把你的表给他。

成元功推托说，他的表已经用了三四年了，又是后来送给新婚妻子焦纪壬的定情物。对他俩来说，这块表有一定的纪念意义。可是，因为云南来京的同志第二天就要回去，邓颖超急得不行，就让成元功当场打电话到中南海门诊部，让在那里上班工作的焦纪壬把表送到西花厅，交给邓颖超，然后再让机要交通员送到北京饭店云南来京的同志，同时，邓颖超又从自己办公桌抽屉里拿出金壳欧米茄表交给成元功，这才满意地说：“我们又了却了一件心事。”

据笔者所知，1958年7月2日，周恩来在广东新会县奎峰山农场视察时，还曾到五和二社和农民育种专家周汉华亲切交谈，亲自看周汉华的现场试验。当周恩来看到周汉华在试验时因为需要掌握时间，不住地往旁边的闹钟看时，他毫不犹豫地取下自己手腕上的一块手表，送给这位农民科学家。

成元功生前曾对笔者说，总理和大姐对自己亲属和曾在他身边工作过的人要求非常严格。他们三次和我换表都是怕自己侄儿和曾在他身边工作过的人戴上高档表而在他们周围人中造成不好影响。

在日内瓦给邓颖超买表

1954年，中国政府派出以周恩来总理兼外交部长为团长的中国政府代表团前往瑞士的日内瓦参加由十五国参加的解决朝鲜问题和印度支那问题的国际会议。那是我们新中国的代表第一次登上国际会议的舞台。为此国家有关方面还专门制定了对出国人员从生活到穿衣到零花钱等多方面的详细出国规定。

1954年，日内瓦会议期间周恩来为邓颖超买的手表

瑞士是手表王国。他们生产着当时各种先进的生活用表，而且价格很便宜。用成元功的话说，买一块英格牌或大罗马的手表，与在我们国内买十来斤猪肉的价钱差不多。

周恩来在第一阶段讨论朝鲜问题的会议结束后的短暂休息期间，问随同前去的成元功："公家发给我的零用钱够不够买一块手表？"成元功因为用国家发给他的零用钱已经买了两块手表，大体上知道日内瓦市场上的手表价格，就爽快地回答说："够！"周恩来对他说，你明天同我国驻日内瓦的领事馆同志一起去给你小超大姐买块表。同时还明确交待成元功关于买这块表的四点要求：一、不要买金表；二、不要太小，要中等大小的；三、要带夜光的；四、最好是自动的。

1997年笔者在北京六里桥成元功家中拜访成老时，他告诉我说，总理的四点要求是最适合邓大姐的：因为尽管以他俩的工资收入完全可以买金表、戴金表，但是他们从不买金表，以免脱离群众；表太小了，年岁大的人看表困难；带夜光的，晚上好看时间；自动表，则可以省去每天都要上发条的时间。

第二天，我驻日内瓦领事馆主管行政事务的刘绛文同志指派领事馆的一名翻译随成元功去买表。结果找了几家大表店，都没有找到符合周恩来四点要求的表。直到第三天，他们才在一家中等表店里买到了符合那四点要求的一块手表。这块表的牌子是莫阿度（MIDO）的。邓颖超把这块手表戴了将近四十年，直到她去世。现在这块表还收藏在北京中南海按原样陈设的西花厅里。

一块手表作“红娘”　留下一个魔术团

江西的庐山是当年中共中央经常开会的地方。会间常常要给党和国家领导人表演一些文艺节目，以缓解他们身心上的疲乏。

江西有京剧、赣剧、黄梅戏等文艺团体，唯独没有魔术团。1961年秋，中央在庐山召开工作会议。会期比较长，一共开了二十五天，到9月17日才结束。周恩来便想趁会议结束时到当年他曾领导和发动南昌起义的地方去走走看看。

江西省的领导人当然非常欢迎。9月17日当晚，江西省委就设便宴，招待周恩来一行和先期到南昌、住在江西宾馆的罗瑞卿、谭震林两位副总理以及上海市委书记柯庆施等人。宴前，江西省委书记杨尚奎和柯庆施来到周恩来住地看望他。寒暄之后，两位书记就当着周恩来的面争起了上海星火魔术团的去留问题。其实，还在这年3月中下旬的广州中央工作会议期间，杨尚奎同志就向周恩来总理提出，为了缓解上海市每年对知识青年安置的压力，江西的“共大”每年可以到上海招收一批城市知识青年，同时请总理将上海的星火魔术团调至江西支援内地。但是，柯庆施虽然同意江西安置上海知青，却不同意将上海星火魔术团调至江西。于是，杨尚奎趁这次总理、柯庆施和星火魔术团都在南昌的机会，又在周恩来的面前向柯庆施提出了这个郁结在他心中的问题。可是，柯庆施却并不理会他。于是，杨尚奎恳切地对周恩来说：“总理，把这个团留给江西，就填补了我们的缺门。而且，上海的文艺团体很多，像星火这类魔术团也不少。他们人才多，基础雄厚，培养起来也容易。”这时，周恩来也主动帮他说话：“尚奎同志的要求是很合理的，上海应该支援老区江西嘛！大方点，送给他们吧。”碍于周总理的面子，柯庆施光笑不表态，最后才说：“待会儿我和他们团长谈谈，如果他们同意，那就留下来。”

晚饭后，周恩来第一个来到星火魔术团的演出现场。他和四五个已经化好妆的青年女演员们亲切握手、交谈，问她们每月口粮定量是多少？够不够吃？当他从女孩子们口中得知江西省领导对他们很关心，到南昌后专门对他们的口粮供应有补助等等情况后，就对他们说：“江西是毛主席领导创建第一个革命根据地的地方，对中国革命的贡献很大，如果让你们留在江西做江西老表同意不同意？”女青年们喊出一条腔的声音：“同意！”周恩来满意地笑了。于是，演员们还当场在周恩来面前表演了小魔术，并将其中的秘诀也告诉了总理。

大幕拉开了，星火魔术团表演的第一个节目是“表箱遁表”。人们见到舞台中间的方桌子上放着一个由黄缎子布包着的四方包。随着魔术师的出场，四方包被一根绳子吊上了天幕。在热烈的掌声中魔术师向台下深深地鞠了一躬后说：“我表演的这个节目要向一位现场观众借一块表用一下。”坐在前排的周恩来率先站起来说：“就用我的表吧。”台上台下的人一看是周总理，立即报以热烈的掌声。这时周恩来从手腕上取下他用了多年的劳力士手表，交由他的卫士长成元功递给魔术师。魔术师又向总理深深鞠了一躬，表示他的感谢。

表演开始了，那位魔术师把周恩来的那块手表往手上一放，握着手吹了一口气，再把双手展开，表已不翼而飞。随着“砰”的一声发令枪响，四方包徐徐地从舞台中间落下。在众目睽睽之下，魔术师开始解开桌上的四方包。打开第一层，没有表，观众见到的还是一个同样的包，只是稍微小一点。就这样，魔术师一共解开了九个一个比一个小的包，才小心翼翼地从最后一个，也是最小的那个四方包中取出一块表。这块表正是周恩来刚才从手腕上取下的那块劳力士表。

当魔术师将手表高高举在手中向大家展示时，立刻引来全场观众一阵热烈的掌声。

表演完这个节目的魔术师要将表送还给周恩来时，周恩来从容地站起身来说：“这块手表就送给你们做个纪念吧！”这时全场爆发出雷鸣般的掌声。掌声刚刚停歇，周恩来又大声说：“我将表送给你是有条件的，希望你和你们的魔术团留下来做江西老俵，你们说好不好？”“好！！”星火魔术团的演员们齐声喊着。这时，杨尚奎书记十分激动地站起身，一边使劲鼓掌一边转身示意场内观众和他一起鼓掌，台上台下顿时成了掌声的海洋。据笔者所掌握的资料，这是周恩来送出的第五块手表。

周恩来用一块手表为江西留下了一个魔术团，充分展示出周恩来的人格魅力和他超人的领导艺术。

周恩来终于戴上国产表

自从周恩来在南昌将自己戴了多年的劳力士手表送给星火魔术团之后，便一直没戴手表。当时他家里有名牌欧米茄金表。他不戴，

周恩来使用的上海表

但是他的工作却仍旧十分繁忙，不仅经常是日以继夜、夜以继日地连轴转，而且有时几乎是争分夺秒的紧张。他身边的工作人员就只能多为他操心。比如几点几分他将要进行下一个“节目”时，他们就得写成小纸条，提前悄悄送到他的办公桌上。作为卫士长的成元功曾经向邓颖超建议，为了不影响总理工作，给他再买一块表。邓颖超回告他：“恩来说，解放都这么多年了，还没生产出我们的国产表，他心有不甘。他要等我们的国产表出来了，戴我们自己生产的表。”

1961年10月份，周恩来因工作来到上海，住锦江饭店16层。一天早饭后，周恩来在翻看上海《解放日报》时看到上海手表厂在上边登的广告：上海能生产各种手表了！他如获至宝，用手指着广告十分高兴地对成元功说：“给我买一块我们自己生产的上海牌手表吧！”

成元功一听总理要买表，立即兴冲冲地下楼告诉了上海市方面负责周恩来警卫工作的警卫处马学政副处长，要他马上派人去上海手表厂，给总理买一块他们生产的手表。

上海手表厂也很高兴，很快派人送来一大盒手表样品供总理挑选。成元功就和乔金旺两人先给周恩来挑选。他俩一致认为那种白表盘的表又大方又美观，午饭后就把这款表推荐给了周恩来。

周恩来看了他们挑选的样品，心里不太中意。他自己选择了一块乳白色表盘的表，然后解释说：“你们选的那种白色表，虽然漂亮，但会反光。不如这种乳白色的，看上去柔和。”他最终决定买乳白色的表并交待成元功：“一定要按市价给钱，要他们开发票。”

打那以后，周恩来便戴上了国产上海表。

1973年下半年的一天，周恩来又一次来到上海，那块上海表已经使用了十多年，夜光已经褪得很厉害，周恩来让身边工作人员和上海手表厂联系，看看他们能不能修一下或者换一个表面。当时刚好王洪文也在上海，当他听说总理的表已经戴旧了时，立马给表厂厂长打了电话，要他赶快派人把手表送到周恩来的住地。

王洪文是“文革”中造反起家的，“九一三”事件后，他被毛泽东相中提拔到中央，当上了中央副主席。这种扶摇直上的升迁让生活上不够谨慎的他在上海总是把手伸得很长。他要一块表，表厂常常送他几十块，他都来者全收，不付分文。所以手表厂也按他的一贯做法向周恩来住处送来了约有半洗脸盆各式各样的手表。周恩来一见很生气：“拿这么多表来干嘛？！”当他听送表的人说是王副主席叫送来的，在那种特殊的背景下，不好再说什么，只是选了一块原来样式的表，并照市价付了款，其余的表要他们全部拿回去了。

周恩来这块最后使用的表一直伴随到他生命的最后。待他在八宝山即将火化时，保健大夫张佐良才从其手腕上取下他的这块上海表。后来在周恩来逝世一周年时在中国革命博物馆（今国家博物馆）向世人展出，现在由国家博物馆收藏。

剃须与理发

“美髯公”，你的胡子呢？

开国总理周恩来十分注重自己的仪容、仪表，那是因为他有良好的家庭教育和在南开学校读书时，每天都要面对《镜箴》：“面必净，发必理……”以至新中国成立后，他长期担任党和国家领导人，要经常会见国内外友人、同志。在这些会见中，他更认为，如果自己不刮尽胡子与客人见面就是对客人的不尊重。因此，在日常生活中，理发、刮胡子是他天天都做的事，从而也留下许多他修面、理发方面的故事。

他用胡子把特务骗得团团转

周恩来在上海领导地下斗争时，对自己有严格的要求。一是住地经常变换，他租住的地方都是自己亲自选择的在租界的贫民窟，一般是上、下两层，有前后门的，而且他在每一地的居住时间最长不超过一个月，短的只住半个月。就这样，因为他是特务抓捕的头号"要犯"，所以还有时被敌特侦知。如去莫斯科出席中共"六大"前，他的住地就已被特务发觉了，由于我们"内线"的及时通知，周恩来夫妇紧急撤离上轮船，连一些换洗衣服等都未能带走。在作息时间上，周恩来坚持从上午5：00至晚上9：00不出外活动，再就是经常变换自己的形象：一会儿长须飘飘的"美髯公"，一会儿白白净净的书生，一会儿富商阔佬，一会儿又变成蹬三轮车的马仔，如此等等。因此在上海敌特密布的情况下，他始终安然无恙，或者说，他虽多次遇险，都能平安履险。

据被周恩来称为"可尊敬的敌人"的陈立夫晚年在台湾回忆，顾顺章叛变后，告诉特务们说，周恩来当时留着大胡子，并且把周恩来的穿着、装饰等都具体描绘得一清二楚。所以特务们在徐恩曾的带领下一到上海就直扑周恩来住地。当那些如狼似虎的特务们扑上二楼，见到周恩来烧毁的东西还在冒烟，说明他离开的时间很短，但是特务们却什么也没发现，只得一个个垂头丧气地下楼，向徐恩曾汇报说什么也没找到。徐恩曾愤怒地问：你们来的时候什么人都没看见吗？特务答，上楼时好像见到一个青年女子，穿着高领旗袍……可是周恩来是个拖着长长胡子的人……"啪！"徐恩曾打了那个特务一记响亮的耳光，歇斯底里地吼道，"那女子就是周恩来，快去追！"结果，特务们什么也没找到，只在附近的垃圾桶里找到

留着大胡子的周恩来

一件旗袍和一头乌亮的假发。原来，周恩来和特务照面后下了楼没走多远就脱了身上女装，跳上黄包车，走了个无影无踪。而在那些已经丧失人性的特务们的眼里，周恩来的头颅就是金团子、银锭子，割下周恩来的头，自己就能富贵一生，哪还会去想那个青年妇女是谁呢！？

陈立夫的这番回忆是真是假我们无法查证。但肯定他有说对了的地方：那就是周恩来当年在上海领导地下革命斗争时，确实运用自己胡子的有无等变化和敌人周旋过。

西安事变后，他剪掉了胡须

二万五千里长征开始后，周恩来就蓄起长须。据他的警卫员刘久洲[①]在北京朝阳区和平里家中对笔者说，那时周副主席随身只带了一把小剪刀，没办法为自己刮掉胡子。一路上，他有时骑马，有时步行，行进在红军队伍中。每次他爬到山高涧深之处，风拂长须，飘然若仙。这样，周恩来一直到陕北都保持着“美髯公”的形象。因此，他也常被人们称呼为“美髯公”或“胡公”。

中央红军到了陕北之后，必须要站稳脚跟、打开局面，让全国人民了解红军当时的北上抗日主张。因此，周恩来除了在党、政、军、后勤等方面担负着大量工作外，还兼任了一个中共中央东北军工作委员会主任的职务。这是一个专做东北军工作的职务。经过周恩来

① 长征路上，范金标是周恩来的警卫长，魏国禄是警卫员。刘久洲是在“西安事变”后才被红军总参谋部选调为周恩来的警卫员的。他是把自己听说的事又讲给本书作者听的。

等的努力，在不长时间内就实现了周恩来和张学良的首次见面会谈。那是 1936 年 4 月 9 日，张学良由他的部属五十七军军长王以哲将军陪同，然后亲自驾飞机先到洛川，再到扶施县（今延安）。周恩来则在李克农等陪同下，带着电台，星夜从保安（今志丹县）策马赶到扶施。在扶施的一所天主教堂里实现了周恩来、张学良之间历史性的会见。经过通宵会谈后，张学良除了对周恩来的坦诚、人格魅力、反应敏捷等留下非常好的印象外，还对周恩来那飘然若仙的胡须也留下了深刻印象，称周恩来真是位“美髯公”。

“西安事变”发生后，周恩来于 1936 年 12 月 17 日乘飞机赶到了古都西安。他在飞机上就琢磨着如何解决西安事变的善后问题：可能会出现哪些情况，朝怎样的一个后果努力等等。他在考虑这些大事之余也想到，这次到西安，自己是作为我们党经过地下十年斗争后第一个公开与国民党、与社会打交道的党中央领导层代表，如果还留着长胡须，似乎有许多不方便，于是下决心到西安后要把它剃掉。

周恩来一到西安，就由我地下党员刘鼎安排他先到七贤庄一号休息。这里是刘鼎早就布置的一处我方秘密联络处。可是，在七贤庄怎么也找不到一把剃刀，连一把锋利的剪子也找不到。这时，刘鼎忽然想到和他一起安装电台的涂作潮家里有，于是，又陪周恩来一同坐车到涂家去。在涂家低暗的小屋里，涂作潮给周恩来弄来热水，用保险刀刮胡子。然而，刀片并不好使，周恩来只好先用剪子剪，这才凑合着将脸庞上的大胡子剪光，再用刀片刮了刮，终于勉强将胡子刮干净。所以，周恩来和张学良一见面，张学良不顾许多大事要跟周恩来商量，第一句话却好奇地说：“‘美髯公’，你的胡子呢？”周恩来笑着回答说：“剃掉了。”“太可惜了。”张学良还无限惋惜地说。

也就是从 1936 年 12 月 17 日起，周恩来就不再考虑留他的长胡子了。

“要买老头牌的”

西安事变后，周恩来不留胡子蓄长须了。可是他的胡子依然长得很快。而那时我们的革命经费相当短缺。周恩来不能经常地到理发馆去修面理发，但也不能任凭胡须旺长，只好自备剪刀和剃须刀，因为他要对自己的胡须经常修理。那时市面上已有保险刀售卖，而他的胡子不仅长得很快，且胡茬子又很硬，当时只有美国产的“老头牌”刀片才能将他的胡子刮干净。

1995 年 7 月周恩来卫士长成元功在北京六里桥家中对笔者说，1946 年他随卫周恩来到了南京，住梅园新村中共代表团办事处。有一天，周恩来的刮脸刀片用完了，就让成元功上街去买。成元功跑到当时南京最大的百货商场去买。商店里摆着许多种保险刀片。那是成元功第一次给周恩来买刮胡子的刀片。他考虑到周恩来一贯节俭，加之津贴费也很少，就给他买了一包中档的刀片。谁知，好心却办了错事。第二天周恩来刮胡子时，却刮不动了，就把成元功叫去说，“我胡子又粗又硬，你买的这种刀片刮不动，你拿去给别的同志用吧。”打那以后，成元功才知道，周恩来刮胡子的刀片必须要买“美国产”“老头牌”才管用。

成元功还告诉笔者，1946 年 11 月，蒋介石在南京召开由他一手包办的伪“国大”，国共两党坚持了十年的谈判终于破裂，周恩来被迫率中共代表团返回延安。成元功知道周恩来返回延安后的斗争会更艰苦，特别是刮脸刀片一定会没处买，所以他特意又跑去买，一下为周恩来买了一百五十片“老头牌”刮脸刀片。三年解放战争打完了，到中共中央和中国人民解放军总部进北京时，周恩来的刮脸刀片还没用完呢。

在以后很长一段时间内，周恩来都要买这种刀片用。新中国成立初，北京当时只有王府井百货商店才有。但那时美国对我人民政权采取敌视政策，我们进不到“老头牌”刀片，所以，王府井百货商店的存货卖完了之后，只好到上海或国外才能买到适合周恩来使用的刀片。

1997 年，笔者为纪念周恩来的百岁诞辰事宜，曾赴北京朝阳区三里屯，在周恩来原保健护士、当时刚从中央文献研究室离休的郑淑芸同志那里征集到一副周恩来生前用过的保险刀。郑淑芸告诉笔者，这副保险刀的刀片就是“老头牌”的，周恩来在延安、重庆和南京都使用过。据周恩来卫士长成元功告诉笔者，新中国成立后，总理曾试着用国产刀片，但因为当时质量不过关，一个新刀片装上刀架还没刮清他的胡须，刀口就钝了。1954 年出席日内瓦会议时，周恩来于百忙之中还特意让成元功到日内瓦大街的商店里买了一包当年由捷克斯洛伐克生产的刀片带回国以方便他使用。

1958 年 11 月份，周恩来的保健护士郑淑芸和中直机关团委书记崔长庚同志结婚。崔长庚同志的胡须长的也比较旺盛，周恩来就将自己使用了二十多年的这副保险刀作为祝贺他俩的结婚礼品赠送给了郑淑芸、崔长庚夫妇。为纪念周恩来的百岁诞辰，这对夫妇应邀到淮安为周恩来遗物陈列馆（当时中央批定的名字，建好后与周恩来纪念馆合并）奠基时将这件珍贵文物捐赠给了淮安，现在收藏在淮安周恩来纪念馆。

中华人民共和国成立初一次未留成的胡子

这也是周恩来的卫士长成元功同志对笔者讲述的。

1951 年，新中国从百孔千疮的废墟上刚诞生，美国又挑起了朝鲜战争，身为政务院总理和中央军委常务副主席的周恩来内政、外交、军事、后勤等等都要管。周恩来六伯父、中央文史馆首批馆员、前清举人周嵩尧见周恩来总是日以继夜、夜以继日地忙工作，非常心疼。他写信给他的表弟鲁觉侯说，“舍侄终日忙碌，直无刻暇”。

是年春，长期超负荷的工作终于把周恩来累倒了。开始是感冒发烧，后来又低烧不退。中央保健委员会就向党中央和毛主席报告，建议让他放下工作到外地休养。毛泽东得知周恩来生病，而且是累病了，就立即批准他离职休养三个月，政务院总理一职暂由董必武代理。到哪休养呢？周恩来选择去大连。于是1951年5月底，周恩来一行来到了大连。

周恩来刚住下时，只在院内散散步，或在室内练习写人民英雄纪念碑的碑文。然而，他是一个忙惯了的人，一个星期后，就提出让他到外边去走走、看看。这就给大连地方和中央随卫的工作人员出了道难题：其一，当时全国大陆刚解放，各个地方治安都还不够稳定，尤其是败逃到台湾的蒋介石贼心不死，千方百计派特务回大陆刺杀我们的党和国家领导人；其二，与大连隔海相望的朝鲜半岛上正在打仗，许多从朝鲜战场上撤下来的伤员就在大连治疗、休养。周恩来如果外出被群众认出，必然会引起群众围观，从而将周恩来在大连的消息传出去，敌机就有可能来袭击。这些都不得不考虑。

经过我有关保卫部门再三研究，最后决定请总理化妆外出。于是成元功建议总理把胡子留起来。经周恩来的行政秘书何谦先把保卫人员的想法报告邓颖超，邓颖超出于对周恩来安全的考虑，也完全同意这么做。周恩来听说后笑了起来说：“留胡子那还不容易。”并说，在上海地下斗争期间，他就常用胡子的变化和敌人周旋。

周恩来从接受留胡子的建议那天起，就认真地留起了胡子。由于他的胡子长得特别快，只有一个星期，他的两撇八字胡子就长得有模有样的了。随后，他在旅大市（今大连市）长韩光陪同下参观了一个工业展览和一座体育馆。可是没过几天，周恩来改变了主意，在洗脸时叫成元功将保险刀拿给他，随即便用热水毛巾来焐胡子刮脸。

周恩来刮了胡子后，望着疑惑不解的成元功说：“哪有一国总理怕群众的道理？”他还说，过去做地下工作、在国统区工作，国民党的宪兵、特务、暗探多如牛毛，我都平安地过来了，现在革命胜利了，旅大这里又驻有苏联军队，美国飞机根本不会来，只要我们依靠群众、相信群众，做好工作，我的安全就不会有问题。

就这样，周恩来果断地把他留了一个多星期的胡子刮掉了。

“你先来的，就先理吧”

1949年10月1日开国大典过后，北京的中南海成了我们党中央、政（国）务院和中央军委的办公场所。为了让在中南海内工作的同志节省时间，政务院机关事务管理局专门在中南海内配备了陈姓理发师傅。这位陈师傅的手艺很好，只是他做活精、细，特别是给中央首长们理发时，更是小心翼翼，因此每次他理发时所耗时间都比较多。

据周恩来的贴身卫士韩福裕同志生前对笔者回忆说，1950年春季的一天，他陪周恩来到中南海理发室陈师傅那里去理发。周恩来到理发室时，刚好一位武警战士已经坐上了理发椅。那位战士一见是总理到了，连忙站起身来说：“总理，您先理吧！”周恩来一见那位小战士脖子处已经围上了理发用的白围裙，就坐到旁边的一张空椅子上说：“你先来的，就先理吧。”

陈师傅一见，马上给那位战士理发。可是，陈师傅花了四五十分钟才给那位战士理好发，给总理理发时，因为他的胡茬硬，陈师傅又整整用了一个多小时才做完了活。

韩福裕告诉笔者说，总理那次理发连同等待的时间共用了近两个小时，这对于一个忙得时间上斤斤计较到分、秒的周恩来来说，实在是太过“浪费”了。于是，周恩来就尽量使用自己的保险刀修面刮胡须，头发实在长长了才去理一下。就这样持续了一段时间后，他还是感到不方便，总希望能找到一位耗时少一些的理发师傅。

两位巨人理发厅里论韩信

北京饭店是北京一家老牌服务业单位，拥有老北京一流的餐饮服务人员。该店的理发师傅朱殿华不仅手艺好，而且耗时少。韩福裕同志告诉笔者说，自从总理到朱师傅那儿理过发后，只要他人在北京，就很少到其他地方理发了。

1950 年 9 月 25 日，我国召开第一届战斗英雄和劳动模范会议。会议召开地点就在北京饭店。这天早上才七点多钟，周恩来就在他的卫士长成元功、卫士韩福裕陪侍下早早来到北京饭店。周恩来在检查了会场及主席台上的座次等会务工作后，抬手看了看表，见离开会还有一个多小时的时间，于是就信步踱到理发厅，刚好遇上刚刚上班的朱师傅。周恩来随即坐上理发椅，利用会前这点时间，请朱师傅帮他修一下面。

北京饭店的理发厅比较小，已有成元功陪侍在厅内，韩福裕便用右臂弯兜着周恩来的大衣退到理发厅的门外，警惕地站在那里。

大约八点半钟的时候，参加会议开幕式的毛泽东在警卫人员陪侍下也来到北京饭店。由于此时离开会还有一点时间，毛泽东就背叉着双手，大步地在饭店里转悠。

据当时在场的韩福裕同志 1991 年 10 月在北京西黄城南街家中对笔者回忆说，主席由东往西信步走着。当他见到“理发厅”三个字时，停下脚步端详着说：“哦，‘理发厅’，理发还有‘厅’。”韩福裕一见是毛主席，马上肃然起敬，因为臂弯里兜着总理的大衣，不好行军礼，只好立正向主席行注目礼。主席的卫士长李银桥一见韩福裕在这儿就向毛泽东介绍说，“这是总理的卫士。”韩福裕忙挺直身子说：“报告主席，我叫韩福裕，总理在这儿理发。”

韩福裕是山东莱州人，当时话又说得稍微快了点，毛泽东没听清他的山东口音，随口又问了一句：“你叫什么名字？”

“是韩信的‘韩’，幸福的‘福’，粟裕的‘裕’。”韩福裕放慢语速，把自己名字解释清楚。

毛泽东望了望眼前这位身材魁伟的山东大汉说：“你这个名字好啊，包涵了我国两个大军事家韩信和粟裕，而且你比他们还幸福！”

毛泽东幽默的话逗得大家都笑了。

外边的说话声惊动了心细的周恩来，他让朱师傅停下手里的活，戴着脖子下的理发巾，探身理发厅门口问：“主席，您有事吗？”

毛泽东与周恩来

“我没事，你化你的‘妆’。”毛泽东边开玩笑边转身准备离开。可他刚迈开两步，就又停下脚步转身向理发厅里说：“总理，韩信不就是你们淮安人吗？”“是的，主席，我老家还有许多有关韩信的古迹呢。”坐在理发椅上的周恩来回答说。

两位现代伟大的军事家在北京饭店的小小理发厅里纵论起我们淮安古代的大军事家韩信，这是人们没有想到的一段佳话。

“我现在这个样子朱师傅看到会难过的”

周恩来在北京饭店那里理发多了，朱师傅也就基本上掌握和熟悉了周恩来的理发时间以及习惯等等。有时时间到了，朱师傅还会主动打电话到西花厅，请工作人员便中转告周恩来，以提醒他头发该理了。可以说，周恩来在理发剃须上已经和朱殿华师傅互相之间形成默契。当然，周恩来在中央首长中间有时也会有意无意地夸赞朱师傅，说朱师傅不仅手艺好，而且能节省时间，一时间，其他中央首长也会到北京饭店找朱师傅理发。这样朱师傅就成了给中央首长理发的一把好手。

令人可笑可悲的是，在那“史无前例”的“文化大革命”期间，朱殿华这位一辈子只给人理发的人竟也成了造反派们批判的对象，不仅针对他的大字报铺天盖地，说他是个“反动权威”“白色剃头匠”，还夺了他的理发权，让他靠边站。当周恩来仍按时到北京饭店理发时，饭店方只好另指定一位年纪较轻、且不熟悉周恩来须发情况的理发师来接周恩来的活。这位理发师费了九牛二虎之力就是刮不清周恩来的胡子。结果自己累得满头大汗，手也发抖了，还是完不成任务，只好就此罢手。周恩来当即找来了北京饭店的造反派头头和饭店领导谈话：

“朱师傅是个理发师，他技术好，年轻人（指那些参加造反派的理发人员）还没掌握熟练的技术，为什么就要夺朱师傅的权啊？”

总理批评了，说话了，北京饭店方面只好“解放”（“文革”中凡是被夺权、靠边、罢官的人恢复了工作就叫“解放”）了朱殿华，还干他的理发工作。直到周恩来逝世后，朱师傅每每说起这件事，都常常感激得热泪盈眶。

周恩来生病住院后，都是定期由周恩来身边工作人员打电话请朱师傅到医院病房为周恩来理发。到了1975年冬天，周恩来病情沉重，常常卧床不起，医护人员已无力回天。他们为了执行邓小平同志“延长生命，减少痛苦”的指示，曾在周恩来的肌体上整整插了十七根管子，分别负责输血、输液、导尿、鼻饲、排液、给氧等等。疾病已把当年风度翩翩的周恩来折磨得不成样子了。

到了朱师傅掌握的周恩来需要理发的时间了，周恩来身边工作人员也是知道的。他们就问周恩来：“总理，要不要打电话让朱师傅来理发？”

周恩来在镜子里已经清楚地看到自己被疾病折磨的面容，一个十分注重自己仪容仪表的人是十分痛苦的。但是，他想到朱师傅给他理了几十年的发，已和自己有着深厚的情感，如果还让朱师傅到病房来见到他病成现在这个样子肯定会难过。于是，他只好对身边的工作人员说：“我现在病成这个样子，朱师傅见到肯定会很难过的，就不要让他来了。”

最后一次理发

周恩来不让打电话，他身边人员谁也不能违背他的意愿让朱师傅来。朱师傅几次主动打电话也被周恩来身边工作人员婉言谢绝了，结果只能一拖再拖。

转眼，1976 年元旦要到了，朱师傅又一次想到周恩来这位“老顾客”，再一次托人给解放军 305 医院周恩来病房捎来口信想要为总理理一次发，好让他过一个干干净净的年。人们把朱师傅的心愿转告给周恩来，但他仍不忍让朱师傅看到自己病重的样子而难过，也就没有同意朱师傅到 305 医院来为他理发。

1 月 8 日上午 9 时 57 分，山河崩裂，天地同悲，周恩来带着长得蓬乱的头发和长长的胡须离开了人世。11 时许，周恩来的遗体被从解放军 305 医院转送进北京医院一个不大的太平间。直到晚上，才通知北京饭店的朱殿华师傅到北京医院最后一次为周恩来理发。据周恩来的保健大夫张佐良回忆：

> 那天，北京饭店高级理发师朱殿华带了他的徒弟小卜到医院为周恩来理发和刮脸。这是他们第一次见到重病后的周恩来。他们一进门热泪就夺眶而出，不停地抽泣着。他们绝对没有想到周总理竟然被疾病折磨成这个样子：浑身瘦得皮包骨头，脸颊凹陷，头发稀疏蓬乱，满脸胡须，苍白的脸上满是褐色的老

年斑点，朱师傅曾为之服务了几十载、敬重的、风度翩翩的周总理几乎使他一时认不出来，说句俗话：已脱了形！

朱师傅好不容易平静下来之后，才跟徒弟小卜说，以前，我给总理刮胡子要给他抹几次肥皂沫，还要用热毛巾焖几遍，使胡子软和了才能把总理的胡子刮下来、刮干净。现在他走了，就不能用热毛巾了。如果用热毛巾一焐，他的皮肤颜色会发紫，到整容化妆时去不掉，不好看。经过朱师傅和小卜师徒两人的精心剪、刮。周恩来那蓬乱的头发和胡须终于整理整齐、干净了，中央电视台和中央新闻记录电影制片厂还都赶来拍了有关镜头。朱师傅这才满怀哀伤地带着徒弟小卜一脚高、一脚低地离开北京医院停着周恩来灵骨的太平间，结束了他最后一次为周恩来的理发。

瞬间永恒下的精神

男同志为什么不能蹲下？

在手机拍照已经普及的今天，照相已经是个很普通的事了。周恩来出生时，照相技术、照相机还未传到淮安，因此，他最早的一张戴瓜皮帽的童年照片还是1910年他离家到东北后才拍下的。之后，由于他的活动地域是在经济、文化比较发达的地区，他的照相留影就比较多。再到后来，他投身波澜壮阔的无产阶级解放运动以至后来成长为我们党和国家领导人，照相就更是生活中的常事了。

“瞬间成永恒，言行见精神。”今天这里告诉人们的就是周恩来与照相的几个故事。这些平凡小事，却无处不显现出伟人的智慧、幽默、风趣和时时谦虚谨慎的一贯作风。

“连你都认不出，敌人就更认不出了”

蒋介石1927年背叛革命后，疯狂屠杀共产党人和革命志士。根据蒋介石的旨意，国民党中统特务头子陈立夫还向他的密探们每人发了一张放大到12吋的周恩来照片，碰上嫌疑人，当场就可以对照、抓捕。此外，陈立夫还下达了这样一条死命令：“宁可错捕三千，绝不使一个漏网！”同时他还向下属们许诺：“抓住周恩来者，赏大洋五万块！”这样，在特务们的狗眼里，周恩来的头颅简直就是他们发财的“金娃娃”和“银伢子”。当时周恩来在上海处境的危险程度可想而知。

1928年，由于国内一片白色恐怖，中共第六次代表大会只好放到苏联莫斯科去召开。这样，大批与会代表要从国内前往，而一路上到处都是鹰犬、豺狼，稍一大意就会落入敌人之手。

周恩来不仅是“六大”正式代表，而且他作为我们党的重要领导人之一，还要在这次大会上作“政治报告”和“组织报告”，当然一定得去参加。

中国公民去苏联得有护照，办护照就得拍摄照片。周恩来用自己本来的面目去拍照显然不行，因为在当时的白色恐怖下，无异于自我暴露、自投罗网。为此，拍照前周恩来进行了专门化妆。

说起化妆，周恩来确实是个行家里手。早在南开学校上学读书时，他就因参与演出文明戏[①]，且因为当时社会风气不允许男女同台演出而出演女角而著名。男扮女装后连他的同学、好友都认不出是周恩来。这次去苏联，周恩来决定化装成一位“古玩商人”。他经过一番精心准备，然后站在穿衣镜前，在岳母杨振德和妻子邓颖超的帮助下，对自己进行了化妆打扮。化装后的周恩来手提文明棍，坐上人力黄包车到住地附近一家照相馆拍了一张照片，贴上出国护照。当周恩

① 即今天的“话剧”。

来把拍好的照片拿回家，而他自己又以平常装饰出现时，顾顺章、陈赓先后来到了他们的家。周恩来就拿出照片问他们认不认识照片上的人?

时任中共中央政治局候补委员、中央特科负责人，后来沦为叛徒的顾顺章望着照片上的人，用心地观察半天，指着照片悄声问邓颖超：“他是你们家的客人吗？”邓颖超闻声笑了，她用目光往周恩来那儿一瞅，很认真地说：“这不明明是你们的‘自家人’嘛，怎么连你也认不出来了？”顾顺章这才缓过神来，望着照片上的“古玩商”，又望望眼前的周恩来，欣喜地笑了起来。对此，周恩来十分满意地说：“能骗过顾顺章的眼睛，说明我化装成功了！”

陈赓是比顾顺章后进屋的。他把周恩来的照片拿在手里，左看看，右看看，上看看，下看看，怎么也认不出是谁。这时周恩来还提醒他：“这是一位你十分熟悉的同志。”陈赓就打开自己记忆的闸门，搜索着在上海与我们党有交往的“古董商”，又将那些曾经化装过阔少爷、阔佬爷的同志想了一遍，却怎么也和照片上的形象比不出来。最后，他不得不痛苦地摇了摇头：“我实在认不出照片上的人是谁。”

站在一旁的周恩来笑了。他满意地说：“连你都认不出，敌人就更认不出了。”

不久周恩来化装成一位古董商人，并用贴有“古董商人”照片的出国护照，从上海登船赴苏联，尽管上海滩一大批国民党特务均手持有周恩来的照片，他们不仅遍布街头巷尾，还占据着各个车站、码头，可是却没有一人认出从他们眼皮底下走过去的“古董商人”。

“今天以你为主，你得站中间”

刘久洲原名刘久长，江西于都人。1933 年他十五岁时在一家地主家当小伙计。红军攻打赣州时，他听说参加红军能吃饱肚子就背着家人跑进红军队伍当了一名红军小战士。经过两万五千里长征的锻炼，他成长为一名百米之内能百发百中的神枪手，因此，“西安事变”后被调任中革军委副主席周恩来的警卫员。1938 年 11 月，在随同周恩来去参加纪念文坛泰斗鲁迅逝世两周年的路上，突然遭到日本飞机的轰炸，为了保护周恩来的安全，他不顾一切地扑倒在周恩来身上，致使右耳鼓膜被震坏，听力严重下降，被迫离开了周恩来警卫员的岗位。

新中国成立后，刘久洲由野战部队调到国家公安部，在北京颐和园负责中央首长的安全警卫工作。因为周恩来夫妇对刘久洲一直有着深厚的情感，1951 年 4 月 8 日，周恩来、邓颖超利用一个星期天由周恩来的行政秘书何谦陪同，找到颐和园刘久洲的家。周恩来一进刘久洲的家门就亲热地说：“久洲，我们来看你了。”刘久洲不好意思地说：“总理，您这么忙还出来，您有空给我打个电话，我过去看您不一样吗？”周恩来一听就朗声笑着说：“那可不行，我们是一起共过患难的朋友和同志。”一句话说得刘久洲心里热乎乎的。接着，周恩来就拉着刘久洲一起上颐和园的万寿山。从山东边往上爬，一直到山顶的钓鱼台（不是现在的国宾馆钓鱼台）旁边。周恩来望了望万里无云的晴空说：“今天天气真好，往南都可以看到南苑机场了。我们在这儿和久洲合个影吧。”

1950 年，周恩来邓颖超在北京颐和园与警卫员刘久洲的合影

刘久洲一听总理要和他合影留念，真是又惊又喜。因为周恩来工作忙，对自己身边工作人员要求又都很严，很少和身边工作人员单独照相。刘久洲右耳听力很差，还以为自己听错了。哪知周恩来刚说完，邓颖超就立即把刘久洲往前推，并一直把他推到他们夫妻俩的中间。刘久洲一见，连忙后退两步站到邓颖超右边一点。这时周恩来严肃认真地说："今天以你为主，你得站中间，我们是陪你照相。"说着他又拉刘久洲到他和邓颖超之间的前边。刘久洲急得脸都涨红了，说："总理，我哪能……"刘久洲边说边又后退了两步。周恩来和气地对刘久洲说："你个子本来就不高，站到后边，拍出照片来你就显得更矮了，所以你得站前边一点。"

刘久洲一见周恩来考虑得这么认真、细致，就不能再耽误他那如金子似的宝贵时间，就很不自然地站到周恩来、邓颖超两位伟人中间，由何谦拍下了一张令刘久洲终生难忘的照片。当他收到这张珍贵的照片后便又到照相馆放大了一张12吋的，装进镜框悬挂在自家客厅里，成了他一家人的"传家宝"。1995年笔者赴京拜访刘久洲，他兴致很高地说起了这张照片的来历并且还给了笔者一张这张照片的翻拍件。

"你先来的，应当先照嘛"

新中国成立后，周恩来不仅担任了政府总理，而且还兼任外交部长，内政、外交活动非常多。他就必须有一张标准像供人们使用。上个世纪50年代初的一个12月的大冷天，周恩来在卫士长成元功等陪同下来到北京王府井"中国照相馆"想请该馆照相师姚经才为他拍一张标准像。

周恩来在北京一般都是轻车简从地外出，事先也没和照相馆打招呼。当他走进摄影室时，一位现役军人刚刚坐到摄影的位置上。这位军人一见人们心中敬爱的周总理来了，马上站起身，请周总理先照。照相师姚经才和他的助手一时也都愣在那里不知如何处置。谁知周恩来不仅没有坐上拍照的位置，还很客气地对那位现役军人说："你先来的，应当先照嘛。"说着，他就走到一个不影响摄影师工作的地方站下了。那位军人也不忍浪费总理的宝贵时间，赶紧让摄影师给他拍了照，然后向周恩来敬礼和握手就匆匆离去了。

这时，周恩来才站到摄影的位置上，摄影师姚经才用了大约二十分钟的时间，一口气为周恩来拍下了十六帧半身、全身的照片。送走周恩来一行后，姚经才和助手又立即紧张地将照片冲洗出来，从中选出四帧照得最好的送到西花厅，周恩来看了后比较满意。秘书何谦转告姚经才："总理比较满意。他准备这次出访亚非友好国家时带上一百张。"

姚经才得到这一喜讯后，赶忙用三天时间，加班加点地洗出了一百张照片，还另外放了四张 12 吋的彩照送给总理。周恩来收到照片后说："好是好，只是送我的不能要，要他们收钱。"事后，秘书根据周恩来的交待把钱如数送到"中国照相馆"。打那以后，周恩来就有了自己的标准像。

"我和红军战士一起听列宁同志讲演"

1957 年 11 月 14 日，周恩来来到首都剧场观看话剧《带枪的人》。这出戏是写苏联"十月革命"的，剧中出现有演员扮演的列宁、斯大林的形象。

演出结束后，周恩来高兴地走上舞台和演职员们热情地握手合影留念。许多人在一起拍照时，按惯例都是要站成一排或几排，而且肯定是要让总理站中间，因为他是在场的职位最高的领导人，让列宁和斯大林的两位扮演者分别站在他的两旁，让那些扮演红军战士的演员蹲在前边或站到两边。就在人们也在进行这样安排的时候，周恩来突然从他站的中间位置上走出来，还边走边说："我是列宁和斯大林的学生，怎么能和他们站在一起呢？我提议按照这出戏结尾的场面，我和红军战士们站在一起听列宁同志的讲演。”于是，扮演列宁的演员仍然挥手做出正在演讲的姿势，而周恩来和这台戏的导演欧阳山尊等一起走到舞台的左侧，和扮演红军战士们的演员在一起，留下了伟大的导师“列宁”正在挥手演讲、周恩来和“红军战士”们正在聚精会神聆听的历史瞬间。

颜太发“上当”

1958 年淮安县农业获得了空前的大丰收，被评为“全国农业先进单位”。是年底，中央决定在首都北京召开全国农业先进单位和先进个人表彰大会，淮安分管农业的县委副书记颜太发被推选为先进单位代表赴京出席这次会议。

这年夏天，淮安县委曾派副县长王汝祥到北京向周恩来汇报淮安农业生产和其他各方面情况，受到周恩来在西花厅的两次亲切接见。他回去后在县委常委会议上汇报时，听得大家都很高兴，所以，这次颜太发到北京后也十分期待能见到周恩来，因为他也是淮安人，对家乡毕竟要多一份情感、多一份关心。可是会议一连开了好几天，无论是大会报告还是小会讨论，颜太发都没能见到周恩来的身影。眼见会议已经进入尾声，颜太发已经认为这次会议见不到周总理的时候，与会的淮阴地委代表团突然接到大会秘书处的通知：周总理明天要在西花厅家中接见出席这次会议的十一名代表，颜太发是其中之一。同时，通知还告诉大家，这十一位代表都是由总理自己选定的。颜太发一听甭说有多高兴了！

接到通知的第二天，国务院派了一辆中巴车将被接见的代表从他们的住地拉到西花厅。周总理和总理办公室主任童小鹏等在西花厅前边代表们下车处迎接。周恩来很亲切随和地和下车代表们一一握手，问每一个人姓名（接见前已有一份名单报周恩来，上边均有姓名、性别和职务）。等代表们一一下车后，童小鹏主任就招呼大家在西花厅走廊下和总理合影，因为总理太忙，万一在接见中间遇上急事，他就得离开，就会照不了相。

颜太发一见能与总理照相，当然高兴得不得了，他恨不能一步蹦到周总理身边。但他不敢，怀里像抱着一只兔子似的“嗵、嗵、嗵”地直跳。这时他心里唯一考虑的是无论如何也要靠总理近一点，以便让他的身影永远留在总理的身边。他瞅着参加合影的队伍站得差不多了，就横跨一步站到这个队伍中间偏后一点，还猜想中间偏前一点的位置肯定属于周总理的。这样他就挨近周总理了。谁知周恩来十分随和，临照相时，他根本没有站中间，往左边一站就让照了。他身边的工作人员也好像早就习惯了，根本没有人请他到中间去。多少年后，笔者在病床前访谈颜太发时，他还不无遗憾地说：“和总理照相，我上了一个大‘当’，本想站中间和总理近一点，结果却离得非常远。”

“尔辉，你们一对新人坐中间”

周恩来的家曾是一个名门望族，男丁尤其兴旺。但是，他自己花钱给侄辈办婚宴的却只有嫡堂侄儿周尔辉一人。

尔辉在北京读中学时，与同桌的一位女同学好上了。到他大学毕业时已经双双坠入爱河。然而周恩来知道后派人一调查，这位女学生不仅家庭出身不好，而且还有“海外关系”。这在上个世纪 50 年代极“左”思潮笼罩神州大地的时候，无疑是犯了大忌：有这样家庭背景的人无论如何也不能当上一国总理的侄儿媳妇。

周尔辉生前曾告诉笔者，他与那位女同学最后一次在北海大桥上告别时是在晚上，两人抱头痛哭了很长一段时间，最后是三步一回头，五步一回首地依依惜别。在那早婚盛行的时代，周尔辉却一直拖到二十八岁了还不想找女朋友，还没从失恋的痛苦中走出来。

最后是在 1960 年淮安县委书记处书记刘秉衡赴京向周恩来汇报淮安工作时，周恩来邓颖超委托刘秉衡从淮安老家为尔辉找了一位预备党员、青年女教师孙桂云，双方经过恋爱而喜结连理。那么周恩来给尔辉办婚宴也许是对他感情上的一种“补偿”。

周尔辉孙桂云两人都是党员，所以他们原计划 1961 年 7 月 1 日党的生日那天结婚。因为周恩来 7 月 2 日有半天的休息时间，所以让他俩改为 2 号。周恩来请来了北京钢铁学院（周尔辉的工作单位）有关同志和周家在京所有亲属等大人孩子一共三十多人。周恩来的干女儿孙维世还给尔辉、桂云两人各做了一朵大红花挂在胸前。

婚宴结束后，由邓颖超安排大家合影留念。尔辉因为有伯伯、伯母，叔叔、婶婶等在场，没有贸然坐中间。周恩来一见，马上对他说：“尔辉，你们一对新人坐中间。”

这是周恩来老家淮安婚庆的规矩。一对青年男女结婚的当天，新郎和新娘被称为“一对新人”。坐席吃饭都坐首席，也称上席，照相当然也不例外，都得坐中间位置。周恩来离家半个多世纪也没忘掉家乡的这一风俗。

“明天见报就用这张吧”

1972 年尼克松访华。这是美国总统有史以来唯一一次到一个没有外交关系的国家访问，也是一件影响全球的大事，一时首都北京记者云集。由于周恩来事先考虑到记者人数太多，特意在首都机场搭起阶梯式的架子，让记者们井然有序地拍下周恩来在首都机场迎接尼克松的瞬间。

中南海专职摄影师杜修贤占有比较有利的位置，因此他拍了许多照片，最后他挑选了六张拍得比较满意的照片送给周恩来，让他选择第二天见报使用。

周恩来戴上老花镜，经一张一张仔细挑拣，最后拿起那张尼克松从飞机舷梯上快步走来，伸出双手与稳重、端庄的站在那里的周恩来两手相握的照片，对杜修贤说：“明天见报就用这张吧！”

杜修贤曾回忆说，当他把照片送到姚文元那里以后，姚文元大惑不解：总理为什么要选用这张照片呢？

其实，周恩来选用这张照片是从历史的角度一个很有讲究的考虑。

据笔者采访过的我国外交界元老们说，周总理 1954 年率中国政府代表团出席日内瓦会议时，美国著名的“冷战骑士”、国务卿杜勒斯曾下令美国代表团在与会期间，任何人不得和中国代表团成员握手。

据外交元老们回忆，当年的日内瓦会议开的时间很长，共有四十多天，美国代表团从与会第一天起，就决心不让日内瓦会议达成任何和解协议。所以杜勒斯只出席约一周的会议就于 1954 年 5 月 3 日回国了，留下副国务卿史密斯主持美国代表团的工作。这位史密斯先生在二战时，是带领美国部队在欧洲同德国法西斯作战的美国将军，他在个人观点上是愿意与新中国友好的，对美国政府采取敌视新中国的做法也是有保留的。据说他在私下里还表示过不同意杜勒斯不准与中国代表团成员握手的做法。

日内瓦会议快结束时，史密斯还曾在非正式的场合主动与周恩来攀谈，微笑着对周恩来说：“会议即将结束，能够在这里和你认识，我感到非常荣幸和高兴，你们在这次会上发挥了很大作用。我们希望不管朝鲜也好，越南也好，都能恢复和平。”史密斯话说得非常友好，但仍避开与周恩来握手，那也许是军人出身的他不能违背上司命令的天职吧。

1972 年 2 月 21 日，周恩来在北京同尼克松会谈时还饶有兴致地对尼克松说：“我给你讲个故事：杜勒斯的副手史密斯想同我接近，但又不好破坏杜勒斯不准与我们中国人握手的诫条。他右手端着一杯咖啡走到我的面前，又不好用左手跟我握手，就拉了一下我的胳膊。”说得尼克松和在场的人都哄堂大笑起来。

这就是周恩来选用这张照片的背景：你看，十八年前，美国政府敌视中国，堂堂的美国国务卿竟然笨到下令不准与中国人握手；可是，时过境迁，十八年后的今天，你堂堂的美国总统不是飞越世界上最辽阔的大洋来与我们中国人握手了吗？

“男同志为什么不能蹲下？”

无论是在中国共产党的党史上还是在中华人民共和国的国史上，毛泽东和周恩来这两位开国元勋都是活跃时间比较长的伟人。他们两个人同在一起的历史镜头也就必然比较多。到了这两位伟人的晚年，他们都各有一班人马为他俩服务和协助工作。这两个班子当时习惯上也称“毛办”“周办”。而毛办和周办的工作人员尽管互相熟悉，却从来没有在一起照过相。所以，这两个办公室的人中有许多人在周恩来面前表示过：希望主席和总理都在场时，和“两办”人员一起合个影。

1970年的8月17日周恩来在北京主持召开中央政治局会议结束后，乘专机飞往杭州，向住在杭州汪庄（今已改名为“西子宾馆”）的毛泽东当面禀报中央工作情况、宪法修改讨论稿遇到的问题以及关于即将召开的九届二中全会的相关事宜。

周恩来在汪庄一号大厅里见到了毛泽东，就径直进入了会议室，两人关起门密谈起来。这一谈就整整谈了两个多小时。当周恩来从容地从客厅走出来时，他身边的一个工作人员悄声说：“总理，我们能不能和主席合个影？”

周恩来一听停下了脚步，因为他也想起来了“毛办”“周办”许多工作人员已经几次提出希望能和主席合个影。这次确实是个好机会，他赶紧转身往回走，见毛主席和他身边人员正在大厅里目送着他们一行人离去。

毛泽东看到周恩来转身回来，以为还有什么事情，就用目光凝视着周恩来。当他听说是要求和他一起合影时笑了，便慢慢从沙发上站起来，同大家并排站好。在场的人都知道这个机会不多，马上现场指挥：人多，女同志请到前排蹲下。周恩来一听当即说：“男同志为什么不能蹲下？”说着，他就和前排的女同志一起蹲了下来。这时摄影师杜修贤已经调好了焦距。他一见总理没有和主席并排站到一起，忍不住提醒说：“总理，请你站到后排……”

周恩来在哪？哦，前排左二蹲着呢

周恩来一听，蹲在那里一动也未动，还对杜修贤说：“哪有那么多讲究？站着、蹲着还不都一样，你就赶快照吧。”杜修贤只好按下快门，留下了一张奇特的照片：毛泽东居中站着，周恩来的保健护士许奉生站在毛泽东身旁，周恩来却在前排蹲着。

纹枰论道

我们现在应该重视“兵卒”。

在开国元勋中，邓小平喜欢打桥牌，陈毅钟情围棋，朱德、贺龙等偏爱打篮球，周恩来除了喜欢打乒乓外，中国象棋的造诣也颇深，曾留下许多纹枰上的佳话而鲜为人知。

辍学下棋

周恩来的诞生地江苏淮安是座历史文化名城。官宦、商贾、文人们闲暇无事，或品茗议事，或纹枰论道，其乐无穷，乐在其中。周家也不例外，代代均有人下棋，而且其中不乏地方高手。他的生父周贻能先生就是个一辈子都喜欢下中国象棋的人。

1908年周恩来十岁时因生母、嗣母相继辞世，只得领着两个更幼小的弟弟返回淮安。他自幼好学，急切盼望读书，后经八婶杨氏与居住在东岳庙附近的龚家联系，得到表舅龚荫荪的同意，到龚家塾馆寄读。

龚荫荪是嗣母陈氏的姨表哥，常州人，因其父龚怀朴老先生曾多年任山阳县的钱谷师爷，因此家资甚丰，加之周恩来小时聪明伶俐，好学上进，深得龚家老幼的喜爱。尤其是龚表舅，他不但让其学习文化知识，还给他讲革命道理。周恩来长大后才知道，当年表舅已是个追随孙中山的革命党人。正因为如此，1909年春节过后，龚家突遭清政府的一次残酷抄家，被扫地出门。就这样，周恩来赖以寄读的温馨港湾一夜之间就失去了。他只好背着书包无奈地回家。

当周恩来走到明清两朝的漕运总督部院（相当于一般国家的交通部）旧址大门前时，发现一伙人正在那里围观一个戴眼镜的老人和一位中年男子下象棋。眼见那位中年男子只要黑边炮卧底，双车掠士就成杀，观者都已认定“眼镜老人”棋已无救时，那老人却不慌不忙先行出帅，待对方黑边炮落底时，他却把卧槽马怀里的兵挺进一步叫杀。弄得中年男子的将出不了，因为与帅对面；士落不下，红马将军；黑车又吃不了马，兵已叫将。中年男子只得“俯首称臣”。

年幼的周恩来完全被棋盘上变幻莫测的局面吸引住了。他顿时忘掉了失学的痛苦，就挤在人堆里一局一局地往下看。天近中午，挑战眼镜老人的棋手一个个败阵而归。最后剩下周恩来一个人还在面对着“楚河”“汉界”凝神遐想。眼镜老人似乎认识他：“小少爷，我教你一盘如何？”周恩来一听，高兴极了，连忙说：“好，好！”

于是，这一老一少，摆下三十二颗红黑棋子，眼镜老人问：“你下过棋吗？”“看过别人下，自己没下过。”周恩来腼腆地回答。“那好，我让你车马炮半边子吧。”

是役，眼镜老人执红先行，周恩来执黑步后，双方胶着二十多个回合，黑棋一着不慎，大车被抽，接着，马又蹩脚楚河。周恩来急忙强行兑车，期望成和，无奈老人已“兵临城下”，黑将被捉死，输了首盘。

第二局再战，周恩来汲取教训，先行强迫兑子，老先生只有左躲右让，结果反而折去一马，步步被动。战至中盘，周恩来车马炮六颗大子一个不缺，士象卒一颗不差，老先生只能招架，再无还手之力。于是，周恩来大炮坐阵，二马屏风，两枚小卒子在大军掩护下挺象掠士，直捣“黄龙”。

老人摘下眼镜，望着眼前这位文弱瘦小的翩翩少年，无限感慨地说：“我在这对石狮子前下了五十多年的棋，还没遇过让子第二盘就输的局面。”于是从第三盘起，老先生只让一车，双方战和。再战时已是中午，老先生再次输棋。这更激起了好胜心极强的老人的极大兴趣。从此，这一老一少，纹枰上论道，棋盘上谈兵，一个星期之后，这位后来周恩来得知他姓胡的老先生和他对弈时，就是颗子不让，都已互有输赢了。

周恩来无书念，每天便借带着弟弟玩耍而来和胡先生下棋。这位胡先生正是驸马巷周家院的原房主，就是在他的父亲手里，才把房子卖给周家，因见周恩来绝顶聪明、自己又已老迈，便悉心将自己多年的棋着招数尽行教给少年周恩来，使周恩来的棋艺日渐长进，以至他到东北、南开上学读书时，他那双马齐出、八面威风的棋艺在同学中一直享有着盛名。

共纾国难

1939年夏天，为国共合作抗日奔走在重庆的周恩来得悉下遍东南亚华人无敌手的“中国象棋棋王”谢侠逊从南洋归来，住重庆东方文化协会，就驱车前往拜访。当时，谢侠逊为了唤起海外侨胞支援祖国人民抗日救亡，刚刚远渡重洋到菲律宾、印尼、新加坡等地，以表演棋艺为名，宣传抗日，劝募捐款取得举世瞩目的成绩后胜利归来。所以，两人一见面，周恩来就紧握着谢先生的手说：“您是知名的象棋家。这次出国利用象棋比赛宣传抗战救亡，成绩很不错啊！”谢侠逊听了周恩来的赞扬，深深感动，连忙说：“抗日救国，人人有责。”

两人落座后边品茗，边纵论国事。特别是谢侠逊的南洋之行，周恩来问得很细。在对国事议论之余，周恩来突然对“棋王”说：“能否请教一盘？”谢侠逊一听周恩来要同他下棋，十分高兴，连忙命人拿来棋盘棋子。

第一局开局时，谢侠逊让周恩来两先。周恩来以当头炮开局，并依仗先手之利，猛攻谢侠逊城下，“棋王”中军频频告急。战至中局，谢侠逊抓住战机，兑掉一车一马，形势这才缓和下来，最终握手言和。

在棋盘上指挥千军万马的同时，周恩来又博古通今地谈起各种风格的棋艺来。他从《橘中秘》重视“当头炮”谈起，说到《梅花谱》中的偏爱“屏风马”，然后深有感触地总结说：“明朝人重炮，清朝人重马，各有利弊，我们现在应该重视‘兵卒’。”

谢侠逊自然听得出周恩来谈象棋的话外音，马上接言回答：“马，虽有八面威风，但巧妙地运用兵卒，照样可以制服。”周恩来一听朗声大笑说：“您说得很对。其实，‘兵卒’就是群众，抗日救国就是要广泛发动群众，谢先生已在这方面做了很好的工作。”

第二局，谢侠逊只让周恩来一先。周恩来着法娴熟，棋艺精湛。

行棋时融古通今，攻得猛，守得稳，变幻莫测，大有胸藏百万雄兵之势。两人边弈棋边品茗边谈时局，棋下得过瘾，话谈得投机，不知不觉中，棋已进入残局，斗了数个回合之后，周恩来因事起身告辞。

周恩来走后，谢侠逊又把这第二局残棋演练出数路着法，竟又是一盘“和棋”。于是，老先生夜不能寐，以他和周恩来的第二局残棋，题名为“共纾国难”，撰文发表在当时重庆的《大公报》副刊100号“象棋残局”上。令人惊异的是，周恩来和谢侠逊留下的这盘“共纾国难”，历经七十多年，经无数象棋高手演练，终是一盘“和棋”。

新中国诞生后，周恩来和谢侠逊虽有几次见面，终因周恩来为国事操劳，没有时间再和谢先生枰前过招。“文革”后期，年长周恩来十岁的谢老看到江青疯狂地搞“批林批孔批周公”，他忧心如焚，时刻为他当年的棋友、当时的国家总理担心。1976年1月9日，当他从中央人民广播电台里听到周恩来与世长辞的消息后，八十八岁的谢侠逊泪流满面地站在周恩来的遗像前，深怀激情地写下了一首七绝：

当年抗日说西安，破碎江山不忍看。

赖有英明周总理，降龙伏虎胜全盘。

谢老以棋作诗，以诗寄情，表达了他对伟人周恩来的深切怀念。

2008年周恩来110周岁诞辰时，淮安人民为了纪念和宣扬周恩来当年以棋会友、开展抗日统战工作的精神，专门在淮安周恩来纪念馆西侧地面上做了当今世界上最大的一盘象棋残谱，内容就是“共纾国难”。

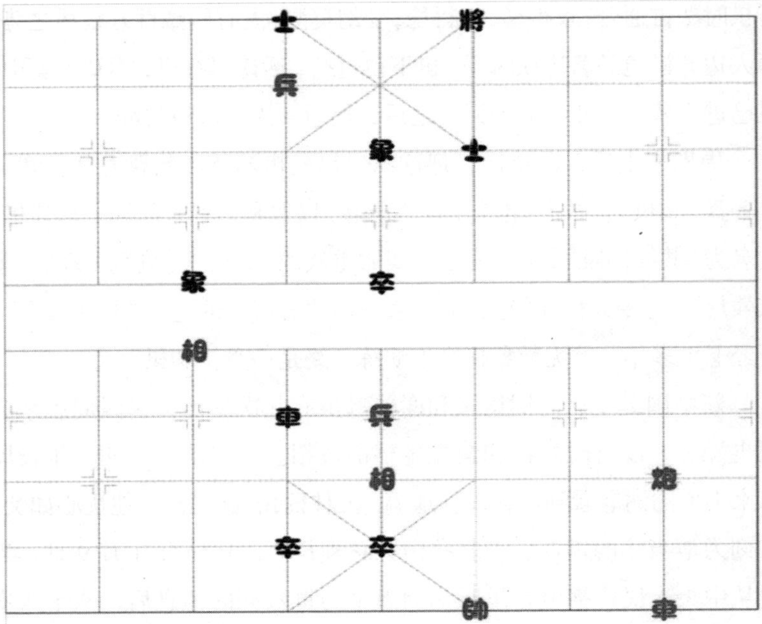

共纾国难

周恩来执红，谢侠逊执黑，红先和

歌曲情怀

俄败何喜，日胜何欣？吾党何日醒？！

周恩来喜欢唱歌。

周恩来出访途经新疆和田，参加在和田地委礼堂举行的舞会时，他一边合着乐曲跳舞，一边和声高唱《红梅赞》。那合拍的舞步，那洪亮的歌喉，展现出他的东方伟人的神采。

在中南海西花厅，夜间办公累了的周恩来会让工作人员放起陕北情歌《兰花花》的唱片，自己还甩着他那负过伤的右臂，轻声跟着唱，待消除疲劳后，再以饱满的热情投入工作。

周恩来出访途中，专机飞临红其拉甫山口上空，面对机翼下的起伏群山和周围天空中的蓝天白云，豪情满怀，情不自禁地唱起《歌唱祖国》。

……

多才多艺的周恩来常常通过唱歌来表达自己的情感，展现他的才华。

愤怒悲唱《何日醒》

1911 年的夏天，奉天东关模范学校放暑假，远离家乡的周恩来无法回淮安老家探亲会友，就和同班同学何履祯、何天章等相约去他们家乡郊游。

何家住在今沈阳南郊苏家屯区陈相乡的魏家楼子。何履祯的爷爷何殿甲是位年逾花甲的私塾馆老师。老人饱尝苦辛，但有着强烈的民族精神和爱民思想，对青年一代尤其抱有很大的希望。周恩来年龄虽小，但谈吐脱俗，相貌出众，使得老先生非常高兴和赏识，就不顾自己年高体弱，亲自领他们去烟龙山参观日俄战争旧址。

魏家楼子地处沙河南岸。1904 到 1905 年，日俄两个帝国主义国家为抢夺我国东北的经济利益和特权曾在那里打了一场恶仗。那场战争给无辜的中国人民带来深重灾难，当地有一位老人带着孩子躲进菜窖里还被俄国兵用刺刀活活捅死。战争结束后，俄国战败，连俄军司令也被打死。这位司令还是沙皇的驸马。于是公主哭着从俄国圣彼得堡来到我国东北，一面祭奠亡夫，一面又为丈夫建立了一座纪念碑，碑上雕刻上驸马的头像，远远望去，犹如一把宝剑插在山上，明眼人一见，便知其所表达的意思是败不服输，以图再起；日方一见，战败的俄国竟然树碑立传，我们战胜国岂能无动于衷？于是在俄国纪念碑的对面也建了一座纪念塔。塔身从上到下雕刻上“奉天会战第四军战迹”九个大字。从远处看，就像一把配刀插在那里，好不威风！两个帝国主义国家各自为了自己的利益，就这样肆无忌惮地在中国领土上为所欲为，践踏中国人民的感情和中国的主权。

何殿甲为了启迪后人，寄希望于中华民族的年青一代，特意带着周恩来、何天章、何履祯三个人一起去参观当年日俄战争的旧战场。当他们站在断壁残垣、堡垒、弹坑和两个帝国主义国家为纪念那场狗咬狗的战争建造的使中国人蒙受耻辱的纪念碑和纪念塔前时，何老先生悲愤地说："在那场战争中，日俄两国军队从旅顺口一直打到盛京（今沈阳），一路烧杀抢掠，无恶不作。当时，日俄两国都想吞并我国的东三省，互不相让，结果给我国人民带来无穷灾难。战败的俄军为发泄气愤，竟血洗了他们自己指挥部所在地的整个魏家楼子村，单我们何家就被杀死四人，伤了四人。我的父亲何朝云是无缘无故地被乱军活活埋掉的。"说到这里，老人眼圈湿润了，说不下去了。周恩来听了，一双大眼睛里直冒火花，他非常愤慨地说："日本和俄国打仗，怎么打到我们中国来了？真是欺人太甚了！"在年幼的周恩来心灵里，强烈地播下了要反抗帝国主义侵略、振兴中华的种子！他也从此明白了"落后就要挨打"这一千古不灭的道理。参观结束后，何殿甲老先生抑制不住激情，奋笔疾书了一首《登东山歌》赠给周恩来。歌曰：

登彼龙山兮山巅，望彼河水兮潺潺。

忆甲辰年兮神往，想日俄战兮心酸。

吾已生于斯兮长于斯，恨不能翱翔兮五湖烟。

今吾老兮有何志愿？图自强兮在尔少年！

周恩来读了《登东山歌》，心情久久难以平静。他手捧诗稿，含着眼泪唱起了当时在东北进步爱国人士中流行的《何日醒》的第四段：

辽东半岛风云紧，强俄未撤兵，

呜呼！东三省，第二波兰错铸成，

哥萨克队肆蹂躏，户无鸡犬宁。

日本三岛，顿起雄心，新仇旧恨并，

舰队联樯进，黄金山外炮声声。

俄败何喜？日胜何欣？吾党何日醒？！

周恩来一边唱一边在心中默默地立志，一定要“为中华崛起”而读书！

参观后的那天晚上，临时住宿于何殿甲老人书房的周恩来辗转反侧，夜不能寐。他久久凝视着墙上挂着的一张条幅，那上边是何殿甲老先生亲手抄录的唐代爱国大诗人杜甫的一首《春望》诗：

国破山河在，城春草木深。

感时花溅泪，恨别鸟惊心。

烽火连三月，家书抵万金。

白头搔更短，浑欲不胜簪。

诗文中的“国破”“草木深”等景象的描写犹如白天所见的碑塔、弹坑……不住地在他的眼前交替显现。他再也睡不住了，便起身在何老先生书房里研墨展纸，模拟《春望》，写了一首《村望》诗：

国破山河在，村残草木深。

感时匆落泪，誓叫寇惊心。

烽火连三月，捷书抵万金。

白头休志短，患除贺更新。

第二天何殿甲先生看了《村望》之后，既惊喜又激动，他捋着胡须，发现他面前这个文弱瘦小的书生，是一个有理想、有抱负、胸怀大志的少年。何老先生从少年周恩来的身上似乎看到了中国的前途和希望。从此，这一老一少就成了忘年至交。

后来，周恩来又多次到何履祯家作客。一次，他听到何殿甲老先生用悲伤的语调诵读陆游的《示儿》诗：

死去原知万事空，但悲不见九州同。

王师北定中原日，家祭无忘告乃翁。

周恩来听了感触很深，他又和着《示儿》的原韵写了一首诗，以抒发自己胸中的激情：

战火洗劫万室空，吾侪争见九州同。

华师尽扫列强日，捷书飞传告鳌翁。

何殿甲字“鳌峰”，所以周恩来诗中说“告鳌翁”。老先生读了周恩来的这首诗，感慨更深，对周恩来也更加喜欢。他似乎完全忘掉了与周恩来之间那五六十岁的年龄差距，和他谈诗论文，说古道今，毫无顾忌地叙议国事。有一回何老先生对周恩来说：“恩来，你的文字颇见功底，我出个上联，你对个下联如何？”周恩来说：“可以，我对对看吧。”于是，何殿甲吟出上联曰：“勿当列强之奴仆。”周恩来想了一想，马上对出下联：“誓作中华的主人。”何老先生一听，工整对仗，字字得体，掷地有声，连声赞叹说：“对得好！对得好！”于是，这一老一少之间的友谊愈加深厚了。后来，何殿甲先生坦率地对人说：“周恩来是我教书一生中见到的一位最好的学生，他是一个前途无量的少年。”

周恩来在魏家楼子触景生情而唱了《何日醒》的歌，并从中萌发了“为中华之崛起”而奋斗的使命感和责任感。从那时起，他就养成了关心国家大事、留心社会问题的习惯。经常读书看报，关心时事政治，成了他每天生活中不可缺少的内容。

1913年夏天，周恩来由奉天东关模范学校毕业，考取天津南开学校就读。何殿甲老先生难舍他与这一小友离别，特意写了《赠周恩来南归诗五首》：

辽东江北路迢遥，两地结成意气交。

沈水饯别同洒泪，邮传书信莫迟捎。

同校同班又同盟，以文会友话三更。

焦桐入听谁知己，除却周生即吕生[1]。

君欲南旋怅别离，不知后会在何期。
倘能共到凌烟阁，自有言欢聚首时。

读书只在性情坚，莫学浮夸那少年。
今日南归无物赠，略将诗句作金钱。

人生海角与天涯，好似飞鸿印泥沙。
倏尔南归由塞北，漂萍无定宦为家。

《南归诗》充分表达了何老先生对少年周恩来的深情厚谊。同时，周恩来与何老先生的这段交往和他的魏家楼之行也在他的漫漫人生之旅中留下了深深的印记。1917年，周恩来从南开学校毕业行将东渡日本前夕，专程前往沈阳，意欲拜访、看望何殿甲老先生和其他老师、同学。当周恩来得知何殿甲老先生已经作古时，他十分悲痛难过，特为自己的同学郭思宁写下了"愿相会于中华腾飞世界时"的临别赠言，从而表达了他对何老先生遗志的继承。

周恩来波澜壮阔的一生正是受《何日醒》歌曲激励的一生。

《四季游春》唤乡情

1935年10月10日，日本军国主义的铁蹄正践踏着我国"东三省"和其他一些地方，举国抗日情绪高涨。周恩来家乡的淮安新安小学的十四名儿童在校长汪达之先生带领下组成"新安旅行团"，走出校门，走出淮安莲花街，面向社会，"唤起民众，抗日救国"。

新安小学是1929年6月创办的新型学校。它的公开创办人是人

① "吕生"指何殿甲教的另一位出类拔萃的少年学生吕大成。

民教育家陶行知先生，实际却是直接受上海党中央领导的一处秘密联络点。

新安旅行团从淮安出发后，通过放映电影、街头宣讲、演戏、在建筑物上刷写大幅标语等方式宣传抗日，振兴国人士气。他们曾深入安徽农村，在上海为鲁迅送葬、唱挽歌，到绥远前线劳军，参与保卫武汉。后来，国共合作抗日，新安旅行团被收入国民政府军事委员会政治部第三厅的特约救亡文艺团体，有了合法身份，政府还拨给薪饷，“新旅”队伍很快发展壮大起来。到西南抗日基地桂林时，“新旅”已达八百多人，分成了总团和几个分团。

1939 年春天，周恩来从皖南新四军军部一回到桂林，就让八路军驻桂林办事处主任李克农找来“新旅”顾问汪达之、总干事会成员徐志贯、张杰等人，听取他们的汇报，并且表扬他们“你们搞得不错呀，人多了，工作做的也更多了。大家都讲你们的好话，你们的脚跟就会站得更稳”。

会见结束后，汪达之、徐志贯等热情邀请周恩来抽空到孩子们那里看看，并且告诉他“最早出来的一批还多是您的家乡人”。周恩来欣然同意。

第二天下午，周恩来在警卫员刘久洲陪同下，步行出了桂林的水东门，稳步走过浮桥，沿着春光明媚的漓江江畔小路，来到了新安旅行团当时在桂林的驻地——东江镇小学。周恩来一踏进校门，就被团员们认出来，大家热情地拥上来，亲热地将他团团围住。周恩来十分随和地和这个小朋友握握手，又摸摸另一个小朋友的头，详细地问他们的姓名、年龄、生活和学习情况，孩子们则一个个像回到母亲怀抱一样，有说不完的心里话，诉不完的衷肠情。特别是几位来自淮安的老乡，更是一见如故。谈着、谈着，他们就一起唱起了用苏北家乡的《四季游春》调填词的民歌：

春天到了万物齐发青，

青年人要参军，
去打东洋兵，
挂红花，骑大马，
你看多光荣，
挂红花，骑大马，
你看多光荣！
……

周恩来一边深情地跟着孩子们哼唱着，一边用手打着拍子，一边想着家乡故地被日本人占领的痛苦，情感上已完全和这批宣传抗日救亡的孩子们融汇在一起，更加坚定了动员全民族起来抗日救亡的决心。

三载难忘《采茶舞》

溪水清清溪水长，溪水两岸好风光，
哥儿们上畈下畈勤插秧，姐妹们东山西山采茶忙。
插秧插得喜洋洋，采茶采得心花放。
插得秧来密又匀，采得茶来满山香。
……

一曲清纯甜美的《采茶舞曲》充满着勃发生机又透露着江南水乡气息，在上个世纪的五六十年代曾倾倒过多少中华儿女和中外来宾。据周恩来生前身边工作人员向笔者介绍，周总理不仅喜欢《采茶舞曲》，会唱《采茶舞曲》，还为修改《采茶舞曲》的歌词、舞姿等付出很多心血，足见伟人有着造诣颇深的文艺才华和丰富的生活实践。

1958 年的春暖花开季节，浙江越剧团以茶农生活为题材，创作了现代越剧《雨前曲》。《雨前曲》的主题歌《采茶舞曲》优美动听，既有浓厚的江浙乡音，也有着热火朝天的社会主义建设的时代气息。

随着唱片的发行，广播的传送，很快风靡全国，传到世界。

那年的9月12日，百忙之中的周恩来得悉《雨前曲》将在京演出的消息，趁着夜幕的降临，悄然来到剧场，买了两张舞台右侧边上的座位和警卫员一起坐下来看戏。

演出结束后，周恩来就按捺不住喜悦，走上舞台与演员们一一握手，祝贺演出的成功，然后坐下来与演职员们亲切交谈。

《雨前曲》编剧周大风告诉总理："这出戏是以杭州西湖梅家坞为背景写出来的。"

"是吗？"周恩来似乎格外高兴，连忙关切地问，"现在梅家坞的茶叶生产怎么样？"

"发展得比较好，今年又开辟了一批新茶园。"周大风回答道。

梅家坞以盛产闻名世界的"龙井茶"为主，周恩来又早就对龙井茶情有独钟，他曾数次亲临梅家坞，与茶农交友谈心。上个世纪的90年代初，梅家坞人还自费为他办了一个"周恩来纪念室"呢。

说到了这出戏的艺术创作，周恩来十分内行地说："《采茶舞曲》很动听，有江南风味，也有时代气息。只是其中两句歌词还不够妥贴，'采茶采到月儿上'脱离了生活，因为露水茶不香，味淡；还有'插秧插到大天光'也不好，不能这么提，要注意农民的劳逸结合，合理安排。"他又一再谆谆叮嘱周大风："希望你能再到茶乡梅家坞生活一段时间，把这两句词改好。"

在场的演职员们听了，都叹服周总理细致的考虑和知识的渊博。周恩来精辟地分析过歌词，又把目光落在了舞蹈演员们的身上："你们的舞蹈在树蓬下采茶与实际生活不合；用手在高处摘，茶树也没有那么高，也不合实际。"谈到这里，周恩来略为停了一下，接着说，"当然，艺术是可以夸张的，但也要有分寸。"

夜已经很深了，周恩来仍谈兴未减。他要求演职人员再去茶乡深入生活，一定要"亲自去采茶、炒茶"，把这个舞曲演得更贴切一些、更好一些。

三年以后的1960年12月22日，周恩来、陈毅陪同柬埔寨国家元首西哈努克亲王和夫人莫尼克公主访问杭州。他们不仅和外宾们一起在杭州饭店小礼堂观看了《采茶舞曲》，还和贵宾们一齐来到梅家坞参观、访故。

在梅家坞，周恩来意外碰上了正在那里体验生活的周大风。周恩来非常高兴地握着他的手说："你那两句歌词改好了没有哇？"

隔了几年，身为一国总理的周恩来竟还记得这事，周大风眼眶湿润了，只好歉疚地告诉总理："还没有找到合适的词句。"

周恩来没有责备和埋怨，而是沉思一下说："我看这样吧，要写心情，不要写现象。我建议把这两句改为'插秧插得喜洋洋，采茶采得心花放'。至于茶农为什么要'喜洋洋''心花放'，让听的人自己去想，你说得太露、太直了，那就不是文艺作品，你看怎么样？"周恩来没有居高临下的那种强加于人的神态，而是亲切随和并带着商量的口吻。周大风和在场人都深深佩服周恩来的敏捷才思和对茶农生活的熟悉，连连向总理道谢。

周恩来仍谦逊地说："供你参考嘛，以后有更好的句子还可以换上去。我相信你会把歌词改得更好。"

周恩来匆匆上车陪外宾们走了。从此，《采茶舞曲》无论在国内还是国外演出，都采用了周总理修改后的歌词。1975年他的病势已经沉重，在抱病审查中国歌舞团出国演出节目时，还提出一定要把《采茶舞曲》带出国门，让她传遍全世界。

《茉莉花》香千岛国

1965年4月，周恩来总理率领中国政府代表团去印度尼西亚参加万隆亚非会议十周年纪念活动。行前他特别点中国人民解放军南京军区的前线歌舞团随行，对外称"中国青年艺术家代表团"，隐去军人身份。

4月底的一天，我国驻印尼大使姚仲明为周总理、陈毅副总理访问印尼在大使馆举行联欢会，前线歌舞团的大部分同志也应邀参加了。联欢的节目一个一个地进行着，周恩来认真地欣赏着，还不时和身旁的陈毅副总理交谈几句。每个节目演完，他都带头鼓掌，祝贺演员们演出成功。当报幕员张宁报出最后一个节目是“大家一起联欢”时，音箱里放出轻松欢快的《茉莉花》乐曲。周恩来总理再也按捺不住自己激动的心情，走进舞池与歌舞团的女青年们翩翩起舞。

一曲终了，周恩来径直走到演员们中间，高兴地笑着对大家说：“我一听到你们放出的《茉莉花》乐曲，就想起了苏北家乡来啦。我十二岁离家，已经五十四年没有回老家了。在这千岛之国的印尼，《茉莉花》可撩起了我的乡思乡恋啦。”

《茉莉花》是起源于周恩来家乡苏北一带的民歌。它是由民歌《鲜花调》经文艺工作者加工演绎而成。周恩来的家乡戏淮剧中就经常使用这一曲调。周恩来小时曾和生母万氏、小婶母陈氏看有钱人家请来的淮剧班子唱的堂会戏，所以十分熟悉《茉莉花》的曲调和旋律。据说，当年陈毅留学法国，当和各国留学生们聚会并要求各人唱一遍自己祖国的国歌时，陈毅不愿意唱北洋军阀政府的国歌，就唱《茉莉花》代替，居然获得不懂中文的同学们的赞赏。而六七十年后，中国政府在恢复对香港和澳门行使主权时，中国军乐团都轻松地演奏了中国民歌《茉莉花》，大长了中国人民的爱国激情。

周恩来喜欢唱的歌曲很多很多，这里撷取的只是万花园里的一两个花瓣，以表达伟人周恩来与歌曲的情怀。

热爱与保护文物

将这批文物全部交给国家，由故宫博物院全权处理。

周恩来出生于书香之家。他对中国的古老文化，几千年的历史文明有着深刻的理解和认识。因此，他毕生热爱各类文物。特别是新中国成立后，他作为开国总理，更是精心保护文物，使许多文物能够得到抢救、修复和保护，从而才得以流传给我们中华民族的子子孙孙。

爱不释手赏汉瓦

1911 年初，周恩来在沈阳（当时叫盛京）读书期间，和他的同窗好友谭公弼、何天章三人结为异姓兄弟。他们之间经常往来。当时，谭公弼家住在沈阳大东关水簸箕胡同，距他们读书的东关模范学校很近，而谭家是个书香人家，家藏的古书、古玩非常多。因此，周恩来和他几个要好的同学便经常到谭家看书、学习、写字。

周恩来对谭家的古书古物十分喜爱，经常阅读和欣赏，有不懂的还向谭家人请教。据谭家人说，他家收藏有一块“汉瓦”，是三国时代著名人物曹操修铜雀台时用剩的一块房瓦，极为珍贵难得。

当时的周恩来还是翩翩少年，出于对文物的喜爱和少年的好奇，每次到谭家都要看一看这块汉瓦。谭家人出于对周恩来的偏爱，就干脆将这块汉瓦放置在书案上供研墨使用。而周恩来每次到他家总喜欢先把这块汉瓦拿到手中，用手指轻轻敲打，听它发出那清脆的声音，然后左看看，右瞧瞧，一副爱不释手的神情。而用这种汉瓦做砚台盛墨时，墨汁不易干，周恩来到谭家写字时（那时还都用毛笔）就使用这块“瓦砚”。

1976 年 1 月周恩来逝世后，谭家将这块有着特殊纪念价值的汉瓦敬献给了沈阳市第六中学（东关模范学校是其前身，现在已修建为沈阳市周恩来同志少年读书旧址纪念馆），作为文物永久地收藏。

烽火岁月游禹陵

1939 年 3 月 29 日，周恩来于抗日的烽火硝烟中由重庆来到自己祖籍绍兴，在族曾祖周希农太公带领下，乘乌篷船前往绍兴涂山鸭嘴桥和外凰狮子山等五个地方祭拜了周恩来十四世祖孟班公到十八世祖樵水公的墓地。周恩来系二十一世。

祭扫完毕，周恩来一行乘船去游览大禹陵。一路上，周恩来对陪同他一起前往的一行人说，大禹姓姒，名叫文命，字高密，是鲧的儿子，也是夏氏部落的领袖。他的父亲鲧奉舜之命治水，鲧就带领人到处垒埂打坝，拦截洪水，结果是东塞西流，南堵北缺，洪水依旧肆虐无度，黎民百姓依然遭殃受苦。舜就愤怒地把鲧给杀了，再命鲧的儿子禹治水。禹经过长期调查观察，采取了与父亲相反的措施，带领人们兴修沟渠，疏通江河，让洪水很快地宣泄下海，同时，他还注重发展农业，奖励耕作，终于治服了洪水，使万民衣食有余。在治水十三年中，大禹三过家门而不入，传为千古佳话。由于他治水有功，被推举为舜的继承人，在舜死后做了中华民族的部落领袖。禹死后，他的儿子启继位，从而诞生了中国历史上的夏朝。故旧时《三字经》上有“夏传子，家天下”，就是指的这件事。后世人为缅怀禹的功劳，就在他的安葬地立碑建庙，世代享祭。

人们听了，都为周恩来的渊博知识所折服。说着，船已靠岸，周恩来一行人依次弃舟登岸，来到会稽山下的大禹陵。

沿着砖石甬道，踏上墓园，迎面是一块始建于明嘉靖年间的高大石碑，碑由一个精巧的亭子覆盖着。石碑由上到下竖刻着“大禹陵”三个大字，每字三尺见方，显得古朴庄严，笔力浑厚。周恩来怀着崇敬的心情凝望着碑亭问：“这‘大禹陵’三个字是谁写的？真是笔笔遒劲有力，字字稳如泰山。”

陪同他前来的“绍兴通”宋山回答他：“是明代书法家南大吉的手笔。”

“难怪非同凡响。”周恩来由衷地赞叹道。

在与亲友、随行人员合影之后，周恩来又特意在大禹陵碑前单独留影，然后进禹王庙参观。

禹王殿画栋雕梁，朱漆彩绘。殿正中亭台上的大禹立像高约六米，仪态端庄，落落大方，令观瞻者肃然起敬。周恩来不由询问道：“这尊大禹像是旧有的还是新近塑的？”

宋山回答说：“是新近塑造的。”

“那么是谁最后定的稿？”

“是章太炎先生最后审定的。”

周恩来又仔细端详良久，连声称赞：“塑得好，塑得好！”

这时，他眉峰一扬，看到供壁彩绘上有九把斧头的图案，就问道：“这九把斧头是什么意思？”

“绍兴通”宋山被问住了，无可奈何地摇摇头：“不知道。”

周恩来又以目示表弟王贶甫，贶甫也说不知道。这时，还在上初中的周恩来表侄王戍醒悟似地说：“大伯，你刚才不是说过大禹造过九个鼎吗？这九把斧头肯定跟九鼎是一个意思。”

周恩来笑了。他夸赞说：“王戍说得对。九斧和九鼎都象征大禹疏凿九州的丰功伟绩。”

随行人员听了，更加佩服周恩来的超群智慧和渊博知识。周恩来仔细观赏后，又谆谆对宋山和随行人员说：“大禹陵和禹王庙，都是绍兴最负盛名的古迹，我们一定要注意保护。待抗战胜利后，政府应拨专款对大禹陵和禹王庙进行维修，使之气势更加雄伟壮观。”说得随行人员跟着连连点头。

后来，绍兴市人民政府根据周恩来的嘱托，专门拨款对大禹陵进行了多次修缮。现今的禹王庙横书的坊额“大禹陵”为中共中央前总书记江泽民同志题写。每年接待着成千上万的中外游客和炎黄子孙。

批示苏北修关祠

周恩来童年时候，在随嗣母陈氏去淮安东门内东岳庙附近的龚荫荪表舅家串亲时，多次踏览位于县东街的关忠节公祠，即关天培祠。那时祠内建筑齐整，柱新瓦明。从大门进入后，便是道光皇帝御笔题写的“忠节公”碑亭。碑亭两侧，分别为东厢房、西厢房，碑亭北边就是五间高大的享殿，祭台上是栩栩如生的关天培塑像，两旁是他一文一武的两名随侍。据关家后代说，这尊塑像是根据“忠节公”最后遗容遗貌雕塑而成的，所以非常逼真。只是体格上稍微夸张了一点。

周恩来聪颖过人，记忆超群，对关祠内一草一木，一砖一瓦都留有很深刻的记忆。多少年后，他都记得关祠享殿抱柱上林则徐亲笔题书的那副挽联，脱口就能背诵：

> 六载固金汤，问何时忽坏长城？孤注空教躬尽瘁；
>
> 双忠同坎壈，闻异类亦钦伟节，归魂相送面如生。

新中国成立后，他对关祠就多了一份关心。

1996 年夏季的一天，香港回归在即，笔者骑上自行车到淮安城内锅铁巷与百姓巷之间的廖家巷关家采访。当时那里住着关天培的第六代嫡系裔孙关士成先生。在谈了许多天培公的事迹之后，关士成先生也说起了修葺关祠的一些往事。他告诉笔者，先贤天培公虎门殉国后，清朝道光皇帝下旨在忠节公的殉难地建祠，世代享祭。同时，因忠节公的老母还在，都八十多岁了，所以，道光帝又下诏给关母发了一笔优厚的抚恤金。深明大义的关母舍不得用掉这笔钱，就决定在他出生的淮城内也建一座祠堂，好让忠节公世代享祭。这样，准确地说，建在广东东莞虎门的忠节公祠是“国祠”，而建在淮安城内的忠节公祠原本只是“家祠”。

关士成先生说，由于我们淮安关祠是家祠，一切维修管理都由我们关家自己负责。清末民初，战乱纷繁，后来蒋介石更是祸国殃民。而且关家后代中也有个别不争气的，因此经多年圮毁，关祠已破败不堪：道光御笔碑亭毁了，西殿倒了，正殿也已风雨飘摇，随时可能危及塑像的安危。关天培的第五代裔孙关和甫先生看在眼里，急在心上：当时刚建立的人民政府，忙于救济灾民还忙不过来，哪有力量重修关祠呢？关家自己也是穷困潦倒，根本无力整修。这时，他们已想不到关祠的重修问题，而是想到一定要千方百计将塑像保存下来。于是，关和甫先生就提笔直接向北京中央人民政府主席毛泽东写了一封信，信中提出，关天培的祠毁坏了，现在已经危及到关天培塑像的安全，恳望毛主席看在关天培是为反抗外国侵略而牺牲的份上，将他的塑像能运去北京，一是可以将这尊塑像保存下来，二是以后可以在北京对外展览。这是这封信的大概意思，时间是1950年的秋后。

关天培塑像

毛泽东主席收到这封信后，极为重视，就把它批给了政务院总理周恩来处理。周恩来当然十分关心此事，批交给时任文化委员会主任委员的郭沫若办理。并具体交待：塑像不要运来北京，以后北京万一需要，可以由革命博物馆出面向淮安借用，现在可拨粮款整修一下关祠。郭沫若同志在和文化部文博方面的负责人王治秋同志商谈此事时，王治秋认为，新中国才刚刚诞生，前方还在打仗，抗美援朝又爆发了，国家哪有钱来修一个个人祠堂呢！周恩来得悉王治秋的态度后，十分不悦，他让郭沫若将有关毛主席和他批示的文件直接寄转苏北行署（当时江苏尚未建省，分苏南行署、苏北行署和南京市三大块），要求苏北行署做好此事。于是苏北行署在经济极其困难的情况下，拨付了小麦和钱款，将关祠已毁坏的正殿和尚完好的东偏殿一起拆卸，再以东偏殿的全部材料在正殿基础上重新盖起来。这就是现在人们看到的淮安关天培祠内的正殿。这个正殿比原来的正殿要矮小一点，因为它只是移挪位置后的东偏殿。

透过这件小事，反映出周恩来是十分关心全国各地文物的。

拨付重金买国宝

1950 年初，新中国刚刚从废墟上诞生，周恩来就得悉原藏于北京故宫的一批书画已流落海外，并由一个藏家将其带至香港文物市场，希望遇到识者和买家。这批国宝中有唐代著名画家韩滉绘的《五牛图》，有王献之书写的《中秋帖》、王珣书写的《伯远帖》等等。

时任文化部副部长兼文物事业管理局局长的郑振铎专门向周恩来作了汇报，并希望由我们国家出资将这批极为珍贵的文物全部购回。周恩来听了郑振铎的汇报后，当即指示文化部组织专家赴港对有关文物进行真伪鉴定，并专门成立文化部文物收购小组同时赴港。

周恩来关于购买回这一批国宝的批示件写道：①

> 同意购回王献之《中秋帖》及王珣《伯远帖》，惟须派负责人及识者前往鉴别真伪，并须经过我方现在香港的可靠银行，查明物主郭昭俊有无讹骗或高抬押价之事，以保证两帖顺利购回。所需价款确数，可由我方在香港银行与中南胡惠青及物主郭昭俊当面商定，并电京得批准后垫付，待中秋及伯远帖入国境后拨还。
>
> 以上处理手续，请与薄、南两同志接洽。
>
> 周恩来　十一月五日

① 该批示件收录于中央文献出版社 1988 年 1 月出版的《周恩来书信选集》第 460 页。

由于有周恩来的批示，国家花了约二十万港币才将《中秋帖》《伯远帖》购回，《五牛图》也花了六万港元。这些都是我国书画界珍宝。此外，按周恩来指示成立的文物收购小组还在香港陆续购回了董源的《潇湘图》，宋徽宗（赵佶）的《祥龙石图》，马远的《踏歌图》、李唐的《采薇图》、吴镇的《渔父图》、顾闳中的《韩熙载夜宴图》等等四十余件书画名作，这些都是我国古代书画艺术珍品，是我们中华民族的珍贵遗产。

宁窄“相府”不拆城

在北京中南海和故宫之间的北侧是北京市有名的风景区——北海公园。当游人来到这里，却见到北海公园前边的东西大马路向南拐了个大弯，而在这个大弯的“弓”背里，正是国家级文物保护单位——团城。

团城，位于北海南门西侧，元朝时这里是北海中的一个小岛屿，到明代时在四周筑了城墙，形成了现在的四周环境。清康熙十九年（公元 1680 年）重建了团城内的主体建筑——承光殿，至乾隆年间又进行了较大的修整，在承光殿前增建玉瓮亭。打那以后，也就留下了现在人们见到的团城建筑格局。这座平面呈圆形的小城，四周砌有千仞壁立的城墙，城台高出地面 4.6 米，城周长 276 米，整个团城面积 4553 平方米，在团城的东西两侧城墙下各建随墙门一座，东边的叫昭景门，西边的叫衍祥门。游人入门后可登台游览。那金碧辉煌的承光殿掩映在苍松翠柏之中，殿正中还供奉有清光绪年间安南王进贡慈禧的玉观音一尊。像高达 1.5 米，且雕刻得慈眉善目，栩栩如生。多少年来，不知吸引多少善男信女前来顶礼膜拜，一般游客见了也为那精美绝伦的雕刻艺术而击掌称奇。玉瓮亭内的一只特大绿色玉瓮系元代人雕刻，也是精美绝伦，令人赞不绝口。

1954年，北京市在改造旧城市面貌时，拟将金鳌玉栋桥拓宽。按照这一规划，应将团城南半部拆除，使文津街平直向东。于是，有关人员将计划报告给了国务院，周恩来知道后，因为紧靠中南海西花厅，他就放下手中工作，亲自前往实地考察，最后果断决定：保留团城，而将道路拐弯南移，情愿“挤压”中南海内国务院的办公和活动场所，而不能将这一名胜古迹毁坏。同时，为了便于保护和开发利用，他还指示在团城北面修建了从左右都能上能下的行人台阶，但不得拆墙挖洞，使之与北海自然相连。这样，团城既是一个独立的文物风景实体，又与北海公园相连。所以，当今天人们游览到团城，见到北面城墙上的有关文字说明后，都无不称赞人民的好总理爱护祖国文物的远见卓识，正是他，殚精竭虑地为中华民族保留下了这一珍贵遗产。

团城承光殿

地铁让道观象台

20世纪的50年代，我们新中国进入社会主义建设的高速发展时期。这给我们新政权的各级领导出了一个新问题——有关文物怎么保护？

在北京修建地铁的初步规划中，一号线要经过建国门元代所建的古观象台，施工指挥部提出了拆掉这座古观象台的建设方案。而北京古观象台是全世界最古老的观象台之一，保存着一批珍贵的古代天文、气象观测记录和一大批数据资料等等。其中就包括了从1742年到1902年近一百八十年间完整的气象记录资料，是全球现存最早的气象观测记录。如果这座观象台被拆毁，一个十分重要的文物遗迹就将永远地在人间消失。文化部图博文物事业管理局向国务院报告，要求地铁改线，保留古观象台，以保护我国的这一珍贵文物遗迹。周恩来在看了这份报告后，作了如下批示：

> 这个天文台不要拆，看绕过成不成？有什么困难，写个报告来。

有了总理的上述批示，这座当今世界上保存天文仪器、气象记录年代最早的古天文台，就这样保留了下来。

当时地铁为文物让线改道的还不止这一件，在北京石景山玉泉路口西北侧路边，有两棵已逾七百年的古银杏树，它们原是元代灵福寺旧址遗存的古树名木。这两棵古老的银杏树正好处于设计中的地铁玉泉路站的站口位置。为保护古树，经周恩来批示，修建地铁的单位修改了原先定下的建设方案，使这两棵古树得以成活至今。现在，它俩的树龄已经赶上了中国古代传说中的彭祖，超过了八百年。

拨款抢救莫高窟

1956年在郭沫若、吴晗的要求下，周恩来批准挖掘北京明十三陵之一的定陵，随后在定陵原址建了定陵博物馆。但人们在发掘定陵的过程中，也损坏了一些文物，其中最主要的是丝织品：在定陵刚开掘打开时，人们最初见到的那些光鲜亮丽的丝绸服饰还五彩缤纷，转瞬就在人们视野中消失了，成了一缕缕彩色的灰烬。周恩来听说了后，十分心疼。他认为科技水平还没发展到能保护好这些文物的程度。因此，当一次在中南海勤政殿开会结束时，周恩来打开车门即将上车时，郭沫若再次赶到他面前说：“总理，我们还打算把十三陵的首陵——明成祖的长陵打开来，你看可以吗？”周恩来冷冷地回答说："我对死人不感兴趣了。"说完，他就上车走了。所以，长陵得以按原样保存至今。据说，现在科技水平已经可以保护掩埋地下多年的丝织品了。

1962 年，甘肃敦煌文物研究所为了进一步推进文物保护工作，向文化部呈交了《关于加强保护莫高窟群的报告》，提出防止鸣沙山山体向前移动，以免造成石窟崖壁倒塌，使敦煌壁画、彩塑毁于一旦的加固意见。

报告呈送国务院之后，周恩来高度重视，派出十余名专家和学者，组成敦煌文物保护考察组前往莫高窟进行实地考察。专家们发现维修这座历经一千六百余年、规模宏大、屡遭人为严重破坏和岁月风雨侵蚀的石窟，耗资巨大。而当时我们国家处于内忧外患的困难时期，财力十分拮据。为此，专家们制定了一个先抢救最危险地段，再分期分段实施全面保护的长远计划。于是，文化部根据专家组的调查，向周恩来提出二十五万元费用的第一期抢救性的报告。接到这一报告后的周恩来第二天就作出如下批示：

> 请计委在一九六二年度计划中加以安排，并于今年批准文化部在其经费中预拨五万元。

就这样，中华人民共和国对敦煌莫高窟的第一次大抢修从 1963 年秋季开始，历时三年，到 1966 年第一期工程按计划全部竣工，从而使莫高窟成为我国四大石窟中保护得最好的石窟。

此外，中华人民共和国成立初，周恩来还接受了文博专家和建筑学家郑振铎、梁思成的建议，以政务院的名义向全国发出通知，要求全国各地都要在重要的古代建筑上安装避雷针。因为我国古代的文物建筑，多系木结构或砖木结构，一旦遭到雷击就必然引发火灾，清东陵中康熙皇帝景陵的圣功圣德碑楼就曾遭雷击焚毁过，而避雷针的安装，就有效地保护了那些木结构的文物建筑，防范了雷击，从而避免了火灾。

石狮重返新华门

被称为“十年浩劫”的“文革”时期，全国各地的许多文物古迹惨遭毁坏。1966 年 8 月下旬的一天，当周恩来得知那些无法无天的造反小将们将要于第二天到故宫除“四旧”时，当晚他就下令部队进驻故宫，将所有进出的大门关闭，从而保护下了这一世界级的人类文化遗产。

造反派们想砸故宫不成，回返时望见了新华门前的一对石狮子，立即上前欲将其推倒砸毁。但被警卫人员制止并立即报告给了周恩来。周恩来知道在这批无法无天的造反派背后有江青等中央文革小组成员的幕后支持，必须和他们斗智斗勇。于是，他一边让秘书给北京东郊的一个厂家打电话，要该厂赶快带一批工人和草绳等，开一辆卡车到新华门；一面又布置北京市交警部门放行这辆卡车开过天安门广场，一面又让中共中央办公厅主任汪东兴同志赶到新华门现场。

汪东兴同志到新华门外时，造反派们还在和警卫战士们纠缠僵持着。汪东兴按照周恩来的要求对造反派们说，总理说了，石狮子不能算是“四旧”。但是，既然红卫兵小将们认为这对石狮子放在这里不合适，那么可以尊重你们的意见，将它们的位置移动一下。他的话刚说完，卡车开到了，工人同志一下车就用带来的草绳将石狮子包捆个严严实实，然后吊上卡车开走了。那些“小将”们一个个眼睁睁地看着载着石狮子的卡车从天安门前向东疾驰而去，没有人敢出面阻拦。你道为何？因为“文革”时期，工人阶级是领导一切的，让工人同志们出动来保护这对石狮子，那些造反派们也就只能在一旁干瞪眼了。

就这样，行事缜密的周恩来保护下了这对石狮子。直到“文革”结束后，周恩来已经作古，这对石狮子才又重返新华门，继续傲视着每天经过天安门广场的千千万万游客。

电话打到灵隐寺

1966 年 8 月，“文革”风起云涌，杭州城的名胜古迹也面临红卫兵们的破坏。当时被“文革”新贵们控制下的《人民日报》面对北京红卫兵们捣烂“全聚德”老字号招牌、砸毁颐和园内的释迦牟尼像的罪恶做法却发表煽动性的社论《好得很！》，杭州市的红卫兵们一见迅速行动起来，破坏的矛头首先直指西子湖畔的岳王塑像和苏小小墓等等。很快，他们就选定了久负盛名的杭州灵隐寺作为他们除“四旧”的重点目标。但是，当时的红卫兵小将们并非铁板一块，浙江大学的同学们听到这个消息后，马上聚集起来，以最快的速度赶到灵隐寺，和寺内僧人一起，将天王殿东西两门牢牢关闭。待手拿锄头、铁锹、棍棒、绳索等赶到灵隐寺准备除“四旧”的砸寺派红卫兵也来到灵隐寺门前时，刚好和保寺派的浙大学生对峙起来。砸寺派学生说，灵隐寺是“四旧”，在史无前例的文化大革命中应该砸毁；保寺派学生说，灵隐寺的整体是劳动人民智慧的结晶，是我们中华民族的文化瑰宝，不能人为破坏。就这样，双方各执一词，一直僵持了三天。

到 1966 年 8 月 27 日，浙江方面已经将此事直接反映到北京中南海周恩来同志办公室。当天下午，中央办公厅副主任兼周恩来总理“文革”期间的联络员童小鹏同志向浙江方面传达了周恩来的指示：灵隐寺要保护，省委要做好工作。于是，杭州市市长王子达带着周恩来的上述指示赶到灵隐寺。尽管当时天已经很晚了，王子达还在灵隐寺冷泉亭旁现场向大家宣读了总理指示：灵隐寺是国家重点文物，是劳动人民智慧的结晶，在整个东南亚有很高的声誉，应该保留下来。还嘱大家要保持冷静和克制，双方不要发生冲突。

现场成千上万的人，听了总理的指示，一片欢呼。然而，那些执意要砸毁灵隐寺的部分红卫兵们却坚持认为，砸掉灵隐寺完全是“破四旧”的革命行动，周总理只会支持，不会反对。刚才王子达传达的是浙江省和杭州市的“走资派”们自己编造出来的，他们决不会轻信，也决不上当，除非亲自听到周总理的声音，决不撤离现场。

浙江省委领导在万般无奈之下，当即请示周总理。周恩来一刻也未耽搁，指示浙江方面架设专线，在灵隐寺前安装大喇叭。待一切做好后，日理万机的周恩来通过电话线向大家作广播讲话，说灵隐寺不是“四旧”，是国家的一处重要文物，是世界闻名的宗教胜地，不能砸。直到这时，红卫兵们才信服真是周总理指示，对峙双方随即开始撤离灵隐寺。为防止万一，周恩来随后又从北京直接发一封电报给杭州市的红卫兵组织，要求大家团结起来，共同保护好灵隐寺。在周恩来的强力关心干预下，杭州的两派红卫兵们把总理指示广泛张贴在杭州的街头巷尾，终于将这座名寺保护了下来。

遗言家珍交故宫

周恩来临终前交代邓颖超，将他六伯父原来收藏的、自己平常喜欢观赏的那批国宝级文物在他去世后“全部交给国家，由故宫博物院全权处理”。

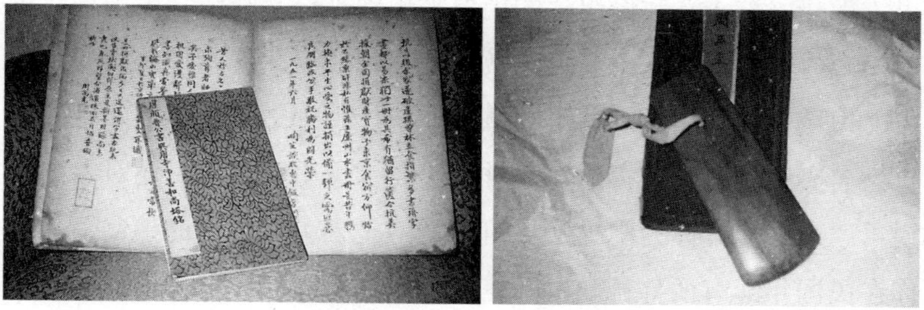

周恩来临终前遗言交故宫的部分文物

周恩来的六伯父谱名周贻良，字嵩尧，号峋芝。清同治十二年（公元 1873 年）生，光绪丁酉科（公元 1897 年）举人。晚清时任过淮安府总文案、邮传部三品侍郎掌路政司，民国初年又曾任袁世凯大帅府的秘书，江苏督军李纯的秘书长等职务。周嵩尧在任期间，严以律己，政绩斐然，深具民望。后因看不惯民国初年军阀们的明争暗斗，弃官归隐于扬州。这时，他对收藏和鉴赏古董、字画产生了兴趣。最后竟倾毕生积蓄收藏到了一批周代玉圭、秦代诏版、汉代钱币、宋代名家字画等数十件国宝级文物。

抗战爆发后，日伪出于对周嵩尧声望地位的器重，曾派出要员登门请其出山，许以高官厚禄，为所谓的“大东亚共荣”效力。周嵩尧坚辞不允，最后避居到扬州乡间躲避日伪方面的纠缠。

周嵩尧只有一子，但孙子辈多到十人，抗战期间物价飞涨，民不聊生。他一家坐吃山空，生活很困难。一次，家中实在揭不开祸，周嵩尧在无可奈何之下，将自己珍藏多年的一本清代画家王云作的山水画册拿到旧货市场上变卖了籴米下锅。不料，这本画册流传到上海古玩市场后被周嵩尧的一位好友发现了，好友知道这是周嵩尧的心爱之物，流进市场说明他的生活已到了难以为继的程度。这位重义气的朋友立即将其买下，亲自送到扬州周嵩尧家中，还给了他一些钱让他度过困境。

中华人民共和国成立初期，周嵩尧已年近八旬，但身板硬朗，思维敏捷。忙于新政府组建的周恩来想到这位在晚清、民国初年供职于政界的伯父，是个就近讨教的好老师，因此就安排周嵩尧到中央文史馆做首批馆员。这是周恩来在担任总理二十六年期间唯一以自己名义安排的亲属。他在安排周嵩尧为文史馆馆员时还对六伯父说：“这次安排你为中央文史馆馆员不是因为你是我的伯父，而是你在民国年间有两件德政：一是袁世凯称帝时，你作为他大帅府的秘书却没有跟他走，这是一个有胆有识，又益国利民的举动；二是在江苏督军李纯秘书长任上，你为平息江浙两省军阀的一场混战作出了重要贡献，使这两省人民免遭了战火涂炭。现在人民当家作主了，应该考虑你为人民做点事。”

1953年9月2日，周嵩尧在京病逝。去世前，遗言将自己收藏一生的最贵重的文物全部赠送给侄儿周恩来。周恩来临终前又遗言邓颖超：“将这批文物全部交给国家，由故宫博物院全权处理。”

1995年，故宫博物院原常务副院长孙觉回家乡阜宁时，顺道到淮安参观周恩来纪念馆。座谈时，孙觉主动提出，周恩来遗赠故宫的这批文物，故宫方面一直没有登记入库，作临时寄存处理，如果周恩来纪念馆有意收藏，他可以帮忙联系。我们当然是求之不得。后经笔者六上北京，终于将这批二十类二十四件珍贵文物全部由故宫提出转为周恩来纪念馆收藏。

周恩来珍爱文物，一片丹心。他是我们中华民族爱护文物的榜样！

与名片

你递名片给他，那不把他们吓坏了。

递上自己的名片，在今天的国际国内交往中已经成了一种普遍习惯，不仅领导干部、公务员、工厂企业职工用，连原本种地的农民也都在使用了。这无非是为了方便自我介绍和互相联系。笔者由于工作之便，还曾从周恩来生前身边工作人员处征集到一张周恩来的名片。那是他在第一次全国人民代表大会后被任命为国务院总理后印制的。这张名片不仅极为普通，而且内容也极简单，就是“中华人民共和国国务院总理

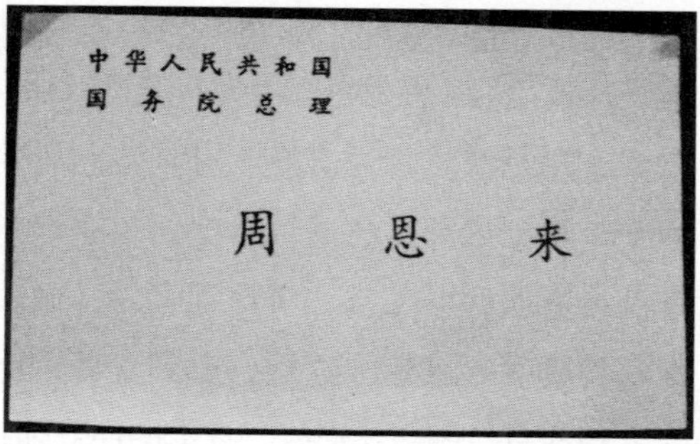

周恩来”这几个字。他对他所担任的其他十几个职务一个都没有提。可每当端详起这张质朴无华的名片时，总不由想起周恩来与名片的几个小故事，有的还很惊心动魄呢！

无名片骗过敌人

那还是1928年5月的一天，在上海党中央担任领导工作的周恩来要去苏联莫斯科出席中共“六大”，根据组织决定，邓颖超作为“六大”列席代表与其同行。

那可是个血雨腥风的年代啊！

蒋介石为了残杀共产党人，已悬赏三十万大洋买周恩来的头颅。而且，自从蒋介石背叛革命这一年多来，这对革命的伴侣为了不致引起特务、侦探们的注意，还从来没有一起外出过一次。由于他俩早期参加社会活动多，无论是天津、上海还是广州，认识他俩的熟人都很多，这一次联袂外出，自然要加倍小心。

出发前，他俩都进行了一番化装，特别是那张准备出国证件上用的照片，照出来后连跟随周恩来多年的黄埔一期学生陈赓同志也认不出照片上的人就是周恩来。

周恩来扮成一位古董商大老板，西装革履，蓄着长长的胡须，飘然若仙；邓颖超身着半新旗袍，也俨然一位阔少妇。夫妻俩按照组织上规定，旁若无人地坐上由日本人经营的上海至大连的客轮头等舱。当时坐得起头等舱的客人都是显赫的达官贵人或有钱的阔佬，他们即便坐船，也是每天更换一套新衣服，尤其像邓颖超这样的“阔”少妇，更是应该每天必换。可是他俩离开上海前，却因住处被特务侦知，得到内部紧急情报后他俩是立即紧急转移登上轮船的，哪里有洗换衣服呢？而且，坐这种客轮又没法呆在舱内不出来，因为每天都得到餐厅就餐。这样，船到青岛，他们就引起了两位操天津口音人的注意。船到大连时，日本的便衣侦探上船盘查。好在周恩来、邓颖超投身革命后，都早已将生死置之度外，加之他俩青年时期都能演讲，又都演过戏，都能沉着、镇定地应付。但敌人还是有怀疑，又要把周恩来一个人带到日本警厅。邓颖超担心着周恩来的安全，提出和他一起去。周恩来当即厉声呵斥道：“你去干什么？”周恩来这表面上的呵斥，暗含着内心的保护：两人都去，如果发生意外，岂不是自投罗网？邓颖超当然心领神会。她还从周恩来“怒”视她的眼神里感觉到对她的另外的潜台词。所以她一回船舱，就立即将去苏联接头的证件统统撕碎，然后扔进抽水马桶，放水冲得一干二净，以防敌人搜查。在做到万无一失之后，再忐忑不安地待在舱里等候。

在那稍一疏忽就可能掉脑袋的时刻，周恩来一边从容地随着日本警察走，一边机智地“请”日本警厅官员：“麻烦你们帮我的太太找个旅馆，要大连最好的旅馆。”这看似关心妻子的应付，实际是故意把自己仍放在敌人眼皮底下：如果是共产党人，他敢这样做吗？在大连日本人的水上警察厅，日本警察从抽屉里拿出一张周恩来早年在黄埔军校的照片，对周恩来大声说：“你是周恩来！”周恩来面不改色心不跳地说：“我不是周恩来，我姓王，叫王××。你们凭什么说我是周恩来！”日本警察原以为真是周恩来的话，这一句话就要把他吓倒了，没想到周恩来那样镇定，又是那么从容不迫，虽然怀疑，终究无凭无证。况且说出“周恩来”的名字后，周恩来也未露出任何神经紧张的蛛丝马迹。无可奈何的日本探员依然不死心，也不甘罢休。周恩来则再次顺水推舟地请日本侦探再为他们代买两张去长春的火车票。再次给日本侦探造成假象：你看，我要是共产党的周恩来，敢让你知道我坐哪班火车、哪节车厢和哪个座位吗？正所谓艺高人胆大！这样，日本警方就又秘密派上一名探员跟上火车，紧紧监视着他们。周恩来则依然旁若无人的样子，与那位探员海阔天空，侃侃而谈，令日本探员无法生疑。

列车飞驰，快到长春。日本暗探在与周恩来夫妇谈说间，忽然从衣袋里掏出自己的名片，恭恭敬敬地递到周恩来面前。当然，那是一张假名片。在日本留学一年多的周恩来忽然想起来，日本社交场合有交换名片的习惯——那时在中国还不多见，连忙客客气气地接过来。可是他自己这次是仓促出发，假名片根本来不及印刷，哪有名片与这位不速之客交换呢？但他镇定自若地一边摸着自己西装的胸部小口袋，一边忽然想起来似的："噢，我的名片没有装在口袋里，还在箱子里呢，很对不起。"说着，就装出要去行李架上拿小提箱的样子，但列车正在行进之中，周恩来随着列车的颠簸摇晃，又故意装出踉跄的样子。

那个日本人一见，连忙说："不必了，不必了。"周恩来则刚好借梯下台，连忙就此打住。

"呜——"随着火车汽笛的长鸣，列车已开到了长春站。他们一齐下了火车，周恩来、邓颖超还很礼貌地与那位日本"朋友"告别。一出车站，周恩来、邓颖超就雇了一辆马车，铃声伴着有节奏的马蹄声飞驰而去。在确认没有敌人跟踪后，他们才机智地住进旅馆。周恩来立即刮掉胡须，脱下西装，换上长袍马褂，邓颖超也换了服装，又双双赶到火车站，再登上开往吉林的火车，终于甩掉了日本侦探的跟踪。

真名片骗走土匪

那是1937年的4月25日，周恩来、张云逸等一行二十二人从延安乘一辆大卡车赶赴西安与国民党商谈国共合作抗日的事宜。

那可是个烽火连天的岁月。

据周恩来当时的警卫员刘久洲对笔者口述，他们一行人本来是计划头一天出发，而且中央警卫团为他们配备了一个排的护送队伍。可是周恩来临出发前有许多问题还没和毛泽东谈完。为了不致耽搁，就决定由李克农率领两个班先行乘两辆卡车出发。只留下一辆卡车和一个班的警卫人员护送周副主席。不料这一重要机密被土匪坐探冯长斗侦知，他立即向土匪头子作了报告。可惜的是，周恩来一行人还完全蒙在鼓里。

第二天，当汽车沿着崎岖的陕北公路行驶了三十多公里，到了劳山山上时，汽车前边展现出山险坡陡、草深林密的阴森现象。高度警惕的警卫战士们立即人人手按枪把，个个把眼睛睁得溜圆，警惕地注视着卡车的前后左右。这时，坐在驾驶室右侧的周恩来正在思考着明天与国民党代表的谈判内容与斗争方法。

“叭！”突然一声脆响。“什么声音？”不知谁问了一句。“是牧羊鞭子声吧？”张云逸的警卫员如是说。可是他的话音刚落，就传来了爆豆子似的机枪声。枪声告诉人们，险情发生了！枪声也把思考中的周恩来很快“拉”回到了眼前。他当即冷静地判断出，这里距延安比较近，附近山上还设有我军观察哨，不可能是国民党正规军或其他大规模的反动军队。况且，西安那里商谈国共合作的许多大事正在等待着他呢。所以，当司机回眸问他“怎么办”时，周恩来果断地命令：“冲过去！”

司机一踩油门，卡车像一头怒吼的狮子，头一昂地向前猛冲过去。然而，还没跑二十米远，车头就一下栽进土匪事先故意挖出的壕沟里。卡车右前轮陷进沟里，左前轮上悬。土匪在见到卡车前冲的刹那间，便集中火力，专门射向驾驶室，致使司机当场牺牲，大卡车像一头累倒了的老黄牛，一动也不能动了。坐在驾驶室中间位置的周恩来随侍副官、延安卫戍区参谋长陈有才也被子弹击中。周恩来因坐在最右边位置，由于卡车前冲时右轮陷入路沟，他的身体位置最低，加之他一生遇险无数，听到枪响后早已机智地低首躬身，所以他躲过了土匪们的枪弹，这才幸免于难。

土匪的枪声还在不停地响，周恩来又机智而敏捷地推开右车门，借助车门挡住射来的枪弹，在枪声稍停的刹那间，他已猫身藏到卡车的右前轮后边。这时，他大声对卡车上命令道:“下车，散开，还击！”由于警卫战士们使用的多是短枪，虽个个能百发百中，但却因射距短而无较大的杀伤力。土匪们在机枪火力掩护下一步步冲向卡车。这时周恩来、张云逸等领导同志先后发现这股土匪在出事地点的前、左、后三方都已设伏，唯独右侧深山密林不见火力和土匪人影。张云逸果断地命令尚未负伤的警卫战士曹鸿都跳下车，掩护周恩来撤往右侧丛林。身负重伤、滞留卡车上的陈有才则主动担起指挥警卫战士打击土匪、掩护周恩来撤走的重任。面临土匪迎面而来的枪林弹雨，陈有才强撑着身体，顽强地爬到后边卡车厢里，学着周恩来的口音，还模仿周恩来的动作，大声指挥战斗。土匪都以为他就是周恩来，一齐向他开火。陈有才先后身中六弹，仍强忍着剧痛，挺立在卡车上与土匪周旋，直到他血液流尽，才倒了下去。

周恩来、张云逸、孔石泉和曹鸿都一行四人冲进丛林后，行不多远，这才发现右边原来是悬崖峭壁，难怪土匪右边不设伏，因为无路可走。经曹鸿都冒险攀爬登上有二十多米高的崖顶，再将各人解下的绑腿带连接起来从崖顶放下来，才使周恩来等人攀着绑腿带登崖脱险。这时，冲到卡车跟前的土匪们在洗劫卡车的同时，发现陈有才西装革履，英俊潇洒，搜身时又发现其口袋里有一叠印有“周恩来”字样的名片，欣喜若狂，以为他们杀掉的就是周恩来，几名丧心病狂的土匪又对着陈有才的遗体连捅了十几刺刀，连压在陈有才遗体下周恩来的那条俄国产毛毯也被捅了十几个窟窿。这股带有政治倾向的土匪们这才心满意足。其时，我中央警卫团由于得到观察哨的电话报告，在黄霖团长率领下飞马而来，土匪们顿时成惊弓之鸟，一哄而散。

直到六十多年后，刘久洲老人还在他家中对笔者说：“如果不是土匪们看到陈有才身上的那一叠周恩来的名片，而是继续到附近搜索，周副主席当时还没法脱险呢！”1973 年，已重病缠身的周恩来陪同越南党政代表团访问延安，还对当地干部们说：“我一生遇到过许多危险，但最危险的就是劳山那次。”据周恩来身边工作人员回忆，周恩来去世后，从他贴身的上衣口袋里发现一张已经发黄的陈有才照片，照片背后留有周恩来亲笔写下的八个字：“劳山遇险，仅剩四人。”可见周恩来是多么的重感情、重情义。他一生也没有忘记劳山遇险，没有忘记为保护他而献身的陈有才烈士。

递名片会吓了群众

1961年，由于毛泽东已认识到“大跃进”给中国经济带来的恶果，全国人民缺吃少穿，生活艰苦，于是在政治局会议上要求中央领导成员要多读书，多到农村去搞一点调查研究。

那是我们新中国建国以来最艰苦困难的时期。

1991年，笔者在北京见到曾任周恩来行政秘书的何谦。他是周恩来在武安调查时的陪同人员和亲历者。

1966年3月8日，我国邢台地区发生强烈地震，周恩来第一时间赶往现场。这是他在灾情最重的隆尧县白家寨群众大会上讲话

何老深情地对笔者回忆说，临出发前，我问总理：“要不要把您的名片带上？”总理看了我一眼，然后说：“农民们目前不仅生

活很苦，而且多没见过世面。你递名片给他，那不把他们吓坏了。再说,我的形像已经常在纪录电影和报纸上出现,许多人都已认识我,名片就不用带了。”

在武安调查期间，周恩来亲口吃公共食堂的草根糊糊，坐在泥砖门槛上和农民谈心，还和贫农张二廷交上了朋友。

由于他的深入调查，群众不愿到公共食堂吃饭的实际情况终于得到了。于是，他不顾毛泽东对他“反冒进”的严厉批评，在武安通过驻军保密电话直接向当时正在上海的毛泽东报告必须停办公共食堂的六点意见并被毛泽东采纳。正因为周恩来不顾个人安危，可以说是秉公而犯颜直谏，才使更多的人没被饿死。

与跳舞

转到那边你就下去吧，让别的还在等待的同志与我跳。

周恩来是何时学会跳舞的？笔者听到好几种说法。

一曰是在南开学校读书时。南开学校是私人创办，仿欧美风格、思想比较开放的学校。学校提倡演新戏，即今天的话剧，当时人们也称其为文明戏。南开学校位于比较开放的城市天津。天津当时在人际交往中运用交际舞这一形式已成时尚。像张学良与赵四的交往就始于天津的一家舞场，然后相识、相知到相爱。因此，说周恩来在天津读书时学会跳舞不会有人怀疑。

二曰是旅日求学期间。周恩来旅日求学时是十九岁，正是青年人身心最活跃的时期，而且，由于南开学子留日的比较多，他们就在日本组织了南开同学会，互相照应，也定期为一些同学过生日或结婚等举行演唱会、舞会等等。这样周恩来就学会了跳舞。

三曰延安时期。红军长征到陕北以后，人困马乏，身心俱疲。

于是，在史沫特莱等国际友人建议、辅导下，每周末举行一次舞会，让毛泽东、朱德、周恩来等人跳舞以愉悦身心，活动身体，从而得到休息。此例一开，人们纷纷前往。因此，周恩来也就学会了跳舞。不过，笔者并不完全赞同这后一说法。因为1944年11月10日，周恩来在陪当时美国驻华大使赫尔利从延安飞赴重庆三天后，邓颖超思念丈夫，就给周恩来写信说：

> 你走了，好像把舞场的热闹气氛亦带走了！昨晚的舞厅却是冷淡而减色呢。钟声未响十点，男女舞星都散场回窑了。“怎么散得这样早？”我问。“快垮台了！”三元[①]回答。“今天人不多吗？”超复问。“顶多不过二十对。”“女的少极啦。”我心里想，走了一个跳舞男星，就这样减色了么？——一笑。

从邓颖超写给周恩来的这封信里我们可以判断出两个事实：一是周恩来当时不仅很会跳舞，而且舞步娴熟，是一位舞场上的男明星。抗战开始后，周恩来大部分时间工作、活动都在国统区的大后方，如果他不是早先就会跳舞，他就不可能轻松自如地驾驭舞伴，出入舞池。二是周恩来当时已经是很受延安女青年们青睐的跳舞明星了。以至于他一走，使许多喜欢跳舞的女孩子们都有失落感，延安的舞厅都“冷淡而减色”了。

在东交民巷　周恩来罢舞回家

1950年秋季的一天晚上，周恩来应邀到东交民巷15号去参加一个舞会。这个舞会是由中央人民政府副主席兼中共中央东北局第一书记、东北行政委员会主席高岗组织并邀请的。受邀的多是中央首长和一些高岗的故旧好友。周恩来受邀后由警卫员韩福裕和关南轩两人护卫陪同前往参加。

---

① 指刘三源同志。

据韩福裕生前对笔者说，总理的事情比较多，去的比较晚一点。到舞场后，门口无人接待。总理进去后才有人告诉高岗，他慌忙丢下舞伴，跑过来和总理打招呼、握手，然后就让事先等在那里的舞伴们上来与总理跳舞，总理用目光扫了一下舞场，就随着一位女青年荡漾着进了舞池。高岗也连忙牵上自已舞伴的手又跳了起来。

一曲《茉莉花》结束，又换上了《梅花三弄》，曲调是激昂的，灯光却是暗暗的。周恩来跳舞的脚步忽然慢了下来。有人循着他的目光望去，发现高岗好像已忘了是在大庭广众之下，他把舞伴搂得很紧，腰也躬下来，竟然把自已的脸亲昵地贴到舞伴脸上……

周恩来看不下去了，也忍不住了。他不由自主地离开舞伴，轻声而气愤地说了句："胡闹台！"随即就招呼韩福裕他们说："走！"

韩福裕回忆说："总理走的时候没跟高岗打招呼。刚好司机钟师傅（指钟步云同志）上了洗手间，是关南轩把他招呼出来，我们才一起乘斯大林当年送给周恩来的大吉斯车返回西花厅的。

这是伟人周恩来一生中少有的一次罢舞。

在春藕斋，周恩来不忘唤起年轻人的信心

1949 年底，新中国刚刚诞生，每逢星期六的晚上总要在中南海内的春藕斋开舞会。来参加的除了一群青少年，还有中央首长：毛泽东、刘少奇、周恩来、朱德……如论起舞姿的优美和潇洒来，周恩来总是排名第一。因此许多青年姑娘都是排着队等着和他跳舞。以至他只能和每一个舞伴跳上两三圈就得另换舞伴。据当事人说，有一次，等他跳舞的姑娘们太多，以至他和舞伴们跳一圈就得换人。就这样，排在队尾还有轮不上的。

有一回，一位文工团的小姑娘排队等了很长时间才轮到和周总理跳舞。可是由于她年纪小又太兴奋，平时舞步十分轻盈的她却乱了舞步，连连踩了周恩来的脚。虽然周恩来安慰她说"没事，没事"，

但她心里却越来越慌，跳不了半圈，就羞红了脸，落荒退到一旁。周恩来只好与另一位迎上来的姑娘继续跳舞。

跳了一会，曲子换上了“快三”。周恩来突然离开那些正在排队等候与他跳舞的人，一直走到那个刚才连连踩他脚的小姑娘面前，请她继续跳舞。这时，这位小文工团员在总理的鼓励下，随着音乐的节拍，时而如春风旋转，时而如水波荡漾，与周恩来配合得很是默契。周恩来笑着对她说：“小同志，我知道你会跳好的！”

那天晚上，“小同志”失眠了。她第一次懂得了什么叫尊重人格，觉得作为一国总理的周恩来还能想到一个女娃娃的自尊心真是感动不已。据周恩来嫡长侄女、原全国政协委员周秉德告诉笔者，那位“小同志”就是后来成长为大导演的李婀娟。那天她也在春藕斋等着和伯伯跳舞。多少年后，一说起当年与周恩来跳舞的事，李婀娟还止不住泪水涟涟。“那次如果周总理不再请我跳舞，可能那种失败的阴影会笼罩我的整个人生，那种失败也可能成为我自信心的最大杀手，也就不可能有后来的导演李婀娟了。”

周恩来的优良品德和对青少年的关爱，从这件小事中可见一斑。这件小事也给我们现代的家长和老师们以有益的启迪：在教育孩子时，也同样要注意孩子们的自尊心，并要努力鼓励和培养孩子的自信心。

在中南海，周恩来婉劝侄女，让他和别的舞伴跳

在周恩来二十多位侄儿、侄女中，只有周秉德能用跳舞的方法与他人交往。据周家人说，秉德是周恩来亲属中唯一一位会跳舞的人。笔者也见过她那娴熟的舞姿。

周秉德对笔者说，她是十二岁时进中南海来到伯伯身边的。因为小，什么也不怕，看到中南海里毛泽东、刘少奇、朱德和他们伯伯周恩来等党和国家领导人周末时常常和女青年们跳舞，自已一有

空时就缠住那些白天因故不上班的叔叔阿姨们，向他们学跳舞。这样，等到举行舞会时，也就大着胆子下舞场了。

周秉德同志回忆说：

> 记得我与毛泽东伯伯跳舞，别管是三步四步的舞曲，总是被身材高大的他揽在怀中来回晃呀晃，像乘上大船，在音乐声中随波荡漾；我与朱德爹爹跳舞，却总有当了“白”军的感觉，朱爹爹到底是总司令，音乐一起，他便笑吟吟地大踏步前进，而我只有后退后退再后退的权利，无法发挥自己学来的花步；刘少奇伯伯的舞姿很优雅，舞步准確轻快，但是他仿佛不太会笑，话也不太多，脸上总是严肃的慈祥，让人有点距离感。不是我偏心，如果在这些国家领导人中选交谊舞“冠军”的话，恐怕非伯伯莫属！我始终认为，我伯伯的舞姿最叫棒！只要伯伯一到场，他几乎再没法在场外落座。他笑容可掬，风度翩翩，舞步娴熟流畅，舞姿优雅大方，尤其是跳“快三”时，他能带起舞伴轻快旋转，满场飞舞。

周恩来从来没有固定的舞伴，但他有自己的挑选，老中青、各民族、主客宾朋等等他都考虑得周详缜密，步步周到。

周秉德曾对笔者回忆说，她第一次和伯伯跳舞也是跟许多文工团女青年们一样在后边排了很久的队才轮上和伯伯跳舞的。当伯伯微笑着揽着自己的背，一起融入舞池时，那才真叫幸福。几个音节跳下来，伯伯就夸奖我“乐感挺强，跳得还行”。然而，侄女的幸福感还未过去，就听周恩来又说：“转到那边你就下去吧，让别的还在等待的同志与我跳。”周秉德只好无奈地点点头，尽管她自己觉得还没过足瘾，但也没办法。

周恩来就是这样，在他的心目中，想着的都是他人，他不会因为秉德是自已嫡亲侄女，就不顾那些还在排队等候想与他跳舞的人。

在庐山，他找到了失散五十多年的舅表妹

周恩来跳舞不仅仅是工作累了放松身体，而且还借跳舞做了许多有关工作，了解基层老百姓的生产、生活。据周恩来的警卫秘书、西花厅的党支部书记何谦1992在北京家中对笔者说，1950年在军委礼堂跳舞时，陪总理跳舞的是京剧表演艺术家马连良的女儿。马连良在新中国成立时滞留香港，台湾的蒋介石曾想方设法带信、派人到香港，希望马连良先生随他去台湾。马连良一时未下决心，就在他举棋未定时，他得到了女儿从北京带来的周总理欢迎他回内地的口信，一下解决了他的思想矛盾，在特务的严密监视下巧妙脱身，先到广州而后胜利返京。这是周恩来利用跳舞为我们新生的人民政权留下了一位京剧表演艺术家。

据周恩来的卫士长成元功对笔者讲述，周总理在庐山跳舞时还找到了与他失去联系五十多年的嫡亲舅表妹万贞。

万贞原名万芳贞，小名黑子，是周恩来嫡亲十八舅万立鈞的女儿。十八舅与周恩来生母是同父同母所生，因此他们后辈的血缘关系很近，往来也就比较密切。清光绪三十一年（公元1905年）周恩来在清江浦陈家花园（今淮安市清江浦区）读书时，和万贞表妹是同学。但是，自从周恩来离开清江浦回淮安老家，继之到东北念书后，这兄妹俩便再未见过面。

周恩来的这位表妹还是周恩来六伯父周嵩尧先生的嫡亲外甥女，因此，1951年11月25日周嵩尧在向侄儿周恩来回告有关周恩来的亲属时，曾写下这样一段话：

> 我的胞姐嫁万太夫人[①]的胞兄立鈞，有一女，小名黑子，今年五十二岁。嫁江西钟一琹，扬州未解放，他到南昌寻夫，久无消息。

① 指周恩来生母。

这段文字说明，万贞不仅和表哥周恩来失去了联系，和周家其他亲戚也没有了往来。

成元功同志说，1961 年中央在庐山召开工作会议，那次会议开得比较长，从 8 月 23 日一直开到 9 月 16 日。在开会期间的每周六晚上都举行舞会。这样，喜欢跳舞的周恩来只要没有急需处理的事，他每周六的晚上九、十点钟后必定要去跳一会儿。因为跳舞对他来说，既是一次消遣，也是一种休息，还是他接触群众的好机会。

就在那次会议期间，一次和周恩来跳舞的那位女青年告诉他，她的婆母就是总理多年来未联系上的表妹。周恩来一听，马上停下舞步，和他的舞伴一起进了舞场休息室。成元功作为周恩来的警卫人员，自然跟着进了房间，听他们谈话。原来这位舞伴名叫陈珍华。她和她爱人钟则朱都在庐山植物园工作。她们上山来陪中央首长跳舞是江西省委和庐山管理局特意安排的。

当周恩来听陈珍华说她的婆婆原来名叫万芳贞，小名叫黑子，只比他这个当总理的舅舅小一岁时，周恩来就已确认这位现在名叫万贞的人就是他失散五十多年的亲表妹。于是，他转脸对成元功说："你把他家的住址和爱人的名字都记下来，有空我要去看他们。"

其实，钟则朱是万贞丈夫的外甥，因万贞一直未生育，她的丈夫就把外甥过继为自已的嗣子，并改姓钟，取名则朱。就在那次会议期间，周恩来轻车简从，到钟则朱家看望了自已的表妹万贞。可以说，周恩来如果不是跳舞就遇不上陈珍华，也就不会知道他失散五十多年的表妹了。

在北京饭店，周恩来边跳舞边做调查研究

周恩来很会跳舞，又很喜欢跳舞。所以北京的中直机关、各部委如果遇有重大活动举办舞会时，都会邀请他去跳舞。当然，他事情忙，许多邀请他都不能去参加，但只要有一点空闲，他都会在晚

上赶过去跳会儿舞，以方便他接触群众，了解基层情况。

成元功告诉笔者，1962年春节即将到来之际，国家体委、公安部、军委办公厅、国务院机关事务管理局和青年艺术剧院等单位都早早地向西花厅总理办公室送来了要周总理除夕那天去参加他们舞会的请柬。在周恩来夫妇吃除夕晚饭时，成元功向周恩来报告了哪些单位送来了请他去跳舞的邀请函。

晚饭后，周恩来照常工作，直到9 ： 30了，邓颖超才悄悄走到他的办公室门口说：“恩来呀，今天是除夕，好几个单位请你去跳舞，你该休息一下，去跳会儿舞，和大家一起过个春节吧！”周恩来看了看他办公桌上的闹钟，点点头收起了桌上的文件材料和办公用品，跟在邓颖超后边走出办公室。后来邓颖超因为身体不好未能同去。

周恩来先来到西花厅东边的紫光阁，那是国务院机关事务管理局举办的舞会，然后又到军委三座门和北京饭店跳舞。

北京饭店的舞场大，那里等着和总理跳舞的女青年比较多，周恩来不得不只跳一圈就换舞伴。到后半场，周总理和一位电车司机的女儿跳舞时，得知她是基层工人的孩子就边跳边和那位女青年拉起了家常。

那位女青年说，她父亲是一位老共产党员，四十多岁了，家里有奶奶、父母和他们姐弟四人，住一间房子，全家共用一条洗脸毛巾，母亲没有工作，有时帮人家做点针线活或者帮人织织毛衣挣点钱贴补家用，全家主要就靠爸爸每月四十元多一点的工资生活。周恩来听到这里，脚下跳不下去了，就坐下来向那位女青年了解更详细的情况。还诚恳地对女青年说，是我这个总理没当好呀，你们家这么困难我都不知道。然后又嘱咐成元功，你把他家的住址记下来，有时间我要到他们家看看。

1964年的8月9日下午，周恩来在西花厅举行第二次家庭会议时是对亲属讲过“五关”的。这份由周秉德记录、邓颖超亲自阅改的《七伯谈话（二）》“亲属关”里有这样一段记载。

> 无产阶级家庭的本能，有无产阶级感情。一个电车公司三十多年工龄的老司机，是个老党员，一个人养七口人，住一间屋子，全家用一条毛巾。你们谁曾困难到这个程度？他这么困难，每天回到家里都要给全家讲党史，讲党课。他有个女儿，学校组织劳动，她不去。问她为什么，她说怕晒黑了，将来当不了演员。他一听马上火了，说：“今天我这支（只）手得犯错误了。”上去就打了女儿一巴掌，说：“你当演员我不反对。但你要演工人、农民去为人民服务，又不是让你去给资产阶级当演员，要那么白干什么？黑是健康，光荣！”

在这里，我们很明显地看到，周恩来在跳舞的同时，也在做调查研究，从而把调查研究来的生动事例用来指导他的决策和工作。

在新疆和田　周恩来尊重少数民族

据 1964 年从淮安到新疆和田支边的谢军女士对笔者说，1966 年 6 月中旬，周恩来、陈毅一行在出访罗马尼亚等国途中飞抵新疆和田。新疆维吾尔自治区党委书记王恩茂同志特意提前两天指示和田地区做好接待工作，中共和田地区地委书记黄诚不敢怠慢，亲自找在地委机关工作的五位女青年谈话，要她们在最短的时间内，学会跳交谊舞。

为防止疏漏，王恩茂同志和新疆维吾尔自治区主席赛福鼎两位领导人又专门乘飞机从乌鲁木齐提前赶到和田，检查地委机关的有关接待工作，还专门查看了舞会的组织准备情况。

1966 年 6 月 15 日，周恩来一行从北京飞抵和田，人们这才得知是周总理等中央领导人出访路过和田，顿时兴奋极了。

周恩来一行下机稍事休息，下午就在召开的和田地委、专署直属机关干部大会上，神采奕奕地走进了会场。场内沸腾了，掌声雷动，一浪高过一浪，经久不息。周恩来微笑着频频向大家挥手致意。当他听说在场的大多数干部都是来自内地的汉族同志时，就深情地说："你们为了国家利益，毅然投身到祖国的边疆和田，和兄弟民族团结一致，共同为社会主义建设而努力工作，因此，你们都是祖国的好儿女！"随即，暴风雨般的掌声把他的话音淹没了。掌声还未停息，周恩来又大着嗓门说："和田是块很美的地方，我们见到这里绿树成荫，瓜果满园，鲜花盛开，一派南国风光，真是美得赛江南呀！希望你们尊重兄弟民族、团结兄弟民族，共同把新疆建设得更美好！……"他的讲话一次又一次被掌声打断，现场的气氛也达到了高潮，人们都从心底流出一股暖流，感到无比幸福。王恩茂、王诚等领导人也讲了话，他们都对周总理能在繁忙的出访途中经停新疆和田感到荣幸，并祝愿他出访成功，身体健康。

晚上的舞会在和田地委礼堂举办，请来和田丝绸厂的业余乐队

周恩来在新疆和田地委大礼堂跳完舞往住地走。前左二古丽汉，左三谢军，右一周恩来卫士长成元功

伴奏。大约八点钟，风度翩翩的周恩来总理，性格豪爽的陈毅副总理和他美丽的夫人张茜等出访代表团成员们在掌声中来到礼堂，乐队奏起了“圆舞曲”，几个刚学会跳交谊舞的女青年热情地上前邀请周总理跳舞。

周恩来用他那双睿智的眼睛往一群舞伴姑娘们那里一扫，就发现几个女青年中有一位是扎着许多根小辫子的姑娘，就立即抬手示意先和这位维吾尔族姑娘跳舞。这位小姑娘也就是刚刚学会跳交谊舞的古丽汗姑娘。

人们只见周恩来微笑着，踩着合拍的舞步，那浓黑的剑眉，那对炯炯有神的眼睛闪出智慧的光芒。随着“圆舞曲”的结束，换成《红梅赞》，他又合声高唱着《红梅赞》歌曲，跳着优美的步伐。那潇洒的风度，飞扬的神采，那慈祥的目光，亲切的面容……都无不使在场的人从心底产生出无限的敬意。

据有关资料记载，周恩来在访问苏联莫斯科时，在访问波兰华沙时，在访问印度尼西亚雅加达时，都在客人举办的舞会上热情地跳了舞，每一次跳舞他都十分地投入，以其娴熟的舞步，多彩的舞姿，使在场的中外朋友们为之倾倒，赢得人们由衷的赞叹。他也是借跳舞向人们展示中国人的风采和我们中华民族的古老和文明。

第四部分

周恩来轶事

一个光辉而伟大的人，哪怕他那些无人知道的琐事也都伴随着神奇。平常人常常会想不到也做不到。这里记述的虽只有三五个，但也可以帮助您加深对伟人周恩来的印象和深刻的理解。

用过哪些名字和化名

我的老家淮安没有山，是一个少山的地区。

一代伟人周恩来出生于书香世家，根据当时的习惯和传统，他要取好多名字。他后来从事革命事业后，又由于斗争的需要，还用了一些化名，这些名字都有一定来历或有趣的含义。

据笔者多年搜集、研究，他的起名可分为三个阶段或叫三个部分，其第一部分是在老家淮安的幼年、童年时期。周恩来的名、字等都是由家人或家塾馆先生给他起的，主要有：乳名大鸾，学名恩来，字翔宇。其第二部分是他读书求学时期。这段时期，他用过羊羽子、羊羽、飞飞、伍豪等等。剩下来的名字可归结为第三部分。这期间是他领导地下斗争时的化名，因此也比较多，现在能知道的有：胡公、少山、非非、周翔、维思、大美、赵来、冠生、冠、伍、胡必成等等。

就周恩来出生后第一阶段的取名来说，因为周家是一个“封建根子很深的家庭”，家人给男孩取名时都特别讲究，一般都是由有学问的长辈或门族内德高望重的长者起名，也有请家塾馆先生给取名的。

家人先给周恩来取乳名（也叫小名）大鸾。“鸾”是中华民族传说中凤凰一类的神鸟，其“鸾凤和谐”就比喻夫妻和好。因此，新中国成立后，周恩来和邓颖超两人之间还常常各自以“鸾”和“凤”自称。周恩来为什么会取乳名大鸾的呢？淮安周恩来故居收藏有一份周恩涛的儿子、周恩来的侄儿周尔圻在1982年6月8日签名负责的笔录。周尔圻虽比周恩来晚一辈，但他的父亲周恩涛是周家同一曾祖下“恩”字辈的排行老大（周恩来排行七），因此，周尔圻比周恩来年龄并小不了多少；而且周尔圻的母亲，也是来自清河（今淮安市清江浦区一带）的万家，只是在娘家也比周恩来母亲晚一辈。他在这份笔录上说：

恩来名字的由来，我听母亲和八老太[①]讲是这样的：在周恩来母亲万氏临盆时，梦见有一鸾凤之类的神鸟入怀，然后就生下了恩来，所以取小名大鸾，表示有鸾凤来临之意。而“恩”字是按家谱排下来的，故取名恩来，总理的母亲识字，文水还可以。

周恩来的名字是父亲周贻能起的。他琢磨的是：恩者，爱也。《诗经》上有云：“恩斯勤斯”；明代散文家归有光也曾说：“父母恩勤，养我身兮。”来者，未来也。《论语》云：“往者不可谏，来者犹可追。”周恩来的名字就是周贻能先生根据这些起的。

另外周恩来还取字“翔宇”。那是因为周家是个名门望族，在这样一个大家族里，要严格区别辈分。而就年龄而言，有的晚辈甚至比长辈年龄还大，但是晚辈却绝不能喊长辈的名字，包括小名，否则就是犯上。所以男孩得早早在取名之后再取个“字”或“号”，好让晚辈喊长辈的字或号，那是不“犯上”的。

周恩来的字应该是在五岁入家塾馆读书时由塾馆老师给起的，老师期望他这只“神鸟”能翱翔宇宙，所以给他取字“翔宇”。有许多资料、甚至周家的个别亲属都认为周恩来“翔宇”的字是他1913年离开沈阳时、由他在沈阳（当时叫盛京）东关模范学校的高老师（高亦吾，谱名高守铭，字盘之）在他们师生分别时给周恩来取的。笔者认为这一说法不太靠谱，因为周恩来的两个亲弟弟和一个嫡堂弟弟当时都在淮安，和周恩来相隔千里，那时音讯又不发达，但都跟着按“宇”来取字：周恩来二弟周恩溥取字博宇，三弟周恩寿取字同宇，嫡堂弟弟周恩硕取字潘宇。显然，这是周恩来兄弟先后进家塾馆读书时，由塾馆老师给依次取上的。如果是高老师1913年给周恩来取的字，那远在淮安的周恩来的三个弟弟是不可能都依

① 指周恩来嫡亲八婶娘杨氏。

着周恩来排序起字的。

周恩来第二个时期取名、号是在他读书求学时期。这时候他主要用羊羽子、羊羽、飞飞、伍豪等等。

1912 年暑假周恩来在奉天（今辽宁）省官立东关模范两等小学校毕业，与他的同班同学兼好友郭思宁行将分别，应郭思宁的要求，周恩来为他题写了“同心努力，万里前程指日登”的临别赠言。周恩来在这幅题词上的落款就是：“羊羽子书”。“羊羽”是周恩来把他的字“翔宇”中的“翔”字分拆而成，而“子”则是古代男子的美称。据沈阳市原第六中学（东关模范学校是其前身）原校长宋延钰先生对笔者说，总理在东关模范学校读书时，在同学之间交往时也曾用过“羊羽”的署名。而周恩来的笔名“飞飞”则是他到天津南开学校读书第二年时，他和同学张瑞峰、常策欧等一起发起组织敬业乐群会，由他创办并主持出版了会刊《敬业》。在 1914 年 4 月刊出的第 4 期《敬业》的《飞飞漫墨》专栏内，发表了他《评咏岳少保祠七律》和《评咏淮阴侯钓鱼台诗》等数篇，一度使他“飞飞”的笔名受到学校师生的关注。

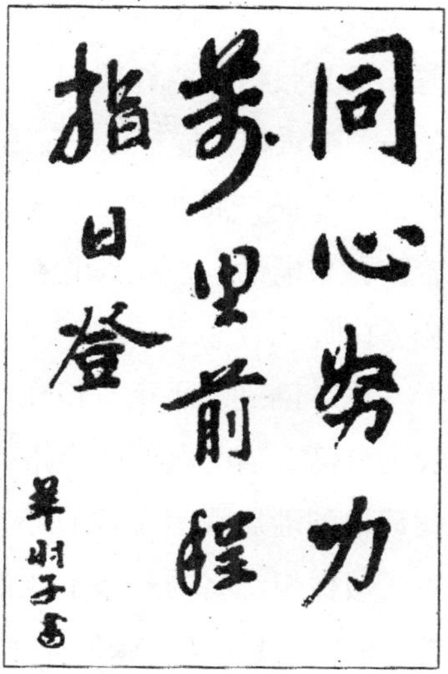

周恩来在沈阳写给同学郭思宁的临别赠言

1948 年冬，解放军的滚滚铁流即将淹没蒋家王朝，与共产党人争夺人才的蒋介石希望南开的老校长、时任国民政府考试院院长的张伯苓随他去台湾。张伯苓犹豫不决间，收到了由中共地下党员金山传递给他的信息，“老同学飞飞不要老校长动”。张伯苓知道，飞飞是周恩来，周恩来不让他跟蒋介石去台湾。于是，他赶紧找借口，说自己在重庆家中还有一些重要典籍等要一起带去台湾，于是从南京飞去了重庆。1949年初，天津、北平相继解放。国民党起义将领傅作义是张伯苓的好朋友。他就去天津找时在天津南开大学的张伯苓长子张希陆教授，商讨在重庆的张伯苓的安全问题。张希陆认为，这事只有报告周副主席，才能万无一失。不久，傅作义从北平给张希陆打来电话，请他到北平一谈，因为在电话里说，怕被蒋介石的特务窃听。

张希陆到北平后，傅作义告诉他，周副主席说了，不要让张校长去台湾。当时刚好中孚银行总经理孙先生在北平，他要去香港，就请他到港后找南京行的经理王恩东。因为王恩东也是张伯苓的学生，请他想法将周恩来不让张校长去台湾的信息转告在重庆的张伯苓。果然，不几天，张伯苓在重庆就收到了一封寄自香港的无名信，信上只有一句话："老同学飞飞不让老校长动。"张伯苓对周恩来两次以"飞飞"名义要他不要去台湾的做法非常感动，于是就留了下来。而他的飞飞笔名也是由"翱翔宇宙"衍生出来的。

周恩来东渡日本回国时，正值"五四"运动的高潮时期。周恩来为了把当时天津进步的青年力量团结起来，就和谌志笃、马骏、刘清扬、李毅韬等团结在一起组织天津进步青年团体"觉悟社"。觉悟社的最早一批成员只有二十人。为了表示男女平等，二十名成员男女各半。而且为了方便在觉悟社内之间的交流、联系和开展革命斗争后的安全保密，还通过抽签的方式，以各自抽到的号码作为自己的代号。抽签时，他们共设了五十个号码，空下来的那三十个号留给后来的参加者。抽签结果，周恩来抽到五号，邓颖超是一号。这就是周恩来"伍豪"一名的由来，而邓颖超后来叫过"逸豪"也是同样的道理。谁也没想到的是，国民党特务在上个世纪20年代末到30年代初，造谣制造的《伍豪等二百四十二名共产党员脱离共产党启事》、俗称"伍豪事件"，竟然到四十多年后的"文革"期间还被江青等人用来作为向周恩来攻击的"武器"，结果只能遭到世人的不齿。

周恩来第三个取名时期都是革命斗争时期。周恩来在上海主持中央工作、领导地下革命斗争时，他不仅要经常变换住地，不断改变自己的形象和装饰，也要不时地取一些不为社会上所知的名字，以与当时强大的敌人“捉迷藏”。那时他取的化名，有的是经过考虑，有的就是随手拈来。

1997年为我们淮安纪念周恩来的百岁诞辰活动，笔者赴京拜会了在全国工商联离休的老干部、1928年在中共中央组织部任周恩来秘书的黄玠然同志。在谈了当时相关的工作后，笔者曾问黄老，周总理在上海领导地下斗争时，取了哪些化名这个问题。当时已九十二岁的黄老思路清晰、反应灵敏。他告诉我说，总理在那一时期取的假名字很多，我也不能完全说上。但是有两个我是知道的：一个是我和他在谈工作时，不知怎么的扯到了他的老家。他说：“我的老家淮安没有山，是一个少山的地区。”说到这里，刚好他手里的那份文件要签发，他就随手签上了一个“周少山”的名字，其实收件人仅从笔迹上就可以百分之百地认出是周恩来签发的文件。也就是说，不管周恩来签什么名字，甚至不写名字，收件人也会知道这份文件是周恩来签出的。

黄老还说，还有一次，他看到总理签上了“维思”两字，作为他的署名，他就顺口问了一句：“老板（搞地下斗争时，相互之间不称呼职务），你为什么又签上‘维思’的名字呢？”周恩来看了他一眼轻声说，“为了马克思主义在中国的胜利嘛！”随后又沉下脸说，“以后这些不要问！”是的，在那白色恐怖的年代，稍一不慎，自己掉脑袋是小事，给党和革命造成灾难和损失那是更让人痛心的事。所以，周恩来在那一时期还曾使用过“胡公”“大美”“非非”“周翔”“赵来”“冠生”“冠”和“伍”等等笔名或化名，后来黄玠然老人也就没有再问。但黄老在和我们交谈时说，“胡公”“大美”是因为周恩来的胡子长得很快，哪怕他刮干净的脸庞，只要长了一个星期，胡子就长得很长很美了，因此，他的“胡公”和“大美”的名字就是这么来的。1936年12月，连张学良第一次见到周恩来时也夸赞说：“真是个美髯公！”而“周翔”则是由“翔宇”衍生出来的，“伍”则是和“伍豪”一脉相连的；至于“冠生”“冠”则是周恩来认为共产主义事业是人类最壮丽最美好的事业，是他人生中为之奋斗的、第一位的伟大事业。

还在长征出发前，邓颖超同志就患上了肺结核病，所以，长征路上，邓颖超一直是编在休养连随队前进。经过艰苦卓绝的两万五千里长征之路，到陕北后，邓颖超的身体更加衰弱。经组织批准，邓颖超化装成平民百姓，并扮做美国新闻记者斯诺的佣人，潜入北平，住进了北平西山的平民医院治疗。住院期间，邓颖超认识了同室病友、进步女青年胡杏芬。邓颖超告诉她，自己叫李杨逸，有一个非常疼爱她的丈夫李知凡，因此，现在人们都叫她“李知凡太太”。当然，这是邓颖超编的假话，那是为了隐藏自己的真实身份。

“七七”事变后，全面抗战爆发，邓颖超和胡杏芬匆忙分别。邓颖超后来参加周恩来代表中共对国民党的统战谈判来到重庆。这时，胡杏芬也与家人从北平逃难到重庆。因为她已得知她的同室病友“李知凡太太”就是中国共产党方面大名鼎鼎的邓颖超，所以，她就写了散文《李知凡太太》，后来于1941年5月在上海出版的《妇女知识丛书》第八辑《关于中国妇女的二三问题》上发表。然而由于生活条件艰苦和环境的恶劣，胡杏芬病情加重，1939年下半年在重庆去世。鉴于胡杏芬不仅是位有志有才的女青年，而且积极追求进步，重病时还向周恩来、邓颖超提出加入中国共产党的请求。所以周恩来夫妇就专门为她刻制了一方石碑，碑上刻上了由周恩来题写的“胡杏芬女士之墓　李知凡李杨逸共立”的文字。这两个名字只有胡杏芬知道指的是谁。后来因为时局发展太快，这块碑并未能竖立到胡杏芬墓前，但是却向世人留下了周恩来一个“李知凡”的名字。

1947 年 3 月，蒋介石命令胡宗南攻打延安，4 月，以毛泽东、周恩来和任弼时等组成中央前委，在陕北领导和指挥全国的解放战争；刘少奇、朱德和董必武等组成中央工委前往河北平山县主持中央日常工作和中央委托的其他工作；叶剑英、杨尚昆和邓颖超等组成中央后委，到晋西北开展土地改革和保护好各方面的人才和有关档案。其中以“前委”这一块形势最为紧张。因为他们面对的是胡宗南统率的二十多万大军，而当时在陕北留下的由彭德怀指挥的西北野战军仅两万多人。为了让野战军收放自如，“前委”并不和彭德怀的西北野战军编在一起，而是只由汪东兴带领四个警卫连单独行动。为了麻痹敌人，他们一会儿叫九纵队，一会儿叫三支队。而且主要领导人还都取了化名。毛泽东叫李得胜，周恩来叫胡必成。任弼时当时是“三支队”司令员，取名“史林”，陆定一是政委，取名“郑维”，叶子龙是参谋长，取名“一号”，汪东兴是副参谋长，取名“二号”。1992 年 3 月笔者在北京拜会周恩来转战陕北时期的警卫员王还寿时，王老告诉笔者，当时取化名时，总理说，我认为由中国共产党领导的中国人民革命事业必定成功，所以我就叫“胡必成”吧。当时他的一个盛书和装衣物的木箱子上都有周恩来用毛笔斜着写下的“胡必成”三个字。这个大箱子还在中国革命博物馆①展出过。

1961 年 3 月，著名爱国民主人士章士钊先生由香港回到北京，给周恩来写了一封信。信上说：“胡子②最近给香港的吴季玉先生来信说：‘今年是我老伴的八十寿辰，可惜我不在大陆，今年她的生日一定会很冷落，不会有人理睬她的，想到这点我十分伤心！’”章士钊先生在信的最后说，“胡子的这种心情，请总理予以理解”。

① 今国家博物馆。

② 当年一些人对国民党元老、国民政府监察院院长于右任的称呼，周恩来早在重庆时就知道并熟悉。国民党在大陆败退时，蒋介石强行将于右任带去台湾。

周恩来收到章士钊先生的信后特意让中共中央调查部长罗青长传话给于右任的女婿、时任民革中央副主席的屈武看信，还转达了周恩来的意见说：“总理要你把儿子屈北大、儿媳梅君一道带去西安，并将于右任一个在上海的外甥周伯敏也一起邀集到西安。由陕西省委统战部出面，给于老夫人做一个热热闹闹的寿宴。三桌人的寿宴过后，于老夫人高仲林女士十分高兴。

屈武回京后，罗青长又联系屈武，希望他能将为于老夫人做寿的事写信到台湾告诉于右任老先生。然而，屈武写信时犯了难：这件事从头到尾都是周恩来总理一手安排的，应该在信中告诉于老先生才对。但是如果信上写了“周恩来”或“周总理”的话，要是被特务们检查发现，对于先生的后果将不堪设想；如果信上不提周恩来的话又怎么能对得起周总理的这番高情厚意呢？屈武在左右为难时请教了邵力子先生。邵力子先生告诉屈武，你只要把“周总理”三个字换成“濂溪先生”四个字就行了。接着，邵力子解释说，抗战时我和于老先生住在一起，两人经常谈一些历史名人。我俩都知道周总理是北宋名儒理学奠基人周敦颐的后代。周敦颐晚年自号濂溪先生。当时我俩一谈到周恩来，为避人耳目，也总是称呼他为“濂溪先生”。所以，只要于老先生一见到你信上的这四个字，他就能知道是指的周恩来。果然，在台湾的于右任收到女婿屈武的信后高兴到了极点，特别感谢周恩来总理对他和他夫人的关怀，当即回信请香港的吴季玉先生向周总理表达他的诚挚谢意。因此，这“濂溪先生”算是不为社会上人们所知的周恩来的又一个名号吧！

周恩来的时代是我国社会激荡变革的时代，他身处那样的家庭和投身革命后所处的那样一个环境，导致他起了那么多的名字，这还不包括他被苏联共产国际给他取的俄文名字“莫斯克温”等。当今天您知道这些时，算是增加了对伟人的一分了解，多了一点认知吧！

七个整十岁生日是怎么度过的

感谢你们今天把我们送进“母亲”的怀抱!

公元1898年3月5日（清光绪二十四年二月十三日），一代伟人周恩来诞生在当时的江苏省淮安府山阳县驸马巷周家院（今江苏省淮安市淮安区淮城街道办事处驸马巷7号）内，到1976年1月8日在北京逝世，享年七十八岁。那么他生命中的七个整十岁的生日是怎么度过的呢?

欢乐而苦涩的十岁生日

1908年的夏天，周恩来的生母万氏病故，年底嗣母陈氏病故。半年时间内，周恩来痛失两母，无奈的他只能带着两个更幼小的弟弟从清江浦（今淮安市清江浦区）返回老家周家院，由八叔周贻奎、八婶杨氏监护，领带两个弟弟艰难度日。

一转眼春节过去了。龙灯、花船刚收起来，恩来的十周岁生日就要到了，八婶母杨氏对恩来说：“鸾儿，今年不能给你请客过十岁生日，因为你妈刚过世，你还在守孝期间。”恩来点点头表示知道了。我们中华民族有个传统习俗：父母去世后，作为儿子应该为父母守孝，而且在三年守孝期间，孝子不得理发、不得外出应酬、已结婚的夫妻不得同房，不参加娱乐活动等等。

当时，周恩来正在龚家塾馆寄读。龚家原籍常州。主人龚怀朴多年在山阳县当钱谷师爷，家境比较殷实。这位师爷的夫人和周恩来的陈氏嗣母的妈妈是亲姐妹，是陈氏的亲姨母，也就是周恩来的姨外婆。龚师爷有个儿子叫龚荫荪，恩来叫他表舅。他是位追随孙中山先生的革命党人，思想活跃、开明。

龚老夫人信佛，心地善良。她见自己的姨表侄女年纪轻轻地守寡，和恩来孤儿寡母地相依为命，老夫人心底十分同情和怜惜，尤其怕恩来有个闪失，还在恩来五六岁时，老人就让恩来认她家的儿媳蔡氏为干妈。因为蔡氏是光绪三年（公元 1877 年）生的，属牛，在淮安话里，牛与“留”同音。那时淮安有一个民间风俗，防止小孩拉不住时（淮安方言：小孩早夭、养不大的意思），要认一位属牛的女性为干妈，就可以使孩子长“留”人间。

龚家经济条件比较好，在恩来认表舅母蔡氏为干妈时，特意请先生选了一个黄道吉日，请出龚家祖宗牌位，然后点红烛、烧高香，由龚家塾馆的周先生教恩来行跪拜礼。蔡氏是南京人，出生于那时的中产阶级家庭，识字不多，但针工女红出众，心地特别善良。自认了干亲后，蔡氏便把恩来当作自己儿子一样。如她不再让龚家佣人叫恩来“周家小少爷”而改叫“鸾少爷”，让自己的女儿、儿子叫恩来“大鸾哥”“大鸾弟”不再叫“大表哥”“大表弟”。恩来叫蔡氏也将“表舅母”改口为“干妈”，但叫龚荫荪仍是“表舅”或“舅舅”。

龚表舅家的大女儿龚志如只比恩来大两个多月，新年一过就过了十岁生日。五亲六眷地都去祝贺，热热闹闹的。恩来也去祝贺了，他还把妈妈（生母）当年从汉口给他买的一盒大积木送给了小表姐。那天在向干妈、也就是表舅母拜年问安时，蔡氏说：“二月二一过，鸾儿也是十岁了，你们家要是不嫌弃，你十岁可以到我家来过。”

蔡氏待人真诚，加之她也十分喜爱恩来，因此她不仅说到了，而且做到了。

光绪三十四年二月十二日（公元 1908 年 3 月 14 日），蔡氏派龚府丫环小翠到周家，告知周家人：叫鸾少爷明天到龚府过十岁生日。恩来为此还请教了卧病在床的八叔贻奎。八叔告诉他，你母亲新丧，你还在服孝期，在家不能为你过生日，但是你认龚家做干亲，你又是未成年的孩子，作为他家的干儿子到他家过生日是可以的。周恩来这才于第二天高高兴兴地去了龚家。

那天，龚表舅虽然不在家，但龚家为周恩来的十岁生日做了精心准备：大门两侧的如意彩钩上挂上了两个灯笼似的大红布球，室内外打扫一新，家塾馆放假半天，恩来的表姐、表弟和表妹三个人都为恩来准备了生日礼物。

鞭炮声中，恩来向姨外婆袁氏，表舅母、干妈蔡氏行礼。礼毕之后，袁老太太给了恩来一个押兜兜的红包，包里是两块大洋；蔡氏拎出一只蓝底白碎花的包袱，一边打开一边念叨说："'姑姑鞋、姨娘袜，舅舅买顶帽子压……'我这笨手笨脚的，就全给包下了。"于是，蔡氏拿出了她亲手为恩来做的衣帽鞋袜：一顶春秋天戴的瓜皮帽子、一身缎子料褂裤、一双黑布新鞋和一双线底白袜。并当场要恩来穿上身试试。蔡氏针工精细，手艺灵巧，恩来穿了正合身。在一片赞美声中，恩来的表姐弟们纷纷拿出他们准备的礼物：表姐志如送给他的是一只状似金鱼的风筝，表弟仁甫送他的是一只小铜算盘，还是当年他爷爷使用过的，造型特别精美；表妹龚志惠送他的是一只陶制储钱罐，造型是一位乐呵呵的弥勒佛。

礼品送完之后，周恩来和龚家人围拢一桌，吃面条、尝鲜果，其乐融融。吃面条在淮安有"长寿面""万事（丝）如意"的寓意。

吃完饭后，恩来表兄弟们由龚家佣人陪侍，到东门一带城墙上放风筝，也兼踏青、远足、登高。可以说，那是周恩来童年在淮安最快乐的一天。一年之后，到东北沈阳拍他一生中的第一张照片时，身上穿的衣服，头上戴的瓜皮帽子等仍是蔡氏给他亲手做的那套。

十岁，周恩来由干妈蔡氏给他做了一个热热闹闹的生日，那也是周恩来波澜壮阔的一生中唯一一次像样的整十岁生日，不过，他的内心还是苦涩的，毕竟，两个妈妈刚去世，而且，陈氏妈妈去世才两个多月。

紧张的高考中过的二十岁

周恩来二十周岁生日是在日本东京度过的。

1917 年周恩来在天津南开学校毕业后，怀着“为中华之崛起”的报国之志，东渡日本，寻求救国真理。鉴于周家已无人能支付他的出国留学费用。所以，周恩来赴日只能报考东京高等师范和高等工业学校。因为这两所学校是日本利用中国“庚子赔款”的钱办的。凡考上这两所学校的中国学生，日方是给予免费上学的。无奈，周恩来在报考这两所学校时，皆因日文不过关而未被录取。

1918 年 3 月 5 日，正是周恩来投考东京高等师范的日子。头一天已经考了日语、数学、地理、历史，当天还要继续考。他二十周岁生日这天，日记上的记载是：

三月五日（戊午年正月二十三日辛亥）　火曜日（即星期二）

气候：雨后晴

提要：（治事）晨起往访轮扉，偕考师范。上午试英语、理、化、博物四种。下午无。既归，预备明日口头试验，并沐浴更衣。晚远泽来访。

（通信）接季冲信一。

周恩来这篇日记很简单，因为他正集中精力准备应试。日记大意是清晨起来后即到同学轮扉那里，与他一起去考试。上午考的英语、物理、化学、博物四科。至此，笔试考完，下午无事，准备明天的口试。这几天因为考试，顾不上洗浴和换衣服。笔试各科考完后，才洗了澡换了衣服。从日记通篇内容看，周恩来并没有提及他生日的事，他是在紧张的考试过程中度过了他的二十岁生日的。然而据笔者翻阅他的《留日日记》，周恩来也和当时的绝大多数中国人一样，他的生日记的是夏历，即农历。在他的 3 月 25 日日记上，是这样记载的：

三月二十五日（戊午二月十三日辛未） 月曜日（即星期一）

气候：雨

提要：满二十载诞生之日。

（治事）晨起，接云弟来信，为误会醒兄，意有所陈述。余与山兄颇难处置。下午，作譬喻信寄之。晚，蓬兄、涤非来，谈之九钟散。

（通信）奉四伯父谕一，接乃兄、述、云两弟、柏荣、剑帆及《南开思潮》社信各一。上四伯父、生父、八叔禀各一。醒兄、云弟各一，述弟片一。

从这篇记载看，周恩来也是和平常一样，迎朋会友，书信往还。但笔者推测，他在向四伯父、生父和八叔这亲兄弟三每人都写了一封信，在信中，他一定会提及自己的二十岁生日的。因为在中华民族的传统文化里，“身体发肤受之父母”。他不可能不向父辈告之已二十岁他的一些近况。

在临时中央政治局常委会上过三十周岁生日

周恩来投身无产阶级解放事业后，便一往无前，九死一生，信念不改。他三十周岁生日是1928年在上海度过的。

蒋介石1927年公开叛变革命后，疯狂屠杀中国共产党人和爱国志士。因此，1928年的中国到处是血雨腥风的。这时的党中央在上海，作为中共临时中央政治局常委兼中央组织部部长的周恩来基本上都是昼伏夜出，完全处于“地下”状态。有史记载的是，在他三十周岁生日那天：

出席中共临时中央政治局常委会议。在讨论土地问题时提出：没收一切土地的口号是有碍的。没收自耕农土地重新分配，至少要在夺取一省政权后才能提出并实行。现在有许多地方做不到。

如果按他生日记农历的习惯，那么那年是戊辰年。戊辰年二月十三日就在公历的3月4日，是前一天。目前我们没有掌握任何有关周恩来在这两天有其他活动的资料。是否因地下斗争的紧张和工作的繁忙而忘记了？显然，这只是个猜想。

据笔者1997年在全国工商联宿舍走访1928年曾任周恩来秘书的黄玠然老人，他说总理那时特别忙。名义上他只是中共临时中央局常委兼中组部长，实际上中央的日常工作、全党的军事工作、组织工作、宣传工作、根据地工作等等，他都得管。那年在苏联莫斯科召开的中共六大上，周总理就代表中央作了“组织工作”和“军事工作”两个报告。按说，他当时还没有兼军事部长，但是，只要是有关于党的革命事业，他都无怨无悔地认真去做。

无声无息中过了四十岁

周恩来的四十岁生日是在武汉度过的。

1938年周恩来正在为国共合作和抗战的事奔走、呼号。那年的公历3月5日和农历二月十三日（公历3月14日）都没有查找到周恩来的具体活动记载。他是那年2月底到3月初从武汉回延安出席中共中央政治局会议的。3月初与王明等返回武汉。他这时心中考虑的是巩固国共合作抗日的局面。那几天他曾与桂系国民党领导人白崇禧会见，向白提出第五战区（由桂系李宗仁将军任司令长官）的对日作战方针。他的主张基本被白接受，随之他又派张爱萍将军以八路军代表的身份直接赴徐州面见李宗仁，转达周恩来希望第五战区能在徐州以北同日军打一仗（即后来的台儿庄大战），借以提高国民士气，提高桂系的声望和威信的意见。

在这段时间里，国难当头，以周恩来的博大胸怀，他只能以国家、以民族的大业为重，似乎他已完全忘掉了自己的生日。因此，他是在无声无息中度过自己的四十周岁生日的。

豪情满怀、迎接胜利中过的五十岁生日

周恩来的五十岁生日是在“母亲”的怀抱中度过的。

抗日战争胜利后，中国的老百姓本来都盼望着过和平生活。然而蒋介石却悍然发动内战，妄图消灭代表广大人民群众利益的中国共产党及其领导的人民武装力量。为此，中国人民解放军被迫应战。这场生死搏杀从 1946 年下半年全面打响，历经一年多之后起了翻天覆地的变化：蒋介石的几百万大军被打得落花流水，一败涂地。

毛泽东、周恩来是坚持在陕北的。当时彭德怀指挥的西北野战军仅两万多人，而国民党胡宗南率领的是二十多万装备齐全的国民党部队。在党中央的领导下，彭德怀在陕北三战三捷，不仅打掉了胡宗南的锐气，也壮大了自己。毛泽东、周恩来及中央机关身边只留了四个连，就敢在胡宗南几十万大军的眼皮底下和他“捉迷藏”并取得了完全胜利。诚如周恩来 1947 年 10 月 27 日为中央起草的一个指示中写的“一年多内战经验，证明蒋介石反动集团败局已定。不管美国帮助多少，甚至直接出兵，也不能挽救其覆灭命运。”

1948 年 3 月 5 日，周恩来在陕北杨家沟审改中共中央发言人对一月民盟宣言和民革宣言及行动纲领的谈话稿。谈话稿表示愿在新民主主义事业中，同一切反帝反封建的民主团体一道前进；并再次指出“第三条道路”在中国和全世界一样都是不可能的，行不通的。八日，他写的这篇谈话稿在晋冀鲁豫边区的《人民日报》上发表。

周恩来对生日习惯记农历。1948 年 3 月 23 日是当年农历的二月十三日，也就是他的五十周岁生日。这是一个永远值得纪念的日子，因为这天他和毛泽东等东渡黄河。

那天，风和日丽，碧空万里。在陕北与人民血肉相连地共处了

十三年之后，为了迎接全国人民革命的胜利，周恩来与毛泽东等中央直属机关将要东渡黄河。中直机关是两天前从陕北的杨家沟出发，3月22日到达黄河岸边的佳县刘家坪，在刘家坪小住一夜。23日中午时分来到吴堡县川口村南的园则塔渡口。因为担心敌人从西安派飞机来渡口轰炸，所以渡河时间选择在下午。

在渡口等待的几个小时里，毛泽东在渡口边的河滩上慢悠悠地踱步。如果不是警卫人员跟随，在人们眼里，他就像是个闲暇无事的老者。事必躬亲的周恩来仍同往常一样，叫来地方区乡干部和船工舵手，从大小船只的配备到船的行走方向，从每条船的载人数量到水手的配置等等都一一问个清清楚楚，明明白白。直到区干部们向他表示“请周副主席放心，我们一定能确保毛主席和中央首长们的安全”时，周恩来的脸上才露出满意的笑容，然后转过身去，望了望在河滩上踱步的毛泽东，又望了望眼前汹涌磅礴的黄河，再把目光抬高眺望远方。看得出，这时的他思绪万千，心情也像黄河水那样翻腾着：红军被迫长征、遵义会议、来到陕北，接着是西安事变、奔走谈判、全面抗战……整整十三年的风风雨雨，今天将迎着胜利的曙光东渡黄河……他该记得这一天是自己的生日吧？

笔者1992年3月8日在北京东交民巷访谈周恩来当年的警卫员王还寿同志，他说，东渡黄河那天，周副主席不仅起得早，而且还和他谈起小时候妈妈（指他的嗣母陈氏）十分爱他，不让他下河学游泳，以防万一，所以至今他还是一只“旱鸭子”，不敢下水。要不他就和主席一起游过黄河。王还寿连忙告诉他，现在才初春，天气还很冷，即便会游泳，也是不能下水的。

根据安排，午饭后中央直属队一一登船，这时人们才清楚地发现，不仅河水很凉，而且河水中还不时夹淌着冰块。那些大块的冰凌还会把船体撞得砰砰直响。当时，毛泽东和他的警卫排坐第一条最大的船，周恩来、任弼时等坐第二条船。一共十条船，依次离岸东去。

周恩来由王还寿和关南轩两人一左一右护着上船。他一上船就忙着和船上的水手舵工们握手，并连声说："辛苦你们了，辛苦你们了！""感谢你们今天把我们送进'母亲'的怀抱。"

黄河是我们中华民族的摇篮，人们世世代代都称黄河为母亲河。笔者判断，他是记得自己五十岁生日的，在这一天，他东渡黄河，说自己回到了"母亲"的怀抱。而1976年他去世后，他的最后一把骨灰撒在黄河入海口，笔者据此在1995年的北京西郊罗青长罗老家询问他时，罗老就对我说过，"黄河是大家都知道的中国人的母亲河。他的骨灰撒在黄河里，就代表着他重新回到了母亲的怀抱，以报答母亲的养育之恩。"罗青长曾任总理办公室副主任，在周恩来身边工作了四十余年，他还是周恩来生前最后召见的一位部长[①]，也是和郭玉峰、张树迎、高振普一起参与撒周恩来骨灰的人。

"尽管黄河汹涌澎湃，水流湍急，我和关南轩两人紧紧守护在周副主席身边，终于平安地到达了东岸的临县。"这是当年王还寿同志深情回忆着告诉我的。

"江峡"轮上过的六十岁

周恩来的六十岁生日也是在船上度过的。

1958年对于全中国人民来说，是个充满狂热和幻想的岁月。说假话、说大话、说空话在全国范围内泛滥成灾。一贯务实的周恩来虽然认可在中国共产党的领导下，建设速度有可能会快一些，但他对那些不符合科学规律、脱离实际的做法以及报出的产量数字等等不仅持怀疑态度，还曾派自己秘书等身边工作人员悄悄到这些地方实地调查，掌握第一手资料。

笔者1995年在北京景山前街拜访过当年周恩来的经济秘书、后

---

① 罗青长时任中共中央调查部部长。

曾任国家计委副主任的顾明同志。他就告诉过我，1958 年 8 月，毛主席在中央北戴河会议上提出钢产量翻番：即在 1957 年全国钢产量 535 万吨的情况下，要求 1958 年一下达到 1070 万吨。结果带来全国性的大炼钢铁，一些地方连成熟的庄稼也不收割却让农民上山伐木砍柴，投入炼钢。还有的学校不上课，让学生也去炼钢，要确保“钢铁元帅”“升帐”。结果，又导致钢铁“卫星”满天放：河南新乡放出一个月炼出 102 万吨生铁的高产“卫星”。就此，周恩来问顾明，这颗“卫星”有可能吗？顾明在调到周恩来身边前是鞍山钢铁厂的党委书记，他如实回答说：“在我们鞍山，要炼出一吨生铁，需贫矿石 3 到 4 吨，炼焦用煤 3 到 4 吨，加上石灰石、辅助材料等共十多吨，如果真的炼出 102 万吨生铁，那得用 1000 多万吨的燃材料。就现状而言，不用说他们的冶炼技术、原材料，仅从运输能力上说，新乡也承载不了一个月上千万吨的运输量。”

周恩来还对顾明说，你这是理论上的，还要实地去看一下，并要顾明不要暴露自己身份。顾明到了河南后，看到普通农民根本识辨不了什么是铁矿石，什么是普通石头，把一些带有黑颜色的石头都当成铁矿石，然后肩挑人抬的运到炼铁厂。结果根本炼不出铁，炼出最好的一点铁也仅是些海绵铁、蜂窝铁，上报产量时不仅把不是铁的东西说成是铁，称重时又把“一担”当成“一吨”报。顾明同志还告诉笔者，大炼钢铁造成全国的直接经济损失达几百亿元，极大地损伤了我们国家的经济元气。

周恩来掌握的第一手情况比较多，在主持经济工作时必然要务实一些，但他的这种做法引起了毛泽东的极端不满，在 1958 年年初召开的中央南宁工作会议上，毛泽东严厉地批评了周恩来，斥责他的思想右倾，“反冒进”泄了中国人的气。并当场拿下周恩来兼任的中共中央财政经济领导小组组长一职，由他自己亲自挂帅。之后，毛泽东对周恩来说：你去抓两件事，一个“两弹一星”的研制，一个调研一下在长江上建三峡大坝的可行性。

毛泽东发了话，周恩来不好怠慢。南宁会议结束后才一个月，他就于2月26日从北京飞抵武汉，并带上两位副总理李富春、李先念以及国家水利部门负责人和部分中外水电专家等乘上“江峡”轮从武汉出发，溯江而上。他在船上边开会听取各方意见，边沿途考察建不建长江三峡大坝；如果建，大坝坝址选在哪里等。

这是1958年3月上旬周恩来在长江三峡段中堡岛上（今长江三峡大坝坝址处）实地考察

1958年3月5日，是周恩来的六十周岁生日。平常周恩来的生活习惯是每天夜间工作，早上5点多钟时上床休息到下午2点左右起床的。这一天他例外了。“江峡”轮经停于当时的四川长寿县（今重庆市长寿区）。凌晨，他召来长寿县的有关领导人，仔细了解当地的农业生产情况和社员的分粮水平，并明确向他们指出，农业是经济基础，一定要把粮食生产搞上去，还要注意发展养猪。“猪多了，肥就多，肥多粮就多。这是人人都懂的道理。猪养多了，人民的生活水平还能改善得快些，而且猪养多了，还可以换取外汇，换回我们自己目前还不能生产的拖拉机等大型农业机械。”

那天上午，周恩来没有休息，他为“江峡”轮题写了“乘风破浪，鼓足干劲，为社会主义建设力争上游”。还与自己的随行人员到甲板上和全体船员们合影留念。据当时在该轮上工作、又具体服

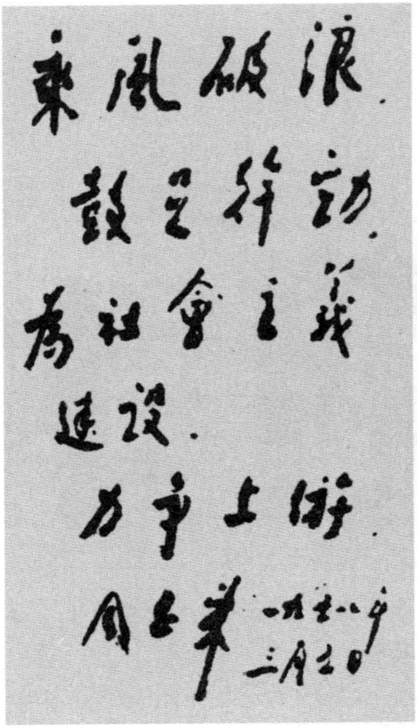

务于周恩来所住舱室的女船员钟素屏回忆：“那天，总理一直是兴致勃勃的，毫无倦意，并且谈笑风生。”是的，新中国成立快十周年了。中华人民共和国使用公历纪年就是周恩来他们确定的。他应该知道这一天是他的公历六十周岁生日。只是他没有明说吧？不过，这一天船停长寿县，上午破例不休息，这些事是周恩来有意安排还是巧合呢？

1958 年 4 月 1 日，是当年的农历二月十三日，这一天周恩来接见了柬埔寨王国驻华经济代表团团长杨安，对他说：“我们很了解西哈努克亲王的处境，柬埔寨现在面临一些困难，我们相信在亲王的领导下是可以克服的。”并就中国派技术人员去柬埔寨援助柬方建厂问题进行了仔细磋商。那一天，周恩来还接见了捷克斯洛伐克驻华大使布希尼亚克，接收了大使当面交给他的捷克斯洛伐克总理西罗基致周恩来的邀请信，西罗基总理希望他在方便的任何时候到捷克斯洛伐克访问。

周恩来的六十岁生日也是在平静中度过的，因为没有谁比他自己更清楚：他的想法和做法都是为了我们国家和人民，一个月前毛泽东对他的批评不一定正确，但是，那只能让时间来检验，让主席自己通过实践去认识吧。

在狂风暴雨中度过了最后一个整十岁生日

1968 年是“史无前例”的“文化大革命”的第三年，也是所谓“抓叛挖特”“狠抓阶级斗争”“斗批改”等搞得轰轰烈烈的时候。

这时候的周恩来常常是顾此失彼、左支右绌，忙于应付。笔者 1994 年在北京西山采访周恩来军事秘书、曾任北京市革委会副主任、国防大学纪委书记的周家鼎将军，他当时是留在周恩来身边坚持工作的少数同志之一。他对笔者回忆了 1968 年 3 月 5 日前后的一些往事：总理当时太忙太累，有一次四川省报来他们要成立省革委会的报告，已经经毛主席等中央领导签批过了。这时总理应该退交中办处理、发文公布。可是由于总理常常是日以继夜又夜以继日地不间断工作，他把这份重要的报批材料和其他文件用曲别针别到一起后忘了，整整耽搁了个把星期才由工作人员从总理的一堆文件中找出。为这事江青等不依不饶地追问，周家鼎只好代周恩来受过，说是自己的责任。江青当着周恩来的面，把眼睛竖得比眉毛还要高地说："总理啊，你身边的这些大秘书啊，哪把我江青放眼里啊！"为此，周家鼎不得不遵周恩来所嘱，隐姓埋名地改叫"贾汀"，躲藏到二七机车车辆厂蹲点，以避开江青，防止遭到迫害。

1975 年周恩来（中）在医院坚持会见来访的朝鲜金日成（左），邓小平（右）陪同会见

当时，诚如周恩来自己所说："我不下地狱，谁下地狱？""我不入苦海，谁入苦海？"一个在"苦海""地狱"里煎熬的人怎么还有心思去考虑自己的生日呢？所以，1968 年 3 月 5 日我们查不到与周恩来生日相联系的任何活动的蛛丝马迹。那年的农历二月十三日是公历的 3 月 31 日。那天，周恩来办的一件公事是在看了江西省革委会关于组织支农大军深入农村宣传毛泽东思想、支援春耕生产的

请示报告为中共中央、国务院、中央军委、中央文革小组起草复江西省革委会并告各省、市、自治区、各大军区电：报告所提办法很好，中央希望各地凡有条件实行这种办法的，都能参照执行。

也在这一天，周恩来还参加了北京大专院校和中学“红代会”代表汇报会。会上，北京石油学院“大庆公社”（该校的一个学生组织）在会上发言批评另一学生组织去年“炮打周总理”“反总理”“炮打谭震林”“反余秋里”是不对的。江青当着周恩来的面，当场指责那个发言的学生代表说：“‘二月逆流’时炮打谭震林对不对？谭震林不该打吗？‘二月逆流’是要推翻以毛主席为首的无产阶级司令部，推翻无产阶级文化大革命。”其言下之意是说：周恩来是支持“二月逆流”的，“炮打周总理也是对的。”

周恩来的最后一个整十岁——七十岁的生日是在忙得昏天黑地中度过的。当时，他能考虑的是党和国家的前途、命运以及全国人民的衣食冷暖，对自己生日早已是无暇顾及了。

四次召开家庭会议

思想关和生活关，一头一尾最重要。

周恩来出生在一个旧社会的封建大家庭里。在这个大家族里，各种政治表现的人物都有。新中国建立后，他为了让自己的亲属都能跟着中国共产党，走社会主义道路，并能跟他一样带头移风易俗，除了在个别交往中进行教导外，还专门召开过四次家庭会议，这是现在社会上很少有人知道的。

为平坟还耕，召开第一次家庭会议

那是 1956 年秋季的一个星期天。处于百忙之中的周恩来突然收到绍兴本家周云峰的一封信。信中说绍兴正在搞平坟以扩大耕地面积，在所平掉的坟墓中，也有总理 1939 年祭祖时曾经拜过的两处周家祖坟。信中还说，周家祖坟被挖得“目不忍睹”。是的，对周家这样有着深厚的封建传统意识的大家庭来说，祖坟无论如何是动不得的。

还在清同治六年（公元 1867 年），周家的一位后辈族人周光亭将自己父亲的灵柩利用黑夜葬到周恩来家五世祖周养浩、九世祖周南坡的墓地上，并毁坏了墓地禁碑。为此，周家的绍兴族长周东辉和族人周左泉、周椒升等即去县衙究治；周恩来的两位在淮安一带游幕的嫡亲祖辈周骏侯、周昂骏也立即到淮安府起诉，由淮安府移文绍兴府提讯。绍兴知府李树堂判定周光亭在两月内将其父棺移出。判决后因胜诉人纷纷外出做事，此事无人问津，周光亭心存侥幸，拖延不办。族长周东辉等人一见又用飞件（快信）将周氏诸人召回，继续到绍兴府提告，又经四年官司，直到同治九年（公元 1870 年）才将这场捍卫祖茔的官司打赢。这曾经是伤及周氏子孙多少年、多少代的一件往事。为了这场护祖茔的官司，周恩来的几位叔伯长辈都是放弃了自己如日中天的事业好几年，并将它作为家族门内的一件大事记载到绍兴周氏家谱《老八房祭簿》上。可见周家族人对其重视的程度。

笔者上个世纪 70 年代末在淮安县委报道组“打工”时曾到小羔皮巷采访过周恩硕夫人陶华。她告诉我，“我家奶奶[①]临终前还交代我，千万别忘了东门外我们周家祖茔地。一年三节都不要忘了给祖宗上香、烧纸。”

以上这两件事都说明，在周家这样封建根子很深的家庭里是十分看重祖茔、祖坟的神圣不可侵犯性的。周恩来从族叔周云峰的信

① 指周恩来八婶母杨氏。

中看到了周家这一传承数千年的旧观点在人们脑海里仍然根深蒂固，周云峰的看法具有代表性，不符合我们党中央正在倡导、也是周恩来自己完全赞同的殡葬改革的思想。我们中国人多地少，党中央已提出殡葬要破旧俗、立新风，当年中央的一次全会上就倡导人死后火化，所有中央委员、候补中央委员都以签名来认可。除许世友外，包括毛泽东、周恩来等在内的领导人都签了名。那次会后，周恩来、邓颖超夫妇又经商量，光火化遗体还不行，两人相约百年之后不仅遗体火化，还决定不保留骨灰，骨灰要撒掉。

周恩来侄辈们在淮安周家祖茔地上寻根问祖

周恩来深知，这种彻底的殡葬改革思想当时还很难推广，也不能采用行政手段，因为那会引起群众的不安，只有靠自己带头做出样子，让广大党员、群众逐渐跟着接受才是较好的办法。于是他决定召开一次家庭会议，率先让自己亲属能够理解、拥护和支持他的殡葬改革做法。

据周恩来侄儿周华章回忆，这次家庭会议在西花厅的后客厅召开，当时在京的周家亲属都被找去了西花厅，而且绍兴到北京比较远，当时一般的家庭收入负担不起往返路费，所以，周云峰往返北京的路费还是周恩来在自己的工资里开销的。

那天到西花厅的一共有二十多人，周恩来还特意让族叔周云峰坐在后客厅正面的大沙发上，自己坐对面的单人沙发上，待人们到齐后，周恩来开始讲话。他对周云峰说："您来信说平坟场面'目不忍睹'。我觉得这里有个认识问题。中国人多地少，南方更为突出，浙江又是山多，农田更少，人均才六七分地。我去过梵蒂冈，到处都是坟墓，怎么能让死人跟活人争地呢？我们可不能学梵蒂冈啊！”

周恩来接着说：“前不久，中央作了一个决定，由毛主席倡导，中央委员和候补中央委员死后一律实行火化，以每人签名的方式形成了决议。这个决议原本是计划公布的，后来考虑到全国各地群众几千年来都是土葬，一下改火葬恐怕在感情上接受不了，所以决定首先在党的中央委员和候补中央委员中带头实行死后火化，再逐步地向广大人民群众推广。”“关于坟，你们征求我的意见，我作为家庭的一员，我是主张平坟。纪念祖先、纪念亡人，可以有多种多样的方式，不一定非要用拜坟的方式嘛！”

周恩来接着又说：“1939 年我回绍兴拜过祖坟，而且我还说这次来就是专门扫墓祭祖的。因为那时我的公开身份是国民政府官员嘛！国民党反动派到处宣传我们共产党‘六亲不认’，我们就是要用行动去揭穿他嘛！”

本来，周恩来还想再讲一些道理，但印度驻中国大使受自己国内派遣，要代表印度政府向毛泽东、周恩来赠送礼品并邀请周总理访问印度。周恩来只好停止这次会议并和大家一一握手告别。

由于周恩来及时地召开了这次家庭会议，绍兴的那好几处周家茔地也就随着岁月的流逝而渐渐消失了。加之后来他又先后派童小鹏赴重庆、派侄儿周尔萃回淮安将自己生父、岳母和淮安东门外的周家祖茔地一一平坟还耕，从而实现了自己家族在殡葬方面的第一步改革，为全党、全国人民树立了榜样。

为维护团结，召开第二次家庭会议

1961 年，由于国际、国内反华势力的不断干扰，又遇上连续几年的自然灾害，加之我们自己工作上的失误，给全国人民造成重大灾难。这时候必须要加强全党、全军和全国人民的团结，我们中国才能摆脱困难前进，从而走出困境。

就在那一年年初，周恩来的一个侄儿周保常“顶”着封建官僚的家庭出身和父亲是历史反革命两顶这样不光彩的政治帽子却光荣地在部队加入了中国共产党。这是与周恩来未出五服的二十多位侄儿侄女中入党较早的一位，在当时那样的背景下也是很不容易实现的。在得到这一喜讯后，周恩来、邓颖超夫妻俩都是比较高兴的。但是他们从周保常给他们的信中也察觉到了保常或多或少地流露出了一些骄傲情绪。这种情绪如果滋长肯定会影响他今后的进步，必须在萌芽状态下教育他，让他注意；同时对周家其他兄弟辈也会带来一定的影响。

就在周恩来、邓颖超商量如何给周保常回信时，周恩来的另一位侄儿、也是周保常的亲弟弟周保章应约来到北京与伯伯、伯母一道过春节。邓颖超立即把上边的情况对周保章说了，并随即交待周保章一个任务：“你哥哥现在一入党就骄傲，我要发动大家来帮助他。你来了正好，快写封信去说说。”

据现居青岛的周保章对笔者说：“七妈对我说了之后，我就给我二哥写了一封信。在信中我对二哥说，七伯作为我们党的领袖，他都是时时刻刻谦虚谨慎地为党工作，努力为人民服务，自觉地做人民的服务员……”信写好后，周保章本打算买上一张8分钱的邮票寄走了之，但想到信是七妈让写的，还是先请她看一下吧。然而，谁也没想到的是，邓颖超看了信之后，竟然勃然大怒。她当即严肃地指出：“你伯伯他不是领袖，只能称他是国家领导人，不允许你这样写，赶快改过来。”

在长辈面前，周保章只有遵命，当即做了修改，然后才寄出。周保章想到七妈虽生了那么大的气，但事情总算过去了。然而，使他更没有想到的是，除夕那天，周恩来、邓颖超突然通知在京亲属和西花厅部分工作人员都到西花厅吃年夜饭，而那是周恩来二十六年总理生涯中唯一的一次。

在人们陆续到齐并开始吃饭时，周恩来才停止手中工作，取下套袖走出他的办公室，然后和大家打招呼，祝贺新年的到来。他坐下来之后，邓颖超代表西花厅的“家长”和大家讲话。她先说了大家不要忘本、要感谢党的领导等话语之后，突然话锋一转说：“保章呀，说他七伯是领袖，这是错误的！我们国家领袖就是毛主席。”原本都在低头吃年夜饭的几十个人一下把目光集中射向了周保章，弄得保章好尴尬啊！

据周保章1994年对笔者讲述，当时他心情很不好受：自己年纪轻，又有自尊心。还特别想到，二十多年未见七伯七妈的面了，这么一点小事，当面批评了还不算，还要当着这么一大家子的人说事，真是比家长厉害多了。当时，他心里还琢磨着：我在中国人民大学进修，刚学完《政治经济学》和《马列主义基础》等课程，对于“革命”“政党”“领袖”都有专门的章节论述，这些关系说得很清楚。“领袖”通常是指一个政党或一个集团里的主要几个人，不一定专指某一个人，当时真的有点想不通。后来才终于悟出道理：七伯七妈之所以为这个问题这么严厉地批评，还专门召开家庭会议，是他们借这个机会，更好地教育他的亲属和身边工作人员，要大家都要像他那样谨慎地做好自己的工作，切实维护以毛主席为首的党中央的团结，好带领全国人民度过当时的经济难关。同时，七伯对这个问题的高度重视和严肃处理，也表现了他们坚定的党性原则和时时处处维护党和国家最高利益的崇高思想境界！

为了让亲属认识封建家庭，召开第三次家庭会议

上个世纪的60年代中期，是毛泽东一再强调国内阶级斗争形势十分严峻的特殊时期，身处当时我们党和国家高层领导的周恩来不可能没有觉察。他认为有必要把自己的封建家庭向自己的亲属讲清

楚，让自己的亲属、特别是年轻的晚辈们能认清自己的封建官僚家庭，彻底否定封建官僚家庭，千万不要在风起云涌的阶级斗争中迷失方向、站错队。

那是1964年8月2日下午，周恩来利用自己星期天休假的机会，召来当时所有在京亲属，共有近二十人。据周尔辉生前告诉笔者，参加那次家庭会议的除了他们夫妻俩之外，还有同宇叔叔、士琴婶婶，我妈妈[①]、弟弟[②]，秉德、秉钧、秉宜、秉华、华章、国镇等等。

在周恩来讲话前，邓颖超先讲：

今天，我们利用星期天开个家庭会议。我先讲几个问题，然后恩来向你们多谈些内容。

我要讲的第一个问题是家庭中的关系问题，我们这个家，有各种关系：有父子关系、母女关系、婆媳关系、兄妹关系等，还有党团员之间的关系，党员与非党员的关系等等。这样多的关系，该如何相处呢？那就是要大家平等相待，即使是长辈与晚辈之间，也要平等相待。长辈讲对了的当然要听，即使讲得不对，也不要吵架、顶嘴，要把是非弄清楚。

第二个问题，我们老一代对下一代要强调劳动，党员、团员、青年，都要在劳动中改造自己、锻炼自己，要懂得劳动创造世界的道理。

第三个问题，党团员之间，党团员和家庭成员中的非党团成员要团结，因为中国革命的成功，不只是靠党员才能成功的。

关系要处理好，不能强加于人，要一次、两次、三次地说服，不要认为说服不了，就不耐心了。

第四个问题，我们要求家庭成员中的党团员要有组织性、

① 指陶华。
② 指周尔萃。

纪律性。你们伯伯上星期五晚上对应届毕业的大学生做报告[①]之前，国镇[②]听说了，打来电话，也想要一张进场的票。我接了电话，告诉他要按自己的工作岗位，能有票就听，不能拿到票，就不去听。反正不能走“家庭路线”。小咪[③]、尔辉、桂云[④]都想去，成元功[⑤]告诉我，还为他们几个说话：说总理办公室的人都可以去，也让他们几个孩子跟着去听吧？我说这不一样，办公室的人去，是组织上的决定，但小咪、尔辉、国镇几个，不能因为他们的伯伯或爷爷去做报告，他们就可以去听。这是政治性的活动，不应该不按组织关系办。如果是戏票、游园票等文化娱乐活动，可能时，可以给他们票去看。

所以，我要求我们的家庭成员，不要因为家中有个国务院总理，就有任何活动都想参加。你们有困难，我们的工资可以帮助你们，毫不吝惜，但我们从来不利用工作职权来帮助你们解决什么问题。你们也不要有任何特权思想。我们要把家庭关系和组织性、原则性区别开，不要搞乱，搞乱了势必犯错误。家庭内的关系，要服从组织性、原则性，要公私分清。

最后，邓颖超说：

今天是请家里人吃饭，不能让公家的公务员为我们服务。今天我带队，组织年轻人、孩子们到厨房去端饭、端菜，吃好了饭，大家就坐下来，听伯伯为你们讲家史，讲如何认识和对待周家这个没落的封建官僚家庭。

下午，周恩来开始讲家史，他说：

---

① 指1964年7月31日晚上周恩来在人民大会堂向首都高等院校毕业生以及部分高中、中专毕业生和一些留学生作的《关于革命和劳动》的报告。

② 周恩来侄孙。

③ 周恩来侄女周秉宜小名。

④ 周恩来侄儿、侄媳，这夫妻俩都是在老家淮安的中小学当教师，因放暑假和母亲、弟弟一起赴京看望伯父伯母而在京。

⑤ 时任周恩来卫士长。

我，同宇①和尔辉的父亲②是同一个祖父。我们这辈人按大排行就算不清了，人太多了。我们这同一个祖父名攀龙，号云门，后又改叫起魁。这名字有封建思想，想中科举，结果是秀才还是举人，不清楚了。他下边有四个儿子，没有女儿，儿子按大排行是四、七、八、十一。我的四伯③无子；行七的劭纲④生有我们三个：就是我、博宇⑤、同宇；我们的八叔贻奎生了潘宇⑥一个，十一叔贻淦⑦没有孩子。

我们的曾祖父光勳，号樵水。这个名字还好些，还有个务农之意。他是个地道的绍兴人，绍兴有他的坟，前几年，绍兴县写信给我，问对光勳公的坟要修，还是深埋？征求家人意见。1939年我去新四军军部时，曾路过绍兴，公开回老家去看看。我们老家的地址是在绍兴宝佑桥的百岁堂（前十代的一位祖先活到百岁，建了此堂，现在还在，他们想重修）。1939年那次，一位本家（我说不清是谁了）拿出了家谱给我看，上面有我的名字，还有我们的四哥周恩夔的名字，我知道一定是我的六伯父嵩尧回绍兴时写上去的。那位本家带我撑一条小船，看了这位曾祖的坟和本家其他十几个人的坟。坟在外凰山上，我还上了坟。那时讲统一战线，如果不上坟，人家会说你共产党不认祖宗。

土地问题一定要解决，中国有六七亿人口，只有十六亿亩耕地，平均一人二亩三分地，将来人口越多，每人平均土地越

---

① 周恩来胞弟周恩寿，时在场。
② 周尔辉父亲名周恩硕，字潘宇。
③ 周恩来四伯父谱名贻赓，字曼青，后以字行。
④ 指周恩来生父，谱名贻能，字懋臣，后改名劭纲。
⑤ 指周恩溥。
⑥ 指周恩硕。
⑦ 周贻淦后改名宗干。

少。曾祖樵水公的坟，人家来信问，已破烂不堪了，准备重修，人家不肯深埋。我告诉他们不准修坟，要平坟，起码不准修。如果他们修，我一是要付钱，二是仍要平掉。当然对平坟的问题，也不能由我一个人决定，以后如有机会到绍兴，我要找本家开个会，共同研究把坟平了。

祖坟在绍兴，绍兴的家谱上又有我的名字，我不能不承认是绍兴人，不然人家会说我不承认封建的家庭关系。但我生长在淮安，满嘴的淮安口音，也不能不承认是淮安人。所以我说我是："原籍绍兴，淮安生人，江浙人也。"为这个籍贯还很费了些脑筋呢！

说是绍兴人，不仅是因祖坟和家谱，更重要的是我们封建家庭的根子在绍兴。封建家庭的老底子可厉害了，影响思想，影响生活习惯。封建根子不挖清，思想认识不到，你的思想觉悟就提高不了。

我们家没有土地，为什么说是封建家庭呢？绍兴人靠什么谋生？一靠土地，二靠当绍兴师爷。师爷很厉害的，给县官出主意的，现在叫"秘书"。县官都用两个师爷，一个管收税，多为沧州师爷；一个管判案子，多为绍兴师爷，都可以剥削人。绍兴师爷的行会，把持、垄断师爷职业，全国两千多个县，多是绍兴师爷。上一级的也是。哪个县的案子如不是绍兴师爷办的，到上一级就不能让你打赢。做师爷的没有不贪污的。所谓"清廉"，只是少拿些钱就是了。绍兴人大部分在外面当师爷。有了钱，有人回家置地，进行封建剥削；有人到外办南货庄，进行商业剥削。

我的曾祖下有五个兄弟，都搬到了苏北，大、二、三、四都做过县知事，老五没做过。我祖父（四）从绍兴师爷升为县知事。做官还不是剥削人？也可能不太大，因为他没买下土地，只留下了一幢房子，在淮安驸马巷。这是二祖父和我祖父[①]买的。

我们上一代，还都去拜绍兴师爷，给人家做徒弟，但没学好。只有二伯、六伯学的较好。六伯中了举人，做了师爷，后来曾给袁世凯做过秘书，在中南海办过公，他赚了不少钱，娶了两个妾。

我父亲这一辈兄弟四人，按大排行是四、七、八、十一。八叔腿瘫了；十一叔刚结婚一年就死了。十一叔、婶都属虎，才二十岁。我刚一岁，就把我抱过来，给了十一婶。只有四伯到东北去做了科长。我父亲老七能力不行，老实得很，不会扒钱。家里就破落了。从我记事时，家里就已破落。

具体地说，我们这个家是个破落的封建官僚家庭，没土地，只有房子，也不出租。

我外祖父姓万，江西人张勋的参谋长与我外祖父是一家人。我外祖父万青选在淮阴（清河）县做知事三十年，没有出过错，没有被裁下来，一般人都称赞他。他只有一个姨太太。共生有十八个儿子，十四个女儿。他身体非常好，活到九十多岁[②]。

他最喜欢我们的妈妈，他的第十二个女儿，人称万十二姑，小名冬儿，她从小开朗活泼，虽身为贵族小姐，却不像大家闺秀，不肯缠足，外公经常带着她到处走，参加各种活动、礼仪等，所以她以后很会处事，很会应酬；她一直到十一、二岁才缠足。

万家在淮阴河北十里长街有所大房子，有九十间房子，几进院子。

我的父母两方面都是封建官僚家庭。我生下来时，两家生

① 现在据周家房契，是周恩来的曾祖樵水公和二曾祖水心公于清道光十九年，即公元 1839 年以二百六十两白银从淮安一住户胡干臣手中购买的。

② 据万青选自己所存世墨迹及万家后人笔录，万青选只活了八十岁。“在淮阴县做知事三十年”当是万青选三次出任清河县知县和做官三十余年的误传。

活都在下降、破落。

我上一代的四个兄弟中，十一叔死得早，我父亲和四伯父到外边去做事，家里的男人只有八叔一个，但他腿瘸，不管事。我七岁时四妈死了，我九岁时，我妈和十一婶也死了，只有一个八妈带着我们这一辈兄弟四人，家中生活靠把房子押出去、到当铺去当东西、或者借钱过日子。有时四伯寄点钱回来，还一笔账，但就是这样，还要装门面。

小时候在家里，有两件事我最看不惯。一是破落下来还装门面；一是搞彩票。彩票太坏了，助长人的侥幸心理和不劳而获的思想，一提彩票我就烦。所以现在我把彩票废了，我要报复旧社会的彩票。

我父亲和十八舅舅合起来买了一张彩票，头彩是一万元。彩票摆在我父母手里，号码被另一个亲戚知道了，开彩号码登出来后，他知道父亲他们得了头彩，想骗过去，对我父亲说他要帮助查号，要把彩票拿过去。我母亲精明，不肯给那个亲戚，怕他给调了包，一定要自己对。一对，正得头彩！真是高兴得头都昏了。首先想到玩，要讲大排场。彩票在武汉，要坐船去兑，一路上到处玩。我母亲就要给这个送东西，给那个送礼物，又要买皮衣，又要买留声机。她是从小看惯了讲排场、爱面子的。这五千块钱，光是玩、送东西就不在一半以下。债主们听说，又都来讨债，亲友们又纷纷来祝贺，住下来要吃要喝，还要拿。母亲压力沉重，想躲一躲，决定暂时搬到她的娘家淮阴。只有父亲、母亲、我们兄弟三人和十一婶我们六人搬走了。是住在外祖母（我刚出生外祖父就去世了）家，但人家人多，我们刚发了财，长住人家也不好，就搬到西头的陈家花园住了一年多。这所房子有十四间屋子，但父亲做事一个月只有十六元，钱很快就花完了。别人给他介绍到湖北做事，家里就借钱过日子。

母亲又劳累、又愁闷，半年就死了。父亲都没来得及见上她一面。她死后，十一婶对我说："我也活不长了。"不久她也死了。这一年内死了两个母亲，给我打击太大，印象深刻。当时我只有九岁，母亲死时，棺材是借钱买的，是楠木的，已经很好了。但外祖母还一定要搞什么七层漆、五层蔴。逼得我九岁时就拼命想办法再去借钱。后来十一婶死时，人家问我怎么办？因是我的嗣母，外祖母当然不会要求什么，由我做主，我只说了棺材运回淮安与父亲[①]合埋。

得彩票，完全是昙花一现。我小时看到这种状况就想，为什么前后有这么大变化？我最反对彩票了。

两个母亲死后，我带着博宇和同宇从淮阴搬回淮安，一屁股债，常有人到家来要债、要利息，我就到处典当、借钱，典当时还常被人家嘲弄。我从十岁到十二岁当了两年家。在墙上有张纸，要把亲戚们的生日、祭日都记下来，到时候还要借钱去送礼。东家西家都要去，还要到处磕头。到外婆家，要走三十里地，还要坐船过河，连吃饭都困难，还要搞这种虚排场，就想这家真难当！

我十二岁，四伯把我接到东北去读书了。十二岁以前我受的完全是封建教育，家里请了先生教书，也是借钱请的。他只为自己考秀才，对我们根本不负责任。我的知识许多都是从看小说得来的知识。我母亲，就是十一婶，识字、会写诗。她总教我读诗，还让我看小说。小时博宇很顽皮，虽然比我小一岁，我常受他欺负。一次他玩刀子，掉在我眼睛下面，险些伤了我眼睛。母亲就把我关在屋子里面看书，背诗。我总跟着她，所以娇生惯养，身体不好。

---

① 指周恩来十一叔周贻淦。周恩来过继给他为子后，称他为父亲。

我身体好，是到东北以后跟四伯父住在一起。到东北有两个好处：上学，冬天夏天都要有室外的体育锻炼，把身体锻炼好了；吃高粱米，生活习惯改变了。另外学会了交朋友。我由南方到了东北，说话口音重，同学们骂我是“南蛮子”，每天打我，欺负人，大同学还扒下我的裤子打我。我被打了两个月，被逼的想出办法。我就交朋友，他们再打我，我们就对打，他们就不敢再打我了。东北的几年对我很有好处呢！

我是经过封建教育、资产阶级教育的。对封建教育是反感的。那时代到处讲面子、不劳而食，借钱过日子。还死要面子，完全是一派虚假。现在看来，封建家庭一无是处。只有母亲养育我，还是有感情的。另外是四伯接我出来念书，念中学时，先供我一年，后来因我成绩好，就免学费了。到“五四”时，对家庭有认识了，想脱离家庭。后来到日本、法国去学习，都靠同学帮助和自己奋斗，以后加入了党，与家里不通信，怕我加入了党，连累家庭。所以1928年去莫斯科参加“六大”路过大连被日本宪兵盘查时，我就说来东北是去吉林找舅父周曼青的，没说是伯父。

我在二十四岁入党以前，是受资产阶级教育的爱国思想，知道旧家庭是没法奋斗出来，对家庭没有留恋。但我对伯伯没有反感，对父亲也很同情。所以我敢去吉林找四伯，相信他不会出卖我。

我对家庭这样的认识，是一步步来的。

在这一次家庭会议上，周恩来具体而又详细地谈了自己的封建家庭，使他的亲属和晚辈们真正认识了封建家庭。当然，由于时代的局限，使他对彩票等有不同于今人的看法，对于我们今天研究周恩来的人来说，似乎只能从当时的时代背景和他当时的实际处境去理解他了。

为教育亲属过好“五关”，周恩来召开第四次家庭会议

周恩来在为当时应届大学生们作报告时，主要就是要求大学生们走上社会后，一定要积极参加阶级斗争教育，坚定自己的阶级立场，从而树立起自己的劳动观点、群众观点，才能跟劳动人民，首先是工人和贫下中农的思想融成一片。而当时也在读书的周家人周国镇、周秉宜、放暑假赴京的周尔辉、孙桂云等人也曾想去听，并打电话，希望邓颖超能帮忙解决他们去人民大会堂的入场票。邓颖超劝阻了这些亲属们，希望他们以后能注意自己身份，不要做违背组织纪律的事。但是，周恩来也同样考虑到，“过五关”等教育对自己的亲属来说同样很重要。于是就在1964年8月9日下午第四次召开家庭会议，以结合利用自己家庭的实际情况，教育自己的亲属们也要认真地过好“五关”。

上次讲家庭历史，今天不讲了，讲过五关。老的过五关，关公的过五关，不去说它了，我们现在讲过五关是借用这个词。

一、思想关

思想就是人的脑筋里想什么。想什么，问题大了，有人想的不对头，思想方法不对头怎么办？要自己一件事、一件事去实践，自己去经过一件事，对这件事才懂了，有的也不能马上懂。人的思想想的什么也不一样，就是共产党员和共产党员想的也不完全一样，周秉德和周恩来的思想想的都一样？人的世界观不一样，问天外是什么？秉德回答，回答不出么，那是个未知数，人还不知道。但是要问陶华，她就可能说是菩萨、天老爷。世界上总有许多未知数，不是一切什么都知道了的。天外是什么？是个未知数，现在坐宇宙飞船也达不到，我们要不断地去了解。但有些人“省事”，又迷信，就说天上是上帝、玉皇大帝，那是唯心的。这些未知数到底是什么？我们解决不了，就要下一

代去解决。我们总是尽可能解决一些，解决不完，就一代、一代，子子孙孙传下去，世界是无穷的，永远也解决不完的，所以我们就总有工作做，这就是辩证唯物主义的。

看问题的方法不一样，我们这些人，都有距离。陶华与我们的距离较大了。有人稍懂一些，但也只是那一件事、两件事懂了的，也不是所有的事都懂了。大家都是一件事看对了，再去看对一件事。共产党员老点的，就比较对。我是，但也还是要改造。我常说："活到老、做到老、学到老，还要改造到老。"我在观察社会现象上，看不对、对政治上看错了的，也有。

思想上完全与我们相反、唯心的、主观的人，我们家不能说没有。有贪污犯、劳改的、做坏事的。这是因为环境不对头，对他们有影响。这些人能不能改造过来，成问题。总要靠社会、靠群众的教育、影响，更重要的靠自己。

但总希望靠近的这些人的思想较一致。现在我们这个家庭里有三种人：

第一种人，自己不能创造环境，需我们帮助。如陶华，不要总闷在驸马巷周家院子里，和那些老太太谈旧事。要打开这个圈子，要和工人、农民、劳动者多接触，谈谈新鲜事，认识些新人。儿子、媳妇都是党员，要帮助她、带她到外面走走，了解些新鲜事儿。不然整天和邻居老太太在一起，都没有劳动，都只知道过去的事，在一起就是说旧事。"好汉不提当年事"。周家以前最坏的事就不去提他了。坏的人也不要去说，让社会改造他。

第二种人，要自己创造环境。同宇已退休一年了，退休时我说过，现在小学的二部制多，孩子一放学回来就野了，吵嚷打闹的很乱。你现在拿着国家的退休金，应该为人民做点事情。你可以把孩子组织起来活动、学习。你到现在还没答复我（周同宇当场回答：已经做了这工作）。我们要创造出新的作风。你一天用两小时对孩子尽点义务，起点作用，不是什么大的负担么！你是我的亲兄弟，你身体不好，人家让你够年龄退休，而不是退职，一定会说是因与我的关系。这样你就要表现出模范的行动来。你尽点义务，虽然劳累，但是你的精神一定会好的。我希望你可以自己创造条件，尽点义务，要从一个方面，一件具体事去表现。王士琴[①]也是要自己去创造环境，不必像陶华那样需要别人帮助。

第三种人，就是共产党员、共青团员和青年们，得不断前进，不要满足。提高思想要一件事一件事地去认识。小咪劳动以后，精神面貌有了改变。要经过真正实践、干活、用了心了，才能改变思想，不是读一本书就行的。我们对我们接近的人要帮助，要创造新的环境。

过思想关，是从小到老，改造不完的，总要前进。思想关是用什么方法想事情就对了，什么方法是不对的。思想问题不解决，就是对立的矛盾，就是敌我的问题。要使思想方法完整了，要长期锻炼才能学得好。

二、政治关

我们国家是共产党领导的、无产阶级专政的国家。看你站在什么立场上，是站反动的立场，还是我们的立场。是反动的立场，就谈不到一起了。在还赞成我们国家的人中间，也还是有怀疑的。假如在驸马巷，有人造谣，说蒋介石要回来了，你周家怎么办？陶华会怎么想？也许就不知怎么办？有点担心。尔辉、桂云是共产党员，就要帮助妈妈站稳立场。

一个人的立场是不是永远站稳？靠不住。思想稍一歪，也

① 周同宇妻子。

可能不稳了。共产党员里还出叛徒呢，那就是反动的立场了。

我们第一要帮助别人，第二要经常检查自己是不是站稳立场了。共产党员自己要经常考验自己是否站稳立场了。

三、亲属关

我们的亲属复杂。我们是旧家庭、旧环境。怎样才能拖着全家投降无产阶级，我现在就要带领你们投降无产阶级。这听起来好像很不舒服。二十多年前在延安文艺整风时，文艺界的人就想不通。朱德同志说："我半辈子军阀，现在才投降无产阶级。"那些人听了才想到要向无产阶级投降。

我总是想谈封建家庭，是想批判它、否定它。要否定封建的亲属关系，不是消灭他们，是要救他们，把他们改造成新人，拖过来投降无产阶级是可以帮助改造的。旧的否定了才能创造新的。否定以后，在其中找出些好的，肯定下来。对一个人的肯定、否定，要看晚年。你过去不好，最后好了，算是好了。要否定旧作风、创造新风气。

无产阶级家庭的本能，有无产阶级的感情。一个电车公司三十多年工龄的老司机，是个老党员，一个人养七口人，住一间屋子，用一条毛巾。你们谁曾困难到这个程度？他这么困难，每天回到家里都要给全家讲党史、讲党课。他有个女儿，学校组织劳动，她不去。问她为什么，她说怕晒黑了，将来当不了演员。他一听马上火了，说："今天我这只手得犯错误了。"上去就打了女儿一巴掌，说："你当演员我不反对。但你要演工人、农民去为人民服务，又不是让你给资产阶级当演员，要那么白干什么？黑是健康，光荣！"人家无产阶级感情鲜明，如果小咪去劳动，怕把脸晒黑，你们会是这态度吗？我们也就是教育教育，也不会打的。

亲属关，也必须一分为二，要有个界限。坏的、反动的，就不与他来往。需要帮助的和自己创造条件，都要给他们帮助。

四、社会关

社会环境有两类人，也要一分为二。坏人就要与他断关系。另外的人也有两种：一是直接参加生产劳动的人，一是非生产劳动的人。我们碰到的人脑力劳动的多，要创造环境，多与新的、生产劳动者接近、来往，自己也要多劳动。

五、生活关

这是最难过的。在生活实践中要劳动，就可锻炼自己。我为什么痛恨旧社会封建家庭？没落的封建家庭什么都败坏了。贪污、腐化，有许多坏东西。我们小时候都见过。如果认为无所谓，就会铺张、虚荣、说假话，完全是虚伪。我最痛恨这些。对这种生活方法不痛恨，就改不了。你们年轻一代不要学老一代的生活习惯，穿衣服要朴素。

我们不仅要自己幸福，还要帮助世界人民，要一心一意为人民服务。

我们周家没有个工人。国盛①来了，就决心培养她做工人。开始她想不通，现在已经做了八年工人了。培养个工人可不容易呢。

秉华②要去农村，好，我们是支持你的。

思想关和生活关，一头一尾最重要。

周恩来是通过向亲属讲“过五关”来教育他们和自己一样抛弃旧的官僚家庭，向无产阶级“投降”，做一个真正爱祖国、爱人民的普通劳动者，而不要享有任何特权。

周恩来的四次家庭会议都是严格教育自己亲属要带头移风易俗，认真维护我们党的团结统一，并且在生活、学习的实践中认清自己

① 周恩来的侄孙女。

② 周恩来的嫡亲侄儿。

的封建家庭的根子，要做一个有贡献于国家，有贡献于人民的普通劳动者。

当年在延河边是怎样坠马伤臂的

你出什么风头！你耽误了多少大事！

笔者退休前在江苏淮安周恩来纪念馆工作。从1992年到1997年之间，曾先后五六次在京拜访过周恩来1937年至1940年的贴身卫士刘久洲老人。对于周恩来那年坠马伤臂的事他是这样叙述的。

本文作者与刘久洲

我在周副主席身边的几年时间内，他的延河坠马事件是我终身难忘的一件大事之一。

那是1939年6月，因为国民党反动派连续制造了“河北冲突”和湖南的“平江惨案”等较大的反共摩擦事件。副主席不得不从重庆返回延安，和党中央、毛主席等商量对付反共摩擦的具体办法，我也就随副主席回到了延安。那时，由于日本侵略者对延安城进行狂轰滥炸，中央机关的住房挺紧。副主席因为常在重庆工作，在延安杨家岭的党中央就没有给他留下空房子。这次回延安后，毛主席挺高兴，一边让他的秘书叶子龙腾出住的那孔窑洞，好让副主席和他住在一起，一边又对我说：“小鬼，你跟周副主席从大后方来，辛苦了，我放你的假，休息几天，周副主席的事由我的警卫员王来音去管。”

我一听主席放我的假高兴极了，连句“谢谢”的话也忘了说，忙着给副主席收拾好房间，就去找我的老首长，老战友们“侃山”去了。一连跑了好几天，熟悉的老首长，老战友们都看的差不多了，就想到副主席可能有事找我，就有事没事的还到副主席住的地方跑一跑，转一转。记得那天是1939年的7月10号，陕北的老玉米已经枯黄了。周副主席一见到我就说：“小刘，主席已经放你假了，你就甭来了。”“报告副主席，夜里我做梦，说你有事找我。”我边说边给副主席敬了一个礼。“傻孩子，有事会找你的。”副主席听我说做梦他找我，一边笑着跟我说话，一边还不住瞅着他手中的文件、电文。我刚要转身离去，副主席抬起头又把我叫住了：“哎，小刘，今天中央党校举行毕业典礼，还有文艺演出，你去看看戏吧。”我一听，高兴地点点头说：“知道了。”说完，我就告辞副主席，从延河涉水赶到中央党校去了。中央党校的礼堂不算大，人还未到齐，我选了一个座位坐下来一边等，一边问靠近的一位同志：“今天演什么戏？”“不，先是听报告，听说是周副主席来报告。”“是周副主席来作报告？”“没错。”我一听更高兴了。

听报告的人很快都到齐了，可是左等右等，就是不见副主席的影子，他向来都是遵守时间的模范，怎么今天……我越想越觉得不对劲，越想越觉得有问题，就在我焦躁不安的时候，突然一个人慌慌张张地跑到我的座位旁：“刘久洲，副主席出事了，你怎么还坐这儿？”我一听，立刻像掉在弹簧上一样，一下子“蹦”了起来，也没看清来人是谁，就跟着他跑。跑到党校会客室，见到许多人围着躺在那里的副主席。周围的医生们正在进行诊治。副主席用左手轻抚在右臂上，大概他太痛了，脸上滚着晶亮的汗珠。人们正在纷纷议论：“马到底是畜生，怎么把副主席给掀下来？”“唉，要是我们今天不搞毕业典礼就没事了。”“老天也不帮忙，偏偏昨天下雨，今天延河涨山洪，要不坐汽车来也就没有事了。”“……”

我顾不上听议论，忙找来毛巾给副主席轻轻擦去脸上的汗珠。这时，听医生问他：“您怎么从马上摔下来的？”他忍着痛苦说：“自己不小心，落下了马，可能是这一年多来未骑马，骑技生疏了。”

红军医院的医生们都赶来了，他们经过检查和会诊后，认定副主席的右臂已经骨折。这时，延河水已退了下去，吉普车开过了延河，我们把副主席扶上车，开了回去。我便留在副主席身边照料他。

副主席受伤的消息一下子惊动了整个延安城。中央的领导人非常关心他的伤情，对治疗工作也十分重视，把治疗作为重要任务向八路军卫生部副部长、外科大夫王斌作了交待。王斌立即集中了当时在延安的所有最好的医生，像印度援华医疗队的巴苏大夫、柯棣华大夫等都请来了，他们都参加了会诊和研究治疗的方案，并很快投入治疗。

周副主席一向细致谨慎，长征时他骑着马白天、夜里爬山涉水，长途行军；第一次去会见张学良时，他和李克农在雪地上“飞马”去延安……但谁也未听说过他遇过险、出过错。这回怎么摔下马而且跌断了右臂呢？当时许多人问他，他都只几句话，而且总是把责任揽在自己不小心上。只有朱老总去看他时，我在旁边听他说：“是江青突然跑马引起的。”副主席和朱老总之间一直是无话不谈的，但是在那时，保密纪律性很强，不该问的不问，不该说的谁问也不能说。因此，我虽听副主席说是“江青跑马引起的”，但也没向任何人说过，更没问过。一直到周总理去世后，我才听那天跟随副主席的警卫员王来音告诉我副主席坠马伤臂的原委。

那天早上，毛主席忽然接到两个请柬：一个是延安马列学院，一个是中共中央高级党校，这两所学校都是请毛主席去作报告。毛主席就对周副主席说："恩来，你从大后方回来，外边的形势大家都想知道，你就帮我去一家吧。我到马列学院，你去党校。要不，我一个'大姑娘'，怎好'嫁'两家呢？"副主席同意了。这时刚好江青也在场，她就说："让我也去听听。"主席瞪了他一眼："你现在还不够格（指当时江青还没有达到正团级以上）。"江青娇嗔地说："人家去学习学习嘛。"这时，主席让步了："那好，你跟我去马列学院吧。"江青又摇头说："听了报告我还想看文艺表演。"主席有点不耐烦地摆摆手："好吧，那你和周副主席去吧。"

去中央党校要过延河，那时延河上还没有架桥。但陕北是黄土地，河床下没有什么淤泥，只要水浅，吉普车就能开行。主席就叫王来音先去一趟延河边，看吉普车能不能开过去。王来音跑到延河边一看，头天的雨水正沿着各条山沟往延河里灌，延河水奔腾汹涌地往下流，汽车无论如何也开不过去。他就跑回报告了主席和副主席。毛主席当即就叫王来音牵出他自己骑乘的大青马，因为这匹马跟主席走过二万五千里长征，爬山涉水很有经验。主席还不放心，又让他的警卫参谋蒋泽民随行。本来蒋泽民自己也是有马的，这回江青闹着要去，他只好把马让给了江青。

过延河时，水深齐膝，王来音给副主席牵着马走在前边，江青骑着马紧随其后，蒋泽民走在最后边。平安地蹚水到对岸后，王来音丢开了副主席的马缰绳，在河滩上洗脚、穿衣服和鞋子。这时，刚刚上了河滩的江青看见眼前的延河滩上一马平川，河水潺潺，突然心血来潮，她两腿使劲一夹，扬起鞭子对着坐骑就是一鞭，那匹马一下猛烈地奔跑起来。大青马原本和蒋泽民的马是经常一起出去执行任务的熟马，经多年战争环境洗练，已具有一定的灵性，它不用加鞭抖缰，也马上蹬开四蹄跟了上去。这么一来，江青和副主席的两匹马一先一后在延河滩上飞奔起来。就在河滩路将要跑完，前头的江青即将跑上河岸的小道时，马蹄声惊动了附近老百姓家的一条狗，那条狗迎着马头“汪、汪、汪”地大叫着跑过来，江青顿时吓得手足无措，猛的一勒马，陡然拐进田间的玉米地小道。说时迟，那时快，副主席的大青马也已跑到，眼看就要撞上江青陡然拐弯的马，副主席怕把江青撞下马，连忙急拉缰绳，也只能是一个急拐弯……偏不凑巧，展现在副主席大青马的马头前是一个刚刨过树根的大土坑，大青马在紧急避让中将副主席掀了下来，副主席怕脑袋撞到地上的石头，伸出右手去撑地，结果折断了右臂。蒋泽民、王来音都是警卫工作人员，首长出事得马上报告。可是偏偏碰上江青这么一个特殊人物，最后蒋泽民还是向主席汇报了。主席气得当面批评江青：“你出什么风头！你耽误了多少大事！”江青自知理亏，躲得远远的，一声也不敢吭。之后，有很长一段时间，主席都气得不理江青。

刘久洲老人是周恩来当时的贴身警卫员，周恩来坠马时虽不在场，但他听来的当事人的回忆应该具有重要的史料价值。

兄弟们乳名的来历

我先生的大名叫周恩来，可是他的小名叫总理。

20世纪60年代初，中共中央曾发文要求党内一律互称同志，不再称职务。于是，少奇同志、小平同志等等都被陆续叫开了。然而，在我们党内老一辈革命家中，有两个人从中央到地方都一直被叫职务而没叫同志，这两个人就是毛泽东和周恩来。毛泽东早在江西苏区时就因担任中华苏维埃共和国主席而被人们喊惯了主席，到新中国成立时，毛泽东更是集党的主席、国家主席、中央军委主席、国防委员会主席和第一届全国政协主席等职务于一身的人；周恩来则因为是开国总理，早在西柏坡党的七届二中全会上，毛泽东在讲到将要成立的人民政权时，就说："恩来是一定要参加的，其职务是内阁总理。"所以，开国大典过后，中央人民政府一成立，他的"总理"就被喊开了。因为周恩来的这个称呼是毛泽东带头喊开的，中央的其他领导人和中央机关的工作人员也就都跟着喊，时间长了就喊习惯了。到中央发文要求党内互称同志时，人们却仍然喊毛泽东为"主席"，喊周恩来为"总理"。于是，当时有一位英国记者曾问过邓颖超："请问邓颖超女士，你们的党中央已经发文要求党内互称同志，不叫职务了，可是为什么人们见到您的先生却还叫'总理'呢？"邓颖超笑着回答说："记者先生，你这个问题问得很有趣。我要告诉您的是，我先生的大名叫周恩来，可是他的小名叫总理。我们中国人有一个习惯：常叫一个人小名是在时时提醒他，要他好好地为人民做事，人们才会喜欢你。"

那位英国记者不知是理解了还是没有理解，只是耸耸肩，然后将双手一摊。

笔者以为，邓颖超对人们喊周恩来"总理"的这一解释不过是他们夫妻严以律己的一贯做法。

其实，在周恩来研究界，人们都知道周恩来是有小名的，小名也就是乳名。周恩来的乳名叫大鸾。"鸾"是传说中的一种凤凰一类的神鸟。因为中华传统文化中，自古就有以"鸾凤和鸣"比喻夫妻和谐。周恩来乳名大鸾，所以周恩来、邓颖超结为终身伴侣后，夫妻双方在通信交往中就曾分别以"鸾"和"凤"自称，所表达的意思就是“鸾凤和鸣”。

周恩来为什么取大鸾这个乳名呢？

淮安周恩来故居收藏的一份 1982 年 6 月 8 日有周恩来的侄子周尔圻签字的访谈录中说：“恩来名字的由来，我听我母亲和八老太讲是这样的，在万氏临盆时，梦见有一鸾凤之类的神鸟入怀，然后就生下了恩来，取小名大鸾，因有鸾凤来临之意，故取学名恩来。”

周尔圻是周家“恩”字辈老大周恩涛的儿子，恩涛是周恩来大伯父周贻豫的长子。而尔圻的生母也是清河万家的，比周恩来生母晚一辈，是周恩来生母的侄女。当时，周万两家“来回亲”相当多；而他笔录中的“八老太”就是指的周尔辉的祖母周杨氏，也就是周恩来的嫡亲八婶娘。

周恩来的乳名是这样来的。他的那些兄弟的乳名也都有一定的原因或来头。

周恩来的生母万氏生下周恩来不久后就又怀孕了，那就是周恩来的大弟周恩溥。周恩来大他这个弟弟不到十二个月。

恩溥出生后，因他的哥哥恩来已出嗣过继给他小叔父为子。按照封建宗法，恩来就不属于周贻能（周恩来生父）这房头的人了。这对贻能和他的妻子来说，确实是件非常痛苦的事却又无可奈何。而恩溥的到来自然平添了他们心中的喜悦，他们再也不愿失去这个儿子了，于是就按淮安的地方习俗，在“恩溥”满月那天，把他抱到一座庙里，给他穿上和尚衣服，还把他的“周恩溥”这个名字写到一张黄裱纸上，交给庙里住持。庙里的主持和僧众少不了要为他念上几句经，再祝颂一番。这样，恩溥就成了一位“寄名和尚”。从此他就可以长活人间，并永远地留在父母身边。淮安对生育的男孩做这样处理的，一般都取乳名“和尚”。这种习俗在淮安一直沿袭到上个世纪的五六十年代，“文化大革命”之后才很少见到。对恩溥取名和尚这件事，周恩来嫡亲侄女周秉宜则认为，她二伯起乳名和尚是沿习的绍兴习俗，因为绍兴人喜欢用十二生肖或是“和尚”为孩子取名。鲁迅先生说：“为孩子取名‘和尚’，其中是含有迷信的。中国有许多妖魔鬼怪，专门喜欢杀害有出息的人，尤其是孩子。要下贱，他们才放手、安心。”周恩来的祖母鲁氏是绍兴人，所以她老人家就为孙子起了“和尚”这个名字。

周恩来还有一个小他六岁的小弟弟周恩寿，也就是周秉德他们姐弟兄妹六人的父亲。

周恩寿出生于夜间。那时一般人家只能点个香油灯、蜡烛什么的。孩子出生后因为屋内光线暗，一眼看上去黑黑的，于是，随口就喊上了“小黑子”。也有人说周恩寿出生后皮肤稍黑一点。于是，他这个乳名就这么叫开了。

比起周恩来三兄弟来，他们的唯一嫡堂兄弟周恩硕的乳名就较为复杂一些了。

周恩硕比周恩来小四岁。他出生时，周家已经败落了。当时，他们的祖母也已去世了，乳名取得也晚一点。

据周恩来的侄儿、周恩硕的长子周尔辉生前对笔者说，他爸爸出生时因为又瘦又小，奶奶①特别怕他养不大。待他长到一百天时，爷爷②特意请一位纹身匠人在他爸爸左臂上用针刺了三个字——周恩硕。由于这种做法和古代在发配犯人脸上刺字那样，也就是让犯人受墨刑。墨刑也叫黥刑，所以，周恩硕的乳名叫大黥。而“黥”与“勤”同音，以至于1939年3月周恩来在绍兴续写家谱时，将这位唯一嫡堂弟按他的乳名写成“恩勤”，实际上就是“恩硕”。周尔辉生前曾对笔者说过，他父亲是“庙门前旗杆——独一棵”，没有其他兄弟姐妹。

周恩来还有一位堂房的弟弟周恩灿，他比周恩来只小三岁。在

---

① 指周恩来八婶杨氏。

② 指周恩来八叔周贻奎。

周恩来兄弟童年的记忆里，常常会提到这位“小侉子”或“侉哥”“侉弟”。“小侉子”又是怎么来的呢?

在淮安周恩来故居内，一共留有周恩灿的三份笔录。在一份1980年5月14日上午的笔录中，周恩灿说，“小侉子”是我。接着，他就说了他这个乳名的由来。

清光绪二十七年（公元1901年）周恩灿出生于南京。出生后家里人怕他养不大，就请人给他做了个“关目”：让他在“满月”那天穿上山东人家孩子的一件老蓝布衣裳。因为我们中国自古就有“南蛮北侉”之说。所以，家里就给他取了乳名“小侉子”，好让他长活人间。

周恩灿长到五岁时，因他的祖父周骏发（周恩来的堂三祖父）在淮安驸马巷故居去世，按封建家族旧制，他和父亲周贻宽从南京回淮安为祖父守孝，一直到他十二岁时才离开淮安。在周恩灿回淮安为祖父守孝的那几年里，就成了周恩来兄弟的童年好友。

抗战期间对亲属的关心

冲过钱塘江，收复杭嘉湖。

在抗日战争中，日本军国主义者疯狂地采取战争手段，破坏中国领土的完整，掠夺中国人民的财产和资源，肆意屠杀中国同胞……真正是无所不用其极，给中华民族造成深重的灾难。

在十四年的抗日战争中，周恩来既是中国共产党的重要领导人，又作为中国共产党的首席代表，担负着与国民党蒋介石政府的谈判与开展我党抗日民族统一战线等任务，可谓是日理万机，十分忙碌。然而，即便在那千难万险之中，周恩来也没有忘记自已的亲人、亲戚的安全，时刻考虑着他们的政治选项，并努力引导、影响他们，使他们走上抗日的革命道路，或者让他们生活到安全的环境中。

周家是一个大家族，由于清末和民国初年的社会动荡，出于生计，周家人已分散到全国各地谋生，按周恩来在新中国成立后不久说的，他们周家人在生活方式上、政治方向上的选项也是多种多样的，如果要划分的话，各种各样职业的人物就多达十四种。如何在那段时间内做好亲属亲友工作，成了周恩来生活中重要的事情之一。

传书大上海，让生父来到自已身边

周恩来的生父周劭纲先生一生颠沛流离。为了谋生，他居无定所，到处投亲靠友，艰难度日。

抗日战争爆发后，周劭纲先生曾在东北、天津和淮安、上海等地蹭游。周恩来十分担心自已父亲的安全，生怕他万一落入敌人手中。据周恩来的侄儿周尔鎏回忆，“1938 年，早已丧偶的他（指周劭纲先生——笔者）已是六旬老者，不宜只身留沪以致遭受敌人迫害或沦为人质，故七爸（指周恩来——笔者）安排他及时撤离”。[①]

周恩来在得悉自已老父亲滞留在上海二伯母（周尔鎏的奶奶）处时，马上化名写信与之联系。在周恩来的安排下，1938 年的夏天，周劭纲先生由上海乘船前往汉口。由于堂弟周恩霪（周尔鎏父亲）事先已写信告知在武汉的周恩来，所以周恩来知道这班轮船到达武汉的时间。于是周恩来亲自到码头上去接自已的父亲。

周劭纲先生到武汉与儿子周恩来会聚后，周恩来邓颖超夫妇就一直关心和照料着老人的生活。日军进攻武汉后，周恩来又安排朱端绥姐妹领带护送，从武汉撤往长沙、湘乡，再辗转衡阳、独山、桂林和贵阳。1940 年 9 月，周恩来派袁超俊从贵阳市郊青岩镇乡间将周劭纲先生和杨振德女士（邓颖超之母）接到重庆红岩村奉养，

① 周尔鎏：《我的七爸周恩来》118 页，香港三联书店 2014 年 8 月出版。

直到 1942 年 7 月父亲病逝于重庆。

试想，如果周劭纲先生在沦陷区被敌人确认身份后会是一个什么样的结果！？

指示淮北区，让唯一嫡堂弟去解放区

周恩来的父亲周劭纲先生生在淮安，但并不常住淮安。而唯一常住淮安的是周恩来的八叔周贻奎这一支系的一家人。

周贻奎和周劭纲（谱名贻能）是一母所生的同胞兄弟。周劭纲大排行七，周贻奎大排行八。周贻奎因小时候得过小儿麻痹症，腿脚不便，又没念过多少书，因此无法外出谋生，只是算盘打得比较熟，曾在淮安南门粮行当过管账先生。由于挣不到钱，穷困潦倒，四十岁左右就已卧床不起了，不久病故。那是在周恩来留学日本的时候。

周贻奎遗有一子，名叫周恩硕，是周恩来的嫡堂弟弟。因为周恩来四伯父、十一叔均无后，所以周恩硕也是周恩来的唯一嫡堂弟弟。

由于周家的迅速败落，周恩硕小时候并未能读多少书。直到上个世纪的二十年代，周恩来的四伯父周贻庚一次回淮安老家，经周恩硕妈妈杨氏苦苦哀求，四伯父才把这个侄儿也带到天津，上了南开中学。

上个世纪的 20 年代，我国各地大小军阀蜂起，各自割据，称雄一方，于是，你争我夺，战争不断。就在周恩硕于南开读书期间，一次他被号称“五省联军总司令”的军阀孙传芳部队抓了壮丁到部队去当兵，但他不愿为那些反动的军阀卖命，也不满旧军队对士兵非打即骂的做法，就趁孙部开拔在江苏境内活动、离老家淮安不远时，偷偷开了小差回家。一路上，他历经千辛万苦，最后靠讨饭才活着回到淮安驸马巷家中。归淮后，为生活所迫，周恩硕曾继承父业，当过南门粮行的管账先生，教过家塾并娶妻陶华。

1938 年，日本军国主义的铁蹄践踏到古城淮安。这时，国共第二次合作已经开始，周恩来作为中国共产党的主要领导人参与国共两党之间的谈判和开展统战工作，名气很大。周恩硕怕被日本人知道这层关系曾悄悄躲到淮安城西南乡下林家码头（今淮安区林集镇）。

当时在武汉忙于国事的周恩来十分担心他的这个弟弟的政治前途。特别是自已父亲到武汉后，他从父亲那里知道了一些老家淮安的情况，更加怕周恩硕为生活所逼选错了政治道路。据周恩来侄儿、周恩硕长子周尔辉1996年12月25日在南京家中对笔者回忆，伯伯（指周恩来）大约在1939年年底之前指示当时的淮北区党委（彭雪枫部）派人联系，要我父亲不要呆在城里，而要下乡去参加抗日游击队。

周尔辉还说，当时淮北解放区淮宝县[①]是派一名侦察员化装成卖韭菜的找到我们家，传我伯伯的口信，让我父亲去岔河。

周恩硕到岔河后，当过淮宝县参议会的参议，并负责查赌、禁毒等工作。周恩硕后来在淮宝县参议员任上于1943年失踪。据周尔辉说，可能是因他父亲查赌禁毒比较认真负责，遭到赌棍、烟鬼们的忌恨而将其谋害。根据笔者掌握的许多资料看，对周恩硕的这次参加革命的安排好几处都有着周恩来的“影子”。

1. 据1953年元月7日，中央警卫局干事王雨波1952年底奉周恩来之命送周恩来八婶回淮安后写给周恩来的报告中写道，“尔萃（周恩硕次子）父亲的情况，大家都不够清楚。据尔萃妈妈推算是：未参加新四军以前是在淮安做税务工作，以后参加新四军，于1941年由新四军到淮安林集区中省村教学，于1943年5月得病，校董王子清叫他回家，他不敢回家（当时日伪淮安观塔镇镇长张子公说他是共产党，不让他回家——王雨波原注），由王立红把他送到船上，以后下落不明。特此上报。”[②]

① 淮宝县是抗战期间由中共淮北区党委于1940年9月成立于岔河镇（当时属淮安县，现属洪泽县）的，1950年3月该县撤销。

② 王雨波：《送周老太太回淮安情况报告》一文末尾。原件藏淮安周恩来故居。

上边这一历史事实说明，周恩硕在日占淮城期间，为生活所逼，是在给日伪政权收税的。周恩来从父亲那里得悉这一情况后，让武汉“八办”的同志电示淮北解放区，通知周恩硕去参加新四军或抗日游击队，不要为日伪政权干事。

2. 周恩硕只是一个普通的老百姓，且是淮安城里为日伪政权收税的一个小职员，他来到解放区的淮宝县以后，就被遴选为县参议员。显然是因为他有周恩来嫡堂弟弟这一层关系的。

3. 周尔辉回忆的事在几个节点上都符合。

周恩来是1938年到武汉的，淮北解放区是1939年开辟的，领导淮北区党委的是中共著名战将彭雪枫。彭雪枫早在江西中央苏区时就在周恩来领导下工作，与周恩来相处甚密，连彭雪枫找老婆的事，周恩来邓颖超夫妇都给予了极大的关心。而据周尔辉等人回忆，周恩来父亲在赴武汉前确曾由天津到淮安再去上海而后去武汉的。因此，周恩硕当时由敌占区的淮安城去解放区的淮宝县应该是周恩来一手安排的。不然的话，淮宝县的人怎么会知道淮安城里有个周恩硕呢？

烽火东南行，题词激励亲属与敌斗争

周恩来研究界都知道，1939年周恩来有过一次从大后方的重庆来到抗日前线的皖、浙等省的东南之行，公开报道出来的是他在绍兴祭祖坟、续家谱、拜谒大禹陵等等。其实这些“表面文章”都是他做给国民党当局看的。他东南行的主要任务是到皖南调解新四军领导人叶挺和项英的矛盾，会见东南地下党领导人和适时开展统战工作。当然，人们也都知道，周恩来在绍兴会见老家的族人亲戚时，为他们题了词，和他们谈了话。

周恩来的这些题词和谈话所体现出来的最大特点就是要他的亲友们在强大的日本侵略者面前要保持民族气节，还要敢于和敌人斗争，以争取抗日战争的最后胜利。

周恩来给自已堂姑父王子余题写了岳飞的《满江红》①。这既表达了周恩来对姑父的敬重，也是对这位老人的勉励。打那以后，王子余一直把这幅题词带在身边。后来日本侵略者占领绍兴后，出于对王子余老人的器重，曾力请他“出山”，把他列为“绍兴维持会会长”的首席名单，希望他能为所谓的“大东亚共荣”效力。那是 1940 年 5 月间的事。这时王子余先生已避居到绍兴乡间的张墅。他在其内侄周恩来所题《满江红》词的激发、影响下，做好了以身殉国的一切准备。还把南宋陆游的《示儿》诗分别抄录给自已的子女。然后他召集全家人对续娶的妻子陶氏和儿女们说：“日本人如果来张墅，一定坐船走水路。为了不祸及乡邻，我还是跟着他们去，但是，我决不跟他们到城里，待船到半路，我会跳进大铜盘（绍兴的湖泊）一死了之。你们不必悲伤，做人总有一死，但要记住我们的仇敌是日本鬼子！”②。这位爱国的老人后来未能看到抗战胜利，因病去世于抗战胜利一年之前的 1944 年 8 月 8 日。

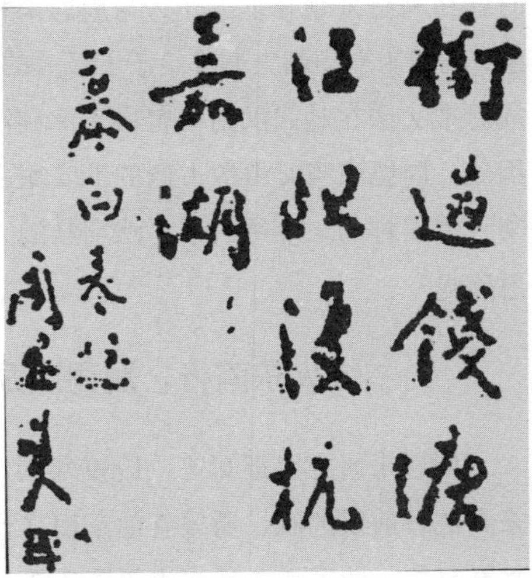

周恩来为姑表侄儿、义子王戍的题词

周恩来的那天题词中还有为表弟王贶甫写的“埋头苦干，只要抗战胜利，定必苦尽甜来”③和为表侄、也是他义子的王戍（字慕向）

① 见龙彼德著，中央党校出版社 1996 年 12 月出版的《周恩来烽火东南行》。

② 俱见龙彼德著，中央党校出版社 1996 年 12 月出版的《周恩来烽火东南行》。

③ 俱见龙彼德著，中央党校出版社 1996 年 12 月出版的《周恩来烽火东南行》。

题写的“冲过钱塘江，收复杭嘉湖”[①]。等抗日内容。由于周恩来在抗战期间，为他的许多亲属做了大量细致而又周到的工作，不管日占扬州、淮安还是绍兴，周家人没有一个去日伪方面当汉奸的。

这是周恩来在伟大的抗日斗争中又一鲜为人知的卓越贡献。

① 龙彼德著，中央党校出版社1996年12月出版的《周恩来烽火东南行》。

后　记

1975年冬到1976年春我在淮安县渔衡河工地上挑河工时，从工地上的大喇叭里传来了人民的好总理周恩来与世长辞的噩耗。也就是从那一天起我就开始搜集有关周恩来的生平资料，到现在已经历时四十余年。

我搜集周恩来生平资料分几个渠道。一是报刊资料，也就是从周恩来逝世那天起，我凡读到报刊上刊用的有关周恩来的文章，我都设法收藏下来，包括开始的手抄、后来的复印和自己花钱购买、订阅。这几十年下来已累积有六千余万字的资料了。二是拜访周家亲属、周恩来生前身边工作人员和周恩来生前曾经接触过的人，听他们说周恩来、讲周恩来。三是通过视频的观看，凡是周恩来说的、做的都抓紧记录下来。四是有关书籍，凡是有关周恩来的书或开国元勋们的书，只要有关于周恩来内容的，我都购买。现在已收藏有几千册这类书籍。这样我就积累了大量有关伟人周恩来的珍贵史料，有许多还是第一手资料。

当江苏凤凰文艺出版社约我写一本有关周恩来的书，并且是期望通过伟人周恩来的一些生活小事来展现开国总理的伟大精神时，尽管我已经靠近八十岁了，琐事又多，我还是欣然允诺了。

本书写作过程中，出版社编辑踏实细致的编辑作风、认真负责的工作态度、丰富渊博的知识面都给我留下了深刻印象。

笔者的好朋友、诗人卢顺贞先生帮我审读了初稿。他不顾自己繁重的教学任务和社会活动，一连二十多天，逐字逐句逐个标点推敲、校订，保证了书稿的早日完成。

为了给本书增光添彩，我邀请了周恩来的侄孙，青少年时期曾在周恩来、邓颖超身边生活过的周国镇先生作序。他年高八旬，是我国著名的数学教育专家，先后创办了“希望杯”全国数学邀请赛、《数理天地》杂志和世界数学团体锦标赛等，平常工作特别忙，可他对我的邀约仍十分乐意，很快将序写好，成就了全书。

在酝酿本书出版过程中，中共淮安市委和中共淮安区委宣传部给予了关心和支持，在此一并表示感谢。同时对上面提到的周国镇、卢顺贞等同志也表示衷心的谢意！

书是出版了，但由于笔者才疏学浅，错误之处在所难免，敬祈广大读者和专家学者们能不吝赐教，笔者在这里先致谢意！

秦九凤

2017 年 8 月